消费者行为学

CONSUMER BEHAVIOR

赵　冰◎编著

首都经济贸易大学出版社
Capital University of Economics and Business Press
·北 京·

图书在版编目（CIP）数据

消费者行为学 / 赵冰编著 . --北京：首都经济贸易大学出版社，2023. 2

ISBN 978-7-5638-3438-9

Ⅰ. ①消… Ⅱ. ①赵… Ⅲ. ①消费者行为论 Ⅳ. ①F713. 55

中国版本图书馆 CIP 数据核字（2022）第 211911 号

消费者行为学

XIAOFEIZHE XINGWEIXUE

赵 冰 编著

责任编辑 佟周红 胡 兰

封面设计 砚祥志远 · 激光照排 TEL: 010-65976003

出版发行 首都经济贸易大学出版社

地 址 北京市朝阳区红庙（邮编 100026）

电 话 （010）65976483 65065761 65071505（传真）

网 址 http://www. sjmcb. com

E- mail publish@cueb. edu. cn

经 销 全国新华书店

照 排 北京砚祥志远激光照排技术有限公司

印 刷 唐山玺诚印务有限公司

成品尺寸 170 毫米×240 毫米 1/16

字 数 240 千字

印 张 20. 75

版 次 2023 年 2 月第 1 版 2023 年 2 月第 1 次印刷

书 号 ISBN 978-7-5638-3438-9

定 价 46. 00 元

前　言

消费者行为和驱动行为的心理力量是研究人员和企业都关注的主题，把握消费者个体以及群体的消费特征会让企业获得超出竞争对手的品牌忠诚，也能让研究人员归纳出相关的规律。心理学和社会心理学为消费心理和行为学研究提供了研究基础，而管理学、市场营销学、经济学等学科则帮助人们将认识提升到战略高度。因此，不管是消费者、企业的营销人员还是其他研究人员，熟悉消费者行为的影响因素可以帮助他们更好地了解消费者的需要并加以满足。

本书是《消费心理与行为学》的修订和再版，对原书中的引例、案例、理论前沿和部分内容进行了更新和修订。本书的创作基于笔者十几年消费者行为学的教学经验，在这十余年教学过程中，笔者发现国外的经典消费者行为学教材对于中国学生来说过于繁杂，很多例子学生无法理解。在中国飞速发展的商业世界里，消费者的变化有目共睹。基于此，笔者根据经典教材的主体框架，调整了内容结构，在第一版原有写作框架之内进行了修订，加入最新的本土案例和前沿研究，让这本教材更接地气，更能为本国学生理解和接受，并且将社会主义核心价值观有机融入相关内容，让本教材在适用性上有了更好的体现。

本书主要包括五个部分：导论、作为个体的消费者、群体中的消费者、作为决策者的消费者和数字时代的消费者。导论部分主要介绍本书的相关基本概念和研究消费心理与行为的意义，是全书的引子。第二部分是作为个体的消费者，主要探讨个体消费者的消费行为背后的心理力量，包括知觉、学习与记忆、动机和消费者介入、自我与个性、价值观与生活方式，以及态度与态度改变。在这部分内容中，个体的内心力量主导了行为。第三部分是群体中的消费者，主要探讨在群体中消费者可能受到哪些社会心理力量的影响。这一部分包括群体影响与意见领袖、社会阶层、亚文化以及文化、社会群体心理力量对消费者行为产生的巨大作用。第四部分阐述了作为决策者的消费者，在个体和群体中是怎样制定消费决策的。这一部分包括个体决策、家庭决策和组织决策。最后一部分引入中国领先于世界的移动互联背景，展望数字时代的消费者行为特征。最后这部分包括社交媒体与网络口碑、数字时代的新消费者。社交媒体和网络购物让中国年轻一代消费者形成新的消费模式和具有中国特色的消费特质。

本书语言通俗易懂，将交叉学科中的复杂理论与现实生活结合起来，通过小案例、补充资料、延伸阅读以及案例分析让读者能够迅速理解和掌握相关知识。本书参阅了已出版的国内外优秀教材、专著和研究论文，在此向相关作者、译者致以谢意，并向读者推荐这些参考文献。本书第一版经过五年的使用，得到诸多讲授消费者行为学课程教师的认可，并在与慕课《消费者行为学》的配套使用中得到来自广大学生的认同。社会的发展日新月异，中国的消费者也随着商业世界的发展不断成熟，作为一名研究消费者行为的科研工作者，笔者将不断学习，努力创新，与时俱进，提升教学研究水平。

书中如有不妥之处，希望读者批评指正。

首都经济贸易大学

赵　冰

目　录

导　论

作为个体的消费者

数字时代的消费者

导 论

第一章　消费者行为学导论

学习目标

- 消费与消费者
- 消费者行为
- 消费者行为过程
- 消费者行为特征
- 消费的意义
- 消费者行为研究

引　例

中国电影票房排行榜的前三名在 2021 年 11 月底换了排名，分别是《长津湖》57.74 亿元、《战狼 2》56.88 亿元和《你好，李焕英》54.13 亿元。三部电影具有同样的特点，即口碑的作用远远超出传统的宣传。《战狼 2》在 2017 年上映期间获得超过 56 亿元的票房总收入，这一纪录一直保持到 2021 年底《长津湖》新纪录的诞生。《你好，李焕英》在 2021 年春节档上映，也是以黑马姿态一骑绝尘，远远甩开其他同期上映的影片。在各大电影评论网站以及微博微信公众号上，三部电影都被广泛讨论。

这些电影并不是大众偏爱的主题，但是为什么会有那么多消费者选择观看，甚至去影院二刷、三刷？是回忆往昔引发的爱国情怀、新时代大国崛起的自豪感以及中国传统文化的家庭观回归让这三部电影的口碑和网络传播在互联网时代被迅速放大！

观看电影的消费者中有相当多的人是被影片的口碑评分吸引的，也有一部分人是因为从众心理，跟风消费。一部电影能引来全社会的讨论，从营销的角度来看它就是成功的。观众喜欢的类型片很多，军旅动作片、战争片、科幻片、爱情片、亲情喜剧片、动画片……电影市场被深度细分。在同一时段，消费者可能会选择观看哪些类型的电影成为电影制作和发行方特别重视的问题，而在电影放映过程中，适时发起网络话题讨论也是让消费者进入影院观影的重要动力之一。从这些电影的热映我们看到，消费者的需求与决策的过程对于企业来说已经成为最核心的问题。消费者到底想要什么？哪些因素会影响他们的决策？何种营销方式会获得消费者的青睐？这些都是消费者行为学要研究的重点，也是企业特别关注的问题。

第一节　消费者行为的相关概念

一、消费、消费者与消费者行为

消费（consumption）是经济社会活动的出发点和归宿，和生产、分配、交换一起构成社会经济活动的整体。具体地说，消费是指人们消耗物质资料和精神产品以满足生产和生活需要的过程。广义的消费包括三个阶段：购买前、购买中和购买后。在这三个阶段，消费者会表现出不同的需求和行为特征。

消费者（consumer） 是在消费三阶段中产生需要、实施购买并处置产品的人、家庭和组织。在现实生活中，同一产品或服务的购买者、决策者、使用者可能不同。例如，大多数成年人的个人消费品是由自己决策、购买和使用的，这时候购买者、决策者和使用者就是同一人；而类似婴儿奶粉、尿布等产品的决策者和购买者是父母，使用者则是婴儿，在这里决策者、购买者和使用者就不是同一人了。如果把产品的购买决策、实际购买和使用看作一个统一的过程，那么处于上述过程中的任一阶段的人都可以被称为消费者。

消费者行为（consumer behavior） 是指研究个体和群体为满足需要与欲望而挑选、购买、使用或处置产品、服务、观念或经验所涉及的过程。不同理论对消费者行为的定义有不同的出发点："决策过程论"把消费者行为看作消费者购买、消费和处置的决策过程；"体验论"认为消费者行为是消费者的体验过程，往往是一种感性的行为——消费者是在体验中购买、在体验中消费、在体验中处置；"刺激-反应论"认为消费者行为是消费者对刺激的反应，从消费者与刺激的关系中去研究消费者行为；而"平衡协调论"认为消费者行为是消费者与营销者之间的交换互动行为，是双方均衡的结果。

消费者行为是动态的，涉及感知、认知、行为以及环境因素的互动作用，涵盖了交易的整个过程。

二、消费者行为过程

消费者行为被看作是包含着购买、消费和处置的过程，而消费者和营销者在消费的三个阶段所关注的问题存在一定的差别，如图 1-1 所示。

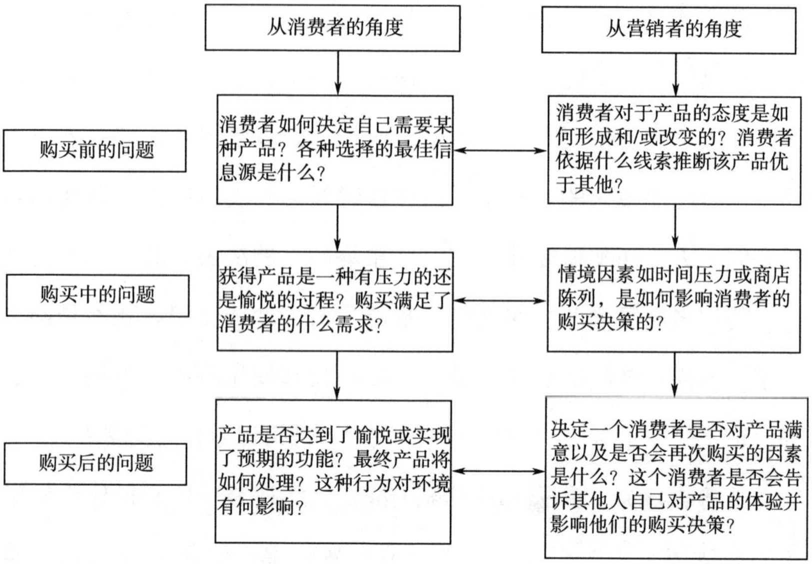

图 1–1　消费过程三个阶段的问题

资料来源：所罗门，卢泰宏，杨晓燕．消费者行为学［M］. 12 版．杨晓燕，郝佳，胡晓红，等译．北京：中国人民大学出版社，2018：6.

传统的消费者行为研究通常将产品和服务的获取作为重点，从而忽略了产品的处置方面。电子产品的更新换代速度非常快，智能手机大约为一年半，对于消费者来说如何处置旧手机就是一个很重要的问题。将旧手机给老人、进行二手处理还是直接废弃，不同的人有不同的选择。随着对消费者行为研究的深入，研究人员逐渐意识到消费是一个整体的过程，而不是分离的三个阶段。因此，研究消费者行为，既要调查、了解消费者在获取产品和服务之前的评价与筛选，也要重视他们在使用产品后的处置方式，只有这样，对消费者行为的认知才会更加完整。

第二节　消费者行为特征

在观影大军中，既有学生也有上班族，既有观影家庭群体也有独自消磨时光的单身青年，既有选择动画片的影迷也有选择战争片的观众。消费者行为既富有多样性又具有共同性。

一、消费者行为的多样性

消费者行为的多样性表现在个体、营销者和传播方式三个方面。个体的多样性表明消费者需求存在明显的不同，营销者的多样性传递着竞争环境和产品定位的差异，而传播方式的多样性则反映了整合营销的不同媒介选择。

（一）个体的多样性

一方面，个体的多样性表现在消费者的需求偏好和产品选择方式等不相同。处于社会中的每一个消费者都有其个性化需求，尤其是现在以“90后”“00后”为消费主力军的市场，个体的多样性尤其突出，年轻一代的消费者追求时尚与独特，不甘平庸和大众化。另一方面，即使是同一消费者在不同时期、不同环境、不同产品的选择上，也会表现出一定的差异性。例如，母亲可能会为孩子选择自己经济能承受范围内最好的产品，但是为自己选择商品的原则却可能是物美价廉。消费者社会角色的不同成为他们行为多样的原因之一。

（二）营销者的多样性

从营销者的角度来看，由于竞争加剧，同质化产品越来越多，企业需要让消费者认识自己的产品并成为忠诚客户，因此要对自己的产品进行独特的定位，对市场进行细分，并且针对自己的目标客户群体采取差异化的营销刺激。牙膏市场是一个典型的例子：美白牙齿、保护牙龈、消除口气等功能被不同厂商整合或分拆，形成差异化产品。甚至有企业以性别来对产品进行细分，将牙膏分成男用和女用（纳爱斯男女牙膏）；用刷牙时间来细分，将牙膏分成早晚不同（舒克美白早晚牙膏）等。众多营销者的存在让消费者具有更多的备选方案，也因此形成不同的选择。

（三）传播方式的多样性

除了电视、报纸、杂志、广播等传统媒介，现在有更加丰富的媒体用于产品的宣传与推广，微信公众号、微博、短视频等新媒体都十分盛行。营销者努力让产品尽可能全方位地接触到目标客户并形成购买链接，整合营销的效果才能被最大限度实现。

二、消费者行为的共同性

市场细分的维度可以是人口统计变量，也可以从生活方式维度进行区分。人口细分的具体维度有以下几个：年龄、性别、家庭结构、社会阶层及收入、民族和种族，以及地理位置。处于同一人口细分维度的消费者的消费行为可能具有共同性，而拥有相似生活方式的消费者也可能会选择相似的商品或服务。

（一）年龄

不同年龄层的消费者关注的商品和服务具有明显的差异，而同一年龄层的消费者则因为他们大体相似的价值观和生活经历形成类似的偏好。运动品牌虽然针对不同年龄层的消费者有不同的款式，但是运动品牌对特定人群的需求，如青少年群体，会特别关注；类似 POP MART 这类盲盒类潮玩产品其主要目标市场也是年轻群体。

（二）性别

性别是一个重要的细分变量，企业针对不同性别开发的产品可以获得消费者的青睐。目前，护肤品和日化产品已不再只是女性专用产品，由于男性对外在形象的普遍关注，针对男性开发的护肤产品和沐浴产品也在不断开发新的细分市场。

(三) 家庭结构

家庭的结构和生命周期对于细分市场也是重要的变量。许多消费决策是以家庭为单位进行的，装修、购买房产等大件商品以及儿童的教育、成长等都需要家庭集体决策。单身是另一类家庭模式，单身经济支撑着外卖等行业的高速发展。

(四) 社会阶层

社会阶层是指社会中收入和社会地位相近的人，他们的品位、价值观、生活方式比较相似，对于营销者来说具有一定的细分价值。

(五) 民族和种族

民族和种族归属于不同的亚文化群体，族群差异会产生相应的营销机会，尤其在服装服饰、时尚产业领域族群差异比较明显。

(六) 地理位置

处于不同区域的消费者会有不同的偏好。在中国的餐饮行业，尽管很多消费者都喜欢吃辣，但是四川的“辣”和湖南的“辣”是有差别的。川菜进入其他地区的市场时也需做改良，因为这些地区的消费者可能无法接受四川的“辣”。

(七) 生活方式

生活方式是一种感知自己的方式，包括人们重视的东西和人们空闲时喜欢做的事。例如，两位职场女性在空闲时间都喜欢去咖啡馆看书喝咖啡，那么从生活方式角度来看，她们的消费行为就具有共同性。

在后续的章节中，本书会具体讨论关于家庭、社会阶层、亚文化以及生活方式是如何影响消费者行为的。

第三节　消费的意义

买想要的还是买需要的？很多消费者分不清二者的差异。层出不穷的购物节让消费者眼花缭乱，他们疯狂地购买有折扣、促销力度大的商品，但很多时候，买回家的东西却被束之高阁。消费的意义是什么？不仅仅是人们买回来的商品能做什么，更重要的是它们所代表的含义，即身份归属、价值观、生活方式、态度……李宁T恤衫上的“中国李宁”字样吸引了无数消费者的眼球并形成潮流，因为字体本身以及图案设计背后的中国元素已经是文化层面的传播了。

正是因为消费者的善变，市场竞争者众多，所以许多企业都希望能够跟客户建立相对长久的关系。不同层级的关系将产品、品牌与消费者联结在一起，有的联结形成了品牌崇拜，有的只是蜻蜓点水。不同的关系有助于理解产品对于消费者存在的意义，以下是几种消费者与产品可能存在的关系类型[①]：

（1）自我概念依附型：产品有助于确立使用者的身份。

（2）怀旧依附型：产品成为与过去的自我的一种联结。

（3）相互依附型：产品成为使用者日常生活的一部分。

（4）关爱型：产品成为引发温暖、激情或其他强烈情绪的情感

---

① 所罗门，卢泰宏，杨晓燕．消费者行为学［M］. 12版．杨晓燕，郝佳，胡晓红等译．北京：中国人民大学出版社，2018：11.

纽带。

除了正常的消费之外，现实生活中还存在一些负面的消费，这些消费行为所带来的满足感非常短暂，而且在消费行为实施之后会存在负罪感或后悔的现象。消极的或阴暗的消费行为包括：

第一，成瘾性消费（addictive consumption）：一种生理和心理上对产品和服务的依赖，如网络游戏成瘾。

第二，强迫型消费（compulsive consumption）：反复的而且常是过度的购物行为，它被当作焦虑、沮丧或无聊的宣泄渠道，如购物癖。

第三，被消费者（consumed consumers）：无论是否自愿，被他人使用或剥削用以在市场中获得商业利益的人，如侏儒表演、售卖人体器官。

第四，偷窃和欺诈（stealing & fraud）：在消费场所偷窃商品以及不遵守诚信原则欺骗对方的行为，如超市偷窃、保险骗保。

第五，反消费行为（anticonsumption）：故意损坏产品或服务外观等具有破坏性的消费行为，如随意涂鸦、破坏产品等。

第四节　消费者行为研究

从前面的分析可以看出，消费过程包括非常多的内容，从产品设计到心理体验，从价值观到文化，各种因素综合影响着消费者的心理和行为。作为一门学科，对消费者行为进行研究的基本问题包括以下四方面：消费者的特征辨析（who）、消费者的心理行为分析（what）、如何解释消费者的行为（why）和如何影响消费者（how）。不管是企业、研究人员还是消费者本人，破解消费者行为背后的密码对于他们来说都具有重大意义。

一、研究消费者行为的意义

（一）对消费者的意义

研究消费者心理和行为有助于消费者做出更聪明的消费决策。消费者在了解消费行为的特征及影响因素后，会减少盲目消费，适应营销者的营销刺激，理性选择最适合自己的产品或服务，在产品或服务的选购地点上也会更加倾向于选适合自己的地方，节省消费时间。

（二）对营销者的意义

消费者行为研究是进行营销决策和制定营销策略的基础。消费者行为研究涉及心理学、经济学、社会学等学科领域，通过对消费者行为的详细分析，企业能够清楚地细分市场，从而制定符合目标市场需求的营销战略。

1. 产品定位

在产品定位方面，营销人员只有了解产品在目标消费者心目中的位置，也就是消费者如何看待产品，才能制定出有效的营销策略。近年来，由于中美贸易战和新冠肺炎疫情影响，智能手机的出货量呈现下降趋势，即便如此，高端手机品牌依然呈现良好的发展势头。三星的全品类覆盖策略让它的市场份额在智能手机市场上一直处于领先地位，同时，它的高端手机也在不断使用创新技术来占领高价值市场。苹果一直以来以高端市场为目标，连续推出的 iPhone X 系列手机增长率持续保持较高水平。国产手机制造商的定位则有所不同，华为的 P 系列和 Mate 系列主要定位在中高端用户的摄影和商务需求上，小米则在占领中低端市场后向高端市场冲击，其他手机品牌也奋起直追。不同的厂商分析选取不同细分市场的消费者再进行精耕细作，形成全球智能手机市场格局。三星、苹果处于第一阵营，而华为、小米、荣耀等品牌在第二阵营蓄势待发。

2. 新产品开发

消费者行为研究既是新产品设计构思的重要依据，也是检验新产品能否被市场接受和进一步完善的重要途径。在中国消费转型时期，消费者对产品和服务的品质追求迅速提升。面对这样的机会，许多企业开始着手研发高品质产品来替代原有产品。格力推出的大松品牌高端家电就是为比肩日本家电水准而推出的产品，正是由于国人有将国产与进口产品相对比的传统，大松电饭煲凭借出色的性能获得了高端用户的认可。

3. 定价

在产品定价方面，心理定价法是企业常用的定价方法。折扣的表达方式会影响消费者的购买意愿，例如，商品打 7 折和降价 30% 对于不同消费者来说是不一样的①。本书在感觉阈限部分会讨论消费者关于价格变化的认知。

4. 分销

在分销渠道的选择上，什么样的消费者喜欢去哪些地方购买产品可以通过消费者数据获知。在大数据时代，消费者的浏览记录、购买方式、购物特点等信息都可以让企业最大限度地降低分销渠道选择方面的风险。近年来，运动品牌公司选择 DTC（direct

---

① 彭璐珞，孙鲁平，彭泗清．“减价 30%”还是“打七折”？一个基于调节匹配理论的促销框架效应［J］. 营销科学学报，2012（6）：99.

to consumer）模式直达消费者取得了不俗的成绩。安踏、耐克、Lululemon、Allbirds 等品牌纷纷建立了自己的品牌直营店，通过数字化分销和自有渠道提升消费者体验。

5. 促销

在广告和促销策略的制定上，对消费者进行透彻研究是基础。只有针对目标消费者的特征进行广告和促销，企业才会获得成功。

以上列举了消费者行为研究在市场营销的几个主要方面的运用，从中可以发现，研究消费者行为可以提高企业营销决策水平，增强营销策略的有效性。但消费者行为研究不是万能的，决策过程中消费者的经验、直觉也起到了不容小觑的作用，需要营销者予以特别关注。

（三）对学者的意义

不同领域的学者从不同方面研究消费者行为，可以更加深入地了解人类的行为，例如对个体消费行为和群体消费行为的研究就丰富了消费者行为领域的研究深度和广度。在分析消费者行为的基础上，研究人员可以针对不同类型的消费者提出消费决策建议，也可以为政策制定者提供帮助，从而更好地保护消费者的权益。

不同学科的知识共同塑造了消费者行为学这一领域。消费者行为学金字塔（见图 1-2）展示了这一领域所涉及的学科以及各学科研究问题的层级，这些学科以其关注的对象是微观消费行为还是宏观消费行为来进行层级划分。位于金字塔靠塔尖部分的学科更为关注微观消费者行为（个体消费者），例如，个体消费者如何感知营销刺激并做出反应；而位于靠近金字塔底部的学科领域更多地关注宏观消费者行为（集体消费行为），例如一种文化或亚文化中成员具有何种共有的消费模式。

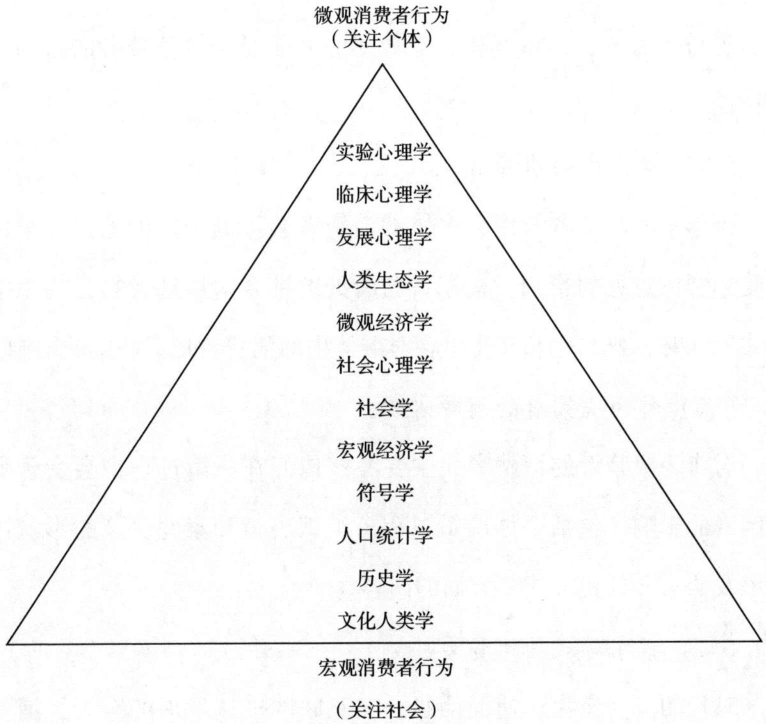

图 1–2　消费者行为学金字塔

资料来源：所罗门，卢泰宏，杨晓燕．消费者行为学［M］. 12 版．杨晓燕，郝佳，胡晓红，等译．北京：中国人民大学出版社，2018：17.

二、消费者行为学的主要研究内容

消费者行为学主要研究消费者的消费心理和行为，以及影响消费者行为的各种因素，揭示消费行为的变化规律。其主要研究内容分为如下四个方面。

（一）作为个体的消费者

研究个体消费者是从微观层面对消费者行为进行研究，处于学科金字塔的塔尖部分。个体消费者的消费行为各不相同，本书主要从消费者的知觉、学习与记忆、动机和消费者介入、自我与个性、价值观与生活方式、态度和态度转变等方面对个体消费者的行为进行讨论。

（二）群体中的消费者

群体中的消费者与作为个体的消费者会形成一定的差异，个体会受到群体意见的影响，根据自己所处的社会阶层选择自己的生活方式，同时，亚文化和文化也会对群体中的消费者形成一定的限制。

（三）作为决策者的消费者

对作为决策者的消费者，主要考察他们在决策过程中会受到哪些因素的影响，包括个体决策过程、组织决策和家庭决策的影响因素以及购买和处置方式等方面的内容。

（四）数字时代的消费者

时代的发展变化迅速而明显，在互联网极速发展的今天，消费者行为已经发生了巨大变化。社交媒体、数字化营销、互联网+等概念已经让这个时代的消费者形成了鲜明的特点，在本书的最后，我们将对社交媒体和数字时代的消费者进行归纳与总结，探讨他们的心理和行为变化。

三、两种研究范式

消费者行为研究主要有两种研究范式，分别是以客观性、市场调研、预测为支撑的实证主义（positivism）和以主观性、个人经验、理解为特征的诠释主义（interpretivism）。

（一）实证主义

实证主义来源于经验主义哲学，代表人物是孔德和迪尔凯姆。实证主义研究观点认为要研究客观存在的事物，通过观察、实验、比较、检验等方式找到事物发展的规律和事物之间的联系，提倡把研究自然界的方法移植到社会领域。

（二）诠释主义

诠释主义发源于象征互动主义（symbolic interaction）和现象学（Phenomenology），其代表人物是韦伯和舒茨。诠释主义研究观点认为研究的对象应该是社会行动，而社会是由人构成的，所以主观经验具有重要的意义。研究者需要进行角色转换，设身处地对研究对象进行“移情式”的理解，通过搜集资料、分析资料、提出理论等步骤，探讨他人的社会行动的主观动机，从而对事实做出合理的解释。

两种研究范式各有利弊，针对不同的研究问题可以分别选择两种方法进行研究。表 1-1 总结了这两种研究范式的主要差异。本书所引用的研究来源于两种研究范式，研究结果均具有代表性和实用性。

表 1-1　实证主义与诠释主义的研究范式比较

假设	实证主义	诠释主义
现实的本质	客观的、实在的	社会构建的
目标	唯一的预测	复合的理解
产生的知识	不受时间限制，不依赖背景	受时间限制，依赖背景
对因果关系的看法	存在真实的原因	同时存在的多因素产生的事件
研究关系	研究者与被研究者互相独立	与被研究者互相影响、互相协作，是研究者所研究现象的一部分

资料来源：所罗门，卢泰宏，杨晓燕．消费者行为学［M］. 12 版．杨晓燕，郝佳，胡晓红，等译．北京：中国人民大学出版社，2018：17.

理论前沿

20 世纪 80 年代以来，经济全球化越来越明显，跨国公司的活动超越国界。在这个过程中，文化差异凸显出来，很多学者利用文化人类学的知识来研究全球消费者的消费行为特征，并公开发表在报刊和网站上。例如，在美国，企业可以很容易地查询到白人小孩与墨西哥裔儿童的消费能力差别、非洲裔女性与亚裔女性的工资差异等。

文化人类学的研究方法主要注重真实性和情境，文化人类学家一般通过实地观察以及参与来完成研究过程，这种研究方法被称为“田野工作（fieldwork）”。近年来，基于田野工作的研究方法开始被应用到营销以及消费行为的研究中，个案研究和经验性研究成为弥补现有营销研究缺乏“真实性”和个性缺陷的有效方法。

>>> 本章小结 >>>

本章主要探讨了下面几个问题。

1. 消费者行为

消费者行为是指研究个体和群体为满足需要与欲望而挑选、购买、使用或处置产品、服务、观念或经验所涉及的过程。消费者行为是动态的，涉及感知、认知、行为以及环境因素的互动作用，涵盖了交易的整个过程。

2. 消费者行为特征

消费者行为的多样性表现在个体、营销者和传播方式三个方面，个体的多样性表明消费者需求存在明显的不同，营销者的多样性传递着竞争环境和产品定位的差异，而传播方式的多样性则反映了整合营销的不同媒介选择。

通过人口统计变量和生活方式维度可以将市场进行细分，相同细分市场的消费者具有共同的行为特征。人口细分的具体维度有以下几个：年龄、性别、家庭结构、社会阶层及收入、民族和种族以及地理位置。

3. 消费具有特定的意义

消费的意义不仅仅是人们买回来的商品能做什么，更重要的是它们所代表的含义，即身份归属、价值观、生活方式、态度等。

4. 研究消费者行为的意义

对消费者的意义是做出更聪明的消费决策，对营销者的意义是制定更好的营销战略，对学者的意义是更深入地了解人类行为。

5. 消费者行为研究跨越多个学科

不同学科的知识共同塑造了消费者行为学这一领域。这些学科以所关注的对象是微观消费行为还是宏观消费行为作为区分标准，形成消费者行为学金字塔。位于金字塔靠塔尖部分的学科领域更多地关注微观消费者行为（个体消费者），而位于靠近金字塔底部的学科领域更多地关注宏观消费者行为（集体消费行为）。

6. 消费者行为的两种研究范式

消费者行为研究主要有两种研究范式，分别是以客观性、市场调研、预测为支撑的实证主义和以主观性、个人经验、理解为特征的诠释主义。

延伸阅读

零售业的新发展

2016 年 11 月 11 日，国务院办公厅印发《关于推动实体零售创新转型的意见》（以下简称《意见》）（国办发〔2016〕78 号），明确了推动我国实体零售创新转型的指导思想和基本原则。《意见》在促进线上线下融合的问题上强调：“建立适应融合发展的标准规范、竞争规则，引导实体零售企业逐步提高信息化水平，将线下物流、服务、体验等优势与线上商流、资金流、信息流融合，拓展智能化、网络化的全渠道布局。”新零售时代到来了！

虽然新零售到底是什么没人能说得清，但是零售业态已经发生了巨大变化，巨头们在各自领域布局，寻找未来零售业的方向。

Amazon Go 在网络上的演示视频让人们大呼神奇：取物即走、无须停留结账，这种即拿即走的购物体验是前所未有的。亚马逊的官方解读是整合了计算机视觉、机器学习、传感器的 just walk out 技术，收银员可能是未来第一批被淘汰的零售业员工！

紧跟亚马逊的是阿里无人便利店 Tao cafe，与 Amazon Go 相似，利用计算机视觉和传感器感应的智能识别，消费者同样跳过了支付环节，但是需要将淘宝 ID、支付宝 ID 和顾客的生物特征绑定，这是建立在整个阿里信用体系下的购物模式。

“盒马鲜生”颠覆了传统超市的生鲜品类销售，将超市的体验做到了极致。现场加工食材，即做即食、搭建不同消费场景、3 公里 30 分钟送达……门店的购物体验变得更加舒适和流畅。除了科技手段的应用之外，这种新型超市对于物流和供应链的要求远高于传统超市，在庞大的数据指引下，让超市真正成为线上和线下的融合点。

美团在传统主营业务美团外卖的基础上展开了本地生活的业务，将社区团购（美团优选）、到家服务（美团买菜、便利店）、医疗服务（美团买药）和娱乐出行（美团打车、美团旅游）等结合在一起，让消费者能够通过一个 App 完成本地生活的几乎所有服务，美团成为一个超级大市场。

无印良品（MUJI）则开拓了另一种创新模式——跨界。无印良品从生活用品、家具和服装商店起家，早已延伸到了衣食住行各个方面，试图打造生活方式的闭环。在中国，无印良品在成都开了第一家提供健康有机简餐和咖啡的 cafe & meal MUJI，在上海也有 MUJI 面包房和咖啡馆。在日本，无印良品有自己的跨界酒店。实际上，这种跨界经营模式是传递文化和生活方式的有效载体，当消费者认同了日本设计文化和至简的生活方式之后，与 MUJI 的关系就变成了价值观上的依附。

零售的本质是什么？或者说零售业的消费者究竟要的是什么？

很简单，零售业的消费者要的是丰富的商品、便捷的购物体验和舒适的购物环境。所谓的新零售业态，不外乎是在这些方面下功夫。前面提到的“盒马鲜生”、美团和无印良品就是典型的升级版超市、创新版商场和体验版跨界店。它们在商品的丰富性、购物的便捷性和舒适性上不断完善自我，成为新零售的代表。随着数字经济的发展，新零售与数字经济的结合将更加紧密。

2022 年 4 月 26 日，中共中央总书记、中央财经委员会主任习近平主持召开的中央财经委员会第十一次会议强调，全面加强基础设施建设，构建现代化基础设施体系，为全面建设社会主义现代化国家打下坚实基础。会议提出，要加强信息、科技、物流等产业升级基础设施建设，布局建设新一代超算、云计算、人工智能平台、宽带基础网络等设施。这些举措将对零售行业的新发展形成强大助力，对新零售在数字基础设施上的保障更加完善。

作为个体的消费者

作为个体的消费者，在消费过程中会受到自身心理因素的影响。认知、学习、记忆、自我与个性、价值观与生活方式，以及对事物的态度都会对他们的消费行为产生自觉或不自觉的影响。

第二章　知　　觉

学习目标

- 知觉过程
- 感觉阈限
- 知觉的选择
- 知觉的组织原则
- 符号学解释
- 感觉营销

引　例

2021 年 9 月 25 日，被加拿大非法拘押 3 年的中国公民孟晚舟①乘坐中国政府包机返回祖国，《人民日报》评论孟晚舟回国："没有任何力量能够阻挡中国前进的步伐。"当日，孟晚舟一袭红裙走下飞机，发表感言称："提前祝祖国母亲生日快乐！有五星红旗的地方，就有信念的灯塔，如果信念有颜色，那一定是中国红。"

---

① 孟晚舟，华为公司副董事长、首席财务官，2018 年 12 月 1 日过境加拿大时被非法拘押 3 年，2021 年 9 月 25 日乘中国政府包机回国。

红色是中华民族最喜爱的颜色之一，代表着喜庆、热闹与祥和。在中国的重大节日或庆典上，红色是最常见的，因为中国红是中国人的魂，是中国文化的底色。当观看孟晚舟回国直播的人们看到她的红裙、听到她的发言时，人们感知到的不仅是喜庆氛围，同时还有她不屈、热忱、奋进、团结的民族品格。这一抹中国红，引起了网友强烈的共鸣。当天，央视频等新媒体平台与孟晚舟中国红相关的话题阅读量达到343万，网友表示："欢迎回家，咱们一起给祖国庆生！"

第一节 知觉过程

知觉（perception）是一个过程，是将感觉器官接收到的刺激组织起来形成有意义的解释的过程。在这一过程中，重要的传感器就是我们的感觉系统——视觉、听觉、嗅觉、味觉和触觉。

一、感觉系统与知觉过程

人类的生活环境中充满各种刺激，如地铁中的广告、街边小店油泼面的味道、面包房的奶香味等。这些刺激，有的来自大自然，如炎热的天气、花的芳香；有的则来自人工，如白领的香水味、用作广告的图片等。感知刺激的生物传感器就是人类的感觉系统，人们通过眼睛看见色彩，通过耳朵听见音乐，通过鼻子和舌头闻气味尝味道，通过皮肤感知冷热或疼痛。感觉是消费者认知产品的起点，通过感觉，消费者进一步形成知觉、记忆、想象等复杂的心理活动。感觉是探讨消费者行为的起点。

人们通过感觉器官接收外界刺激，但外界刺激本身并不构成有意义的解释，人类的大脑完成将外界刺激转化成有意义的解释这一过程——知觉。知觉通过三个阶段的信息组织和处理来完成：暴露、注意和解释。下面的例子解释了知觉的三个阶段。

当你和家人吃晚饭时，电视里正在播放最新款苹果手机的广告。你可以看到电视画面，也可以听到广告音乐，但是你可能正跟家人讨论一件重要的事情而忽略了这则广告中的具体信息，但是其实你知道这是苹果手机的广告。实际上广告是真实存在并且播放了的，信息展现在我们面前，这一阶段叫作暴露（exposure）。为什么你忽略了细节但却知道是苹果手机的广告呢，因为你对广告的某一部分刺激产生了关注，可能是画面，可能是音乐，也可能是 logo，这一阶段叫作注意（attention）。最后，你对这则苹果手机的广告会形成一个评价，“这广告挺酷”、“这广告音乐挺好听的”或者“这广告讲的啥？这么晦涩!”，评价来源于你接收到的信息片段在大脑中的组织，这一阶段被称为解释（interpretation），也是知觉的最后一个阶段。以上三个阶段任务完成之后，外界的刺激才被转化为人类的知觉，整个过程也就是知觉过程（见图 2-1）。如果你对苹果手机不感兴趣，那么这一过程可能中止于注意阶段。

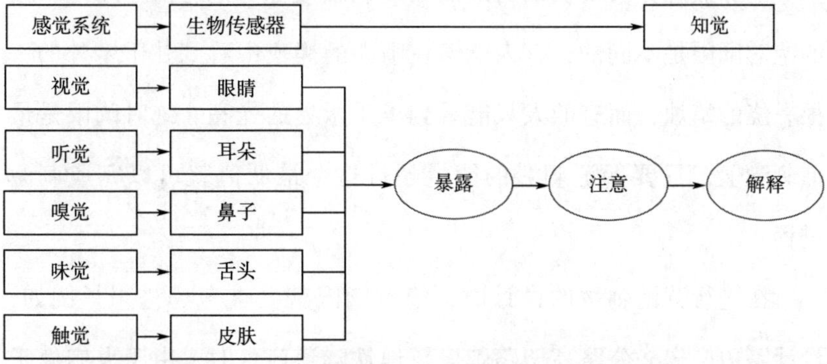

图 2-1　知觉过程

二、暴　露

当外界刺激进入感觉器官的感受范围之内时，就形成了暴露。消费者会对某些刺激非常关注，而对另一些刺激却毫无察觉，不同的人对外界刺激的感应程度也是不同的。心理物理学对这种现象的研究显示人们具有不同的感觉阈限。

（一）感觉阈限（sensory threshold）

感觉器官只能传导一部分信息，因此会对外界刺激进行选择。心理物理学的研究者通过测量和分析引起感觉经验的物理特征确定人类的感觉接收器只会传导可接受能量范围中的一部分。举例来说，人的嗅觉远远低于狗的嗅觉，因此需要利用工作犬去搜寻人类无法感知的气味；而蝙蝠虽然视觉很差，但是它们能够听见自己发出的超声波的反射回声从而进行定位，而这种声音人类是无法听到的。能够引起人类感觉的刺激范围被称为感觉阈限，从感觉范围和感知差异性的能力来看的话，感觉阈限可以分为绝对阈限和差别阈限两类。

1. 绝对阈限（absolute threshold）

能够被感觉系统识别的最低限度刺激被称为绝对阈限。每个人的绝对阈限是不同的，有人能够在晴朗的黑夜中看到几千米外的一根燃烧的蜡烛，而有的人只能看到 1 千米处的光亮。绝对阈限是最低刺激值，只要保证刺激的能量超过这个最低值就可以完成刺激过程。

在进行营销刺激的设计时，绝对阈限就要被考虑进来。例如，设计路边广告、公路高架路牌以及地铁隧道广告时，由于人们处于行走中或者在移动的交通工具里，如果广告字体过大就会浪费空间，而字体过小又会导致人们无法看见或看清，这样的广告实际价值就大打折扣了。

2. 差别阈限（differential threshold）

感觉系统能够识别的两种刺激之间的最小差别或者变化的能力被称为差别阈限。人们感受差别的能力是存在差异的，并且可能随着环境变化而变化。例如，在识别假冒品牌的时候，有些人会立刻辨认出假冒品牌与真品牌之间的差异，而另一些人直到买回家去被别人指出来才恍然大悟。实例如图 2-2 所示。

图 2-2　差别阈限示例

有研究表明，人们感受气味和味道差异的能力是不同的，人们对味道浓度的差异辨别能力相对比较差。如果一家饮料企业希望自己的饮料口感甜一些的话，它需要在原有基础上加入相当多的糖；而一家生产香水或化妆品的公司则需要谨慎调整配方，因为稍微增加一些香味原料，消费者就会轻易地识别出来。

企业在执行价格策略时也会利用差别阈限，如果价格变动的幅度小到让消费者无法察觉，那么价格的变动对销售产生的影响就很小。通常，人们对涨价的反应要快于降价，零售业的经验是促销时某商品价格下降超过 15%，才有可能取得效果。

一个有趣的现象是消费者对价格变动的感知超过对重量的感知，

也就是对产品重量的差别阈限更高。比如，一袋原重 1 000 克的挂面变成 900 克，价格不变，包装大小不变，消费者很难察觉到减少了 100 克。很多企业在原材料上涨、成本提升的时候为了维持原有的销量而不采取提价策略，转而在包装上做文章，实际上这也是利用了差别阈限的原理。

（二）阈下知觉（subliminal perception）

阈限上的信息能够被消费者接收到，因此大多数广告信息是高于感觉阈限的。但是阈限之下的刺激是否也能够让消费者获得一定信息呢？答案是肯定的。低于感觉阈限值之下产生的知觉就是阈下知觉。

实际上，并不存在有力的证据证明阈下知觉会对消费者行为产生影响。心理学家谈到的阈下技术通常是指瞬时闪过的言语、图像或者阈下声波等绝对阈下刺激。但在现实的广告应用中，这种阈下技术是被放大了范围的，在大众传播中使用的阈下技术还包括不同形式的隐藏信息的应用。例如：

（1）隐晦图案和暗示性身体语言。

（2）引发本能冲动的隐藏符号。

（3）极微弱、极短促的言语或图像的闪现。

（4）经过声学处理的音乐。

（5）隐喻或催眠术式的言语表达。

阈下知觉广告多应用于影视作品，在表达艺术的过程中不留痕迹地引入商业元素，使观众能够对某些品牌留下印象，这就是植入式广告。植入式广告要应用得自然、潜移默化，才能够得到消费者的认同，否则就会存在滥用的情况。如果在商业电影中大量应用植入式广告，导致观众极其反感，这就起到了负面作用。图 2-3 所示的电影《变形金刚 5》中二手车网站和伊利牛奶的广告就让消费者觉得突兀。这样的植入式广告不仅不能很好地宣传产品，反而让消费者产生厌倦心理，广告效果适得其反。

图 2-3　《变形金刚 5》电影与植入式广告

三、注　意

当今，人们处于信息社会，每天会接收数以千计的信息，但是这些信息有的会被强烈关注，有的则直接被抛到九霄云外，可见，人们对接收的刺激进行了不同程度的信息加工，这便是注意。知觉过程中关键阶段是注意，在这个阶段，由于人的知觉具有选择性，当大量信息袭来的时候，人们只会选择其中的部分内容并根据以往的经验进行信息加工。

知觉的选择存在以下三种形式：知觉警惕（perceptual vigilance）、知觉防御（perceptual defense）和适应（adaptation）。

（一）知觉警惕

知觉警惕是指消费者更可能意识到与他们目前需求有关的刺激物的一种状态。消费者对于平时不关注的事情，一旦产生需要就会特别留意。当消费者意识到需要更换手机或者电脑时，他们会特别关注相关信息，查询不同品牌的特征、价格、评分等，但是他们一旦完成购买，在很长时间内就不会再刻意搜索这些信息了。

（二）知觉防御

与知觉警惕相反，知觉防御是一种保护自己的倾向，这种倾向让人们更容易接收他们想要接收的信息，而对不想接收的或者觉得对自己有威胁的信息则选择视而不见、听而不闻。例如，抽烟的人不喜欢看有关吸烟容易得肺癌的宣传图片（见图 2-4）。

图 2-4　吸烟者对禁烟广告产生知觉防御

（三）适　应

当知觉系统不断接收相同的刺激时，反应就没有最初那么激烈了，甚至可能视若无睹，这时候就形成了适应。营销者需要不断更新刺激内容才能让消费者不断产生注意，而且，刺激的内容要有所变化，如果一成不变，很容易引起消费者的厌倦，反而产生负面作用。脑白金广告长达数年的重复刺激让一些消费者见到该广告就产生厌烦的感觉，这时候这些消费者对品牌的解释更倾向于负面。

四、解 释

知觉形成过程的最后一步是对接收到的信息进行解释，赋予一定的意义。不同的人对相同信息可能产生不同的解释，因为他们对信息的截取和选择是不同的。人类的大脑在处理信息的时候会根据一定的组织原则将信息与记忆相联系，在格式塔心理学派的研究中，整体大于部分之和是他们的主要研究观点。格式塔心理学派研究人员发现，人类的知觉总是倾向于组成有意义的构型，在图 2-5 中，人们会发现“一颗心”，但实际上这颗心完全出自想象，它只是阳光照射下的山体阴影而已。

图 2-5 格式塔心理学派解释示例

与消费者相关的格式塔心理学派组织原则还包括以下三种。

（一）封闭性原则（closure principle）

人们倾向于把不完整的图形感知为完整的图形，这种感知多数根据自己以往的经验来进行填补。例如，霓虹灯组成的图案或文字坏了一部分灯管，但是我们仍然能够根据经验判断出图案缺失部分所表达的含义。图2-6是北京奥运五福娃，虽然少了一个，但是我们仍然知道缺少的是福娃妮妮，而下面的字缺少的是“你”。

图2-6 封闭性原则示例

（二）相似性原则（principle of similarity）

消费者倾向于将大小、形状、颜色或形式上相似的产品归类在一起，视为一个整体。按照此类原则，超市会将蔬菜、水果等分区摆放，便于消费者集中选择（见图2-7）。

图2-7 相似性原则示例

（三）图形-背景原则（figure-ground principle）

图形-背景原则是把刺激物的某些部分作为主体，其他部分作为背景进行识别。图形主体和背景有的时候是可逆的，也就是互为背景。营销广告中我们可以经常看到类似的设置，即将产品或者作为主体以突出特征，或者作为背景来引起消费者的联想。图 2-8 是蒙牛真果粒的两个平面广告设计，左图突出了产品的水果特征，右图突出的是品牌本身，二者各有妙处。

除视觉图形-背景外，“谐音梗”也是对图形-背景原则的应用之一。一些企业在设计品牌名称或广告语的时候，选择利用谐音来塑造产品形象，实际上也是利用了消费者对文字读音的背景识别。

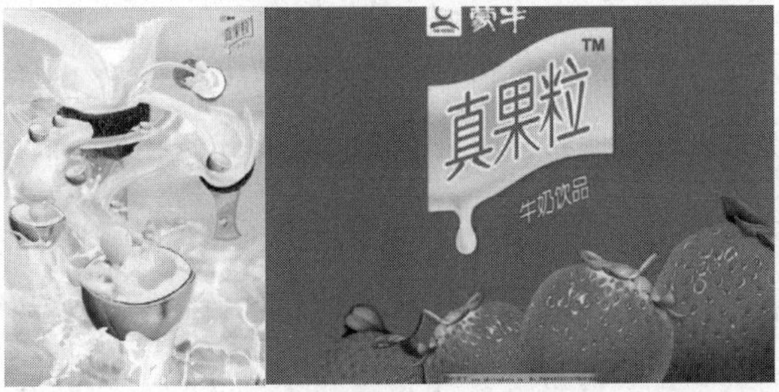

图 2-8　图形-背景原则示例

消费者在理解营销刺激的时候，会根据自己的经验进行联想解释，而得到的意义通常包含着象征含义。为什么纽约又叫“大苹果”（Big Apple），而北京被人们戏称为帝都，这些含义可以用符号学（semiotics）来帮助解释。

现代符号学的创始人是费尔迪南·德·索绪尔（Ferdinand de Saussure）和查尔斯·桑德斯·皮尔斯（Charles Sanders Peirce）。符号学起源于 20 世纪初，最初处于学科的边缘地带，直到 20 世纪七八十年代，皮尔斯模式成为当代符号学的基础。皮尔斯的符号学注重的是对符号的意义解释，这种符号解释更容易帮助消费者理解产品和品牌所象征的含义。著名彩妆品牌安娜苏（Anna Sui），最吸引消费者的恐怕不是其彩妆本身，而是那些令人疯狂的、优雅独特的、雕刻着黑色蔷薇花的彩妆容器。黑色代表神秘与魔幻，蔷薇花永不凋谢，安娜苏的产品极具复古、精致与奢华的美感，成为都市女性展现独特魅力的利器，也受到世界各国时尚女性的高度关注。

安娜苏的品牌故事

安娜苏是世界著名的时装及彩妆品牌，其创始人安娜苏（Anna Sui）是华裔移民。20 世纪 90 年代，她开始崭露头角，举办时装发布会并吸引了大量年轻的时尚群体光顾她的小店。

安娜苏本人热爱摇滚，个性十足，她设计的时装充满复古气质，大胆、叛逆、华丽但又不失实用。她让时尚的都市女性发挥创意，随心组合展现独特的个性魅力。她的彩妆既时尚又复古，给人以神秘和魔幻的感觉；彩妆包装既俏丽又精美，犹如古代漆器，具有收藏价值；质地与彩妆双效并用。

安娜苏的产品具有极强的诱惑力，无论服装、配件还是彩妆，都能让人感觉到一种抢眼的、近乎妖艳的色彩震撼。她的产品的特别之处在于实用的华丽，她从生活撷取灵感，尤其是从爱情中获得启发。不像其他设计师要求别人配合他们的设计，安娜苏品牌提供了具有解放意义的自由和选择，将女性本质的需求转化为安娜苏品牌的内涵。

运用符号学解释广告信息时包含三个要素：目标客体（object）、标志（sign）及诠释（interpretant）。

（1）目标客体是指被解释对象，如上面提到的安娜苏彩妆产品。

（2）标志是目标客体意义延伸的感性形象，如安娜苏品牌独有的黑色蔷薇花。

（3）诠释是指象征的含义，如安娜苏代表的是迷人、神秘而优雅的女性。

消费者接受外界刺激，根据自身经验以及外界环境形成对产品或品牌的认知，那么作为营销人员如何了解消费者对自身产品和竞争对手的感知从而更好地进行市场定位呢？知觉定位图可以帮助解决这一问题。

知觉定位图是消费者对某一系列产品或品牌的知觉和偏好的形象化描述，用相对比较直观、形象的图像表现出消费者的感知。在知觉定位图中，根据预先选定的维度，不同消费者心中对产品或品牌的认知差异会显现出来，企业可以根据这些差异选择适当的位置投入产品，或者改进营销，刺激消费者的认知发生变化。图 2–9 是美国营销学会 AMA 手摇饮品的品牌知觉定位图，从该图中可以看出不同品牌的饮料在消费者心中具有不同的定位。

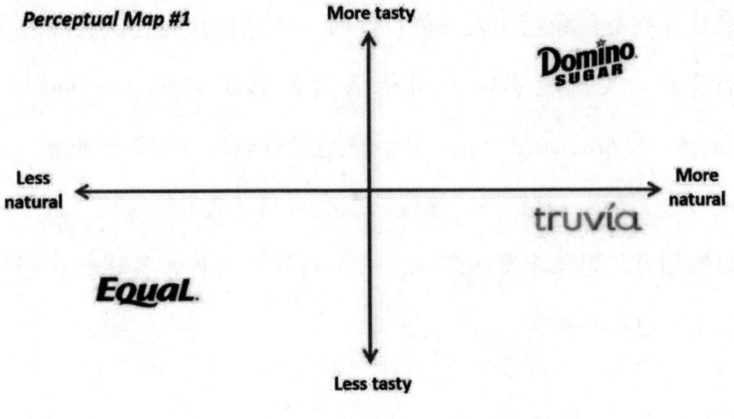

图 2–9　手摇饮品的品牌知觉定位图

资料来源：美国营销学会。

第二节 感觉营销

利用人们的感觉进行营销是一个新兴领域，越来越多的企业开始注意到消费者感觉对产品体验的影响。当人们走进潮流百货集合店（如名创优品 MINISO）时，可以闻到每天不同的熏香，感受到加湿器喷出的湿气，听到有特色的音乐，选择来自全球的潮流好物；进入宜家家居时，可以看到各式各样组合好的样板间，触摸、体验到沙发和床的柔软。名创优品和宜家家居都让消费者流连忘返，除了商品和服务之外，非常重要的原因在于人们在这里感受到了温馨和舒适。

各感觉系统之间存在相互作用，在接收信息后会经过大脑的处理产生判断和解释。感觉营销就是利用刺激消费者的感觉系统以促使其形成对产品的认知。感觉营销主要有色彩营销、气味营销和触觉营销三种模式。

一、色彩营销

颜色是视觉接收的主要刺激，不同的颜色会让人有不同感受。红色让人兴奋，绿色让人安静；同时，红色也代表喜庆，绿色也代表着生命。美国色彩研究机构潘通色彩研究所（Pantone Color Institute）公布的 2022 年的年度代表色是代表转变的长春花蓝（Very Peri）——展现一种机灵、愉悦的态度与充满活力的风貌，激发勇气十足的创意与想象丰富的表现。人们对颜色有各种各样的解释，由此产生了色彩心理学。

Tiffany（蒂芙尼）蓝——幸福的颜色

Tiffany 蓝是一种什么颜色？在色谱上，它是介于蓝色和绿色之间的颜色。在所有的色彩中，没有哪种颜色像它这样让人无法产生准确的认知。在自然界中，很少存在这种颜色，只有知更鸟蛋的颜色与其相似。

知更鸟的习性迎合了人类对婚姻的想象：知更鸟的结合是一夫一妻制，雌雄鸟共同筑巢，它们忠贞不二、家庭第一、勇于攻击入侵领土的其他鸟，而知更鸟蛋则象征着相爱结合后的爱情结晶。在层层递进的联想下，知更鸟蛋的蓝色代表着婚姻和家庭的幸福。在欧美文化中，人们看到这种蓝色首先想到的是“幸福”，这也是Tiffany创始人查尔斯·路易斯·蒂芙尼选择将浅色知更鸟蛋蓝作为公司标准色的原因。

在营销领域，色彩心理学的应用极其广泛，美容美发、化妆品、服装服饰、首饰设计等与美相关的行业一开始就对色彩尤为关注。现代色彩营销的范围越来越广，被广泛应用到商品的设计、橱窗陈列、包装、品牌形象、广告宣传等领域。

二、气味营销

嗅觉能够帮助人们储存记忆。气味营销就是在气味和产品间构建联系而进行营销的策略。熟悉的味道让消费者陷入回忆，而这种回忆往往带有浓厚的情感。当消费者在酒店中闻到独特的香味时，嗅觉识别就启动了，并且潜移默化地营造出一种回忆。无论他走到哪里，只要闻到这种香味就会回想起入住酒店的愉快经历。一些国际品牌的店面会使用专属香味来布置，在这种环境中购物，由于气味独特，会让消费者停留时间延长，从而提升成交的机会。

三、触觉营销

人类学家把接触视为一种最初的语言，我们在会说话、会写字之前就学会了触摸。研究者开始认识到触觉在消费者行为中的重要作用，发现触觉似乎可以调节产品体验与自我判断之间的关系，人们对自己能够接触的产品会更加有自信（网店难以让消费者接触其产品因而存在局限性）。

利用触觉进行营销的一个典型就是宜家家居，鼓励消费者对所要购买的家居进行现场体验和感受。研究者发现，参与者只要触摸一件物品（如一只咖啡杯）30 秒钟或更短的时间，就能够产生更高的依赖感，这种感觉提升了消费者想购买该产品的意愿。

感觉系统之间是可以互通的。蓝色、绿色被称为冷色，红色、黄色被称为暖色，这里颜色属于视觉，而冷暖属于温度觉。一种感觉可以引起另一种感觉，这在营销活动中具有重要意义。在广告设计中，味觉、嗅觉和触觉很难直接表现，但是可以通过视觉和听觉予以展现，现代很多知名品牌广告都是利用这一原理进行营销刺激的，如著名的迪奥“真我”香水以及德芙巧克力的广告(见图 2-10)。

图 2-10　感觉系统的组合营销示例

经典的迪奥“真我”香水广告，选择金色作为主色调，代言人女性气息十足地走过人群，充满吸引力。迪奥的这则广告利用视觉冲击使消费者对该香水形成了整体认知：美丽、性感、自我、迷人，充分表现了迪奥品牌的格调。而德芙巧克力则巧妙地利用了口感与触觉之间的联系，让消费者从入口的绵软联想到触摸的丝滑感觉，并且通过视觉形式表现出来，充分调动了消费者的感觉系统，形成品牌的高度认知。

理论前沿

眼与心的连接①

在描绘人物的广告中，模特的眼睛都是一种强大且无处不在的视觉特征，但是广告模特的眼睛看哪里重要吗？研究人员整合了来自社会心理学、表演和视觉艺术等理论的见解，证明了比起广告模特的目光直接凝视观看者，当广告模特的视线看向观看者以外时，观看者更容易被吸引到广告叙事中并给出更有利的反应。该研究结果表明，回避凝视增强了叙事传播（代言人可信度），从而提高了情感（信息）广告的有效性。

① 本书理论前沿所选文章均引自公众号唧唧堂。

>>> 本章小结 >>>

本章主要探讨了下面几个问题。

1. 感觉系统与知觉过程

感知外界刺激的感受器就是人类的感觉系统，主要包括视觉、听觉、嗅觉、味觉和触觉。知觉的过程包括三个阶段，在接受外界刺激之后，首先形成暴露，然后对信息进行选择，最后对接收到的信息进行解释。

2. 绝对阈限与差别阈限

能够被感觉系统识别的最低限度刺激被称为绝对阈限，感觉系统能够识别的两种刺激之间的差别或变化的能力被称为差别阈限。绝对阈限和差别阈限在营销中都有比较多的应用。

3. 知觉的选择

知觉的选择包括知觉警惕、知觉防御和适应三种形式。

知觉警惕是指消费者更可能意识到与他们目前需求有关的刺激物的一种状态。消费者对平时不关注的事情一旦产生需要就会特别留意。

知觉防御是一种保护自己的倾向。这种倾向让人们更容易接收他们想要接收的信息，而对不想接收的或者觉得对自己有威胁的信息则选择视而不见、听而不闻。

当知觉系统不断接收相同的刺激时，反应就没有最初时那么激烈了，甚至可能视若无睹，这时候就形成了适应。

4. 知觉的组织原则

知觉的组织原则是指与消费者相关的格式塔心理学派组织原则，

主要有三个：封闭性原则、相似性原则和图形-背景原则。

5. 符号学解释

通过符号进行象征意义的解读，有助于帮助消费者理解产品和品牌的意义。符号学解释包括三个要素：目标客体、标志和诠释。

6. 感觉营销

感觉营销就是利用刺激消费者的感觉系统而形成其对产品的认知。感觉营销主要有色彩营销、气味营销和触觉营销三种模式，利用感觉系统进行营销能取得巨大的收益。

延伸阅读

宜家的体验营销

总部位于瑞典的宜家是一家跨国家居用品连锁企业，成立于1943年。宜家公司的老板、创始人英格瓦·坎普拉德是当今国际家具行业最大的经营者之一。目前，宜家在中国有24家分店，分别位于北京、上海、成都、深圳等城市，基本覆盖了中国东北、华北、华东、华南等经济发达地区。

宜家的理念是“为大众服务”，它提出为大众提供经济实惠的家居装饰产品，而非为少数人服务。从产品设计、采购、包装、配送到业务模式，宜家的经营理念存在于公司运营的各个环节。在宜家的商场布局和服务方式的设计上，公司尽量使其显得自然、和谐，让每个家庭到宜家购物就像是“外出休闲的一次旅行”。

宜家要传递的是“再现大自然，充满阳光和清新气息，朴实无华”的清新家居理念，因此其卖场布局简单而舒适。顾客沿着卖场设计好的行进路线，不知不觉中看完了整个家居不同功能区的商品展示。在每个功能区，既包括设计好的样板屋，又包括摆放整齐的单件商品，旁边放着宜家商品目录和DIY订单。顾客无论关注何种商品，都会随时获得价格信息。

宜家也擅长色彩营销，在重大节日将至的时候，店面沉浸在色彩的海洋之中。春节和情人节期间，宜家所推出的“红色恋情”、“橙色友情”和“蓝色亲情”的梦幻组合，使整个卖场充满了人情味。

宜家在对中国市场进行调研的时候发现，中国老百姓除了搬新家外，一般很少购买新的家居用品来改变现有的居住环境和布置。针对这种现象，宜家引入小件商品，如绿植、相框、工具箱等鼓励广大消费者改变一成不变的生活习惯和惰性，创造美好的生活环境和舒适空间。

宜家商场还有一些附属设施，如咖啡店、快餐店和儿童的活动空间。消费者累了，可以在优雅舒适的宜家餐厅，点一份正宗的欧式甜点，或者一杯咖啡，甚至只是小憩一会儿，都没有人会打扰你。北欧风情在宜家的店面设计中凸显出来，舒适、闲淡、无人打扰。一切都是为了让顾客拥有更好的体验！

案例分析

蓝色食品，你想吃吗？

蓝色被认为是冷色调中最冷的色彩，通常代表理智、冷静、忧郁和纯洁。在商业领域，蓝色被广泛应用，许多企业的标准色就是蓝色。2020年，潘通（Pantone）色彩研究所公布了“经典蓝”为年度色彩后，克莱因蓝、瓦尔登蓝、贝加尔蓝等蓝色军团在服装服饰、美妆、文创、汽车等产业均有不俗表现。但是在食品领域，蓝色食品还是有待开发的“蓝海”。

由于蓝色代表理智和冷静，有学者认为人们对蓝色的感知为“食欲激减色”，并建议将蓝色用于减肥食谱。近年来，花青素的营养成分被消费者认识和追捧，蓝色食品渐渐进入人们的眼帘。天然的蓝色食品并不多见，蓝莓是标志性食品之一。

食品行业更多地将蓝色用于包装和品牌塑造。中国代餐食品Wonderlab的新品包装就采用了克莱因蓝这种高度饱和的蓝色作为基础色，加强其健康减肥的品牌认知，受到了目标消费者的追捧。2020年俄罗斯著名乳品品牌Milgrad将一只蓝色猫咪引入品牌包装，赢得了广泛关注，该设计在2021年Pentawards国际包装设计大赛获奖。

除蓝色包装之外，蓝色素的生产也出现了技术突破，藻蓝素、蝶豆花提取物均可以被应用于食品着色添加。藻蓝素被广泛应用于酸奶、冰淇淋和糖果产品，蝶豆花蓝在东南亚美食中不断呈现，如鸡尾酒、蓝色松饼和意大利面等。中国的蓝色食品比较有代表性的是 Blueglass 蓝色钻石酸奶，被称为“酸奶届的爱马仕”；瑞幸咖啡在北京冬奥期间推出的瓦尔登滑雪拿铁和蓝丝绒飒雪拿铁由于其“冠军同款”属性也得到了消费者的认同。

蓝色食品方兴未艾，虽然这种颜色目前还是食品界的冷门色，但是在崇尚多元化和开放的新消费者眼里，没有什么是不可尝试的！

讨论：

1. 蓝色食品为什么没有得到广泛推广？

2. 如何更好地推广蓝色食品？可以采取哪些营销策略？

第三章　学习与记忆

学习目标

- 学习理论
- 经典性条件反射
- 工具性条件反射
- 观察学习
- 记忆系统
- 怀旧

引　例

2022 年 2 月 7 日，中国男子单板滑雪选手苏翊鸣与他的偶像加拿大选手马克·麦克莫里斯并肩站上了北京冬奥领奖台。“今天能和他在一块儿比赛，站上奥运会的领奖台，在我自己的家乡，”苏翊鸣停顿了一下，晃了晃脑袋，声音开始有些颤抖，“这个感觉我、我也不知道怎么表达，因为我从来没有感受过。”

马克·麦克莫里斯对苏翊鸣的影响非常大。苏翊鸣在接受采访时说：“我自从看了他的视频之后，才知道跳台或者单板滑雪是可以这么玩的，他一直是在给我引导方向，如果没有他，可能我也不会去尝试今天的这些动作，我也不会有这么多的目标，我一直是在尝试追随着他。”“所有人站在这里都是为了自己最爱的事情，但是你能看到他遇到了很多很多不同的困难，特别特别大的困难，甚至曾经有一些伤病险些丧失生命，但是他还是能回到自己最热爱的事情，然后付出自己的全部。这也是我一直在努力做的，就是为自己热爱的事情付出全部。”

成为偶像的样子并且超越偶像、战胜自己是苏翊鸣的人生梦想，这一梦想在他18岁的时候实现了！

学习是由经验引起的相对长久的行为改变。当我们更换了一件使用很久的东西时，如电视，拿起遥控器就可以打开，而不需要仔细阅读说明书，主要原因就是之前已经使用过很多次了，除非是首次购买刚进入市场的创新产品。长期的经验累积会形成持久的行为变化。同时，在面对新的刺激时，人们会不断修正自己的认识，从而形成新的经验。

经验可以是主动获得的，也可以通过观察他人的具体情况获得。主动获取经验可以被称为有意识学习（intentional learning），“双十一”的攻略让消费者提前做好准备去抢购心仪的商品就是典型的有意识学习。有时候，我们不需要主动获取知识也能完成学习，网络神曲的流行就是有趣的例子。很少有人会去学习如何唱《忐忑》，但当旋律响起的时候大多数人都知道是这首歌，甚至会跟着哼唱，这种无意识的知识获取过程被称为无意识学习（incidental learning）。

研究学习的心理学家发展了解释学习过程的理论，这些理论包括行为学习理论和认知学习理论。行为学习理论关注的是简单的刺激反应联系，消费者被认为是一个黑箱，无须考虑决策处理过程。认知学习理论则将消费者看作复杂的问题解决者，通过观察他人的行为来获取知识。理解两种学习理论对于研究消费者行为非常重要，因为基本的学习原则会在消费者购买决策过程中发挥重要作用。

第一节　行为学习理论

家中养宠物的人会有这样的经验，当你拿出猫罐头（狗罐头）并敲一下，瞬间，你的宠物会出现在你面前，摇着尾巴向你祈求赶紧把罐头打开给它吃。为什么宠物会知道你敲击的正是它爱吃的肉罐头呢？答案很简单，因为它吃过，而且它知道这么好吃的东西是装在一个圆盒子里而且需要打开才能够吃到。这个例子里，宠物接收的刺激是敲罐头盒子的声音，而根据它们以往的经验，美味在这个盒子里，所以才会飞奔到主人面前。有些更聪明的宠物甚至会记住吃罐头的时间，每每到了投喂时间，它就会跟在主人身边撒娇卖萌，来获取自己的零食。

宠物的例子是典型的行为学习，在这个例子里，实际上包含着两种行为学习类型：经典性条件反射（classical conditioning）和工具性条件反射（instrumental conditioning）。

一、经典性条件反射

（一）经典性条件反射

经典性条件反射是将一种能够诱发某种反应的刺激与另一种原

本不能单独诱发这种反应的刺激相配对，随着时间的推移，新的刺激与原有刺激产生联结，引起类似的反应。在宠物的例子里，原有刺激是罐头中的肉，而新刺激是敲击罐头盒子的声音，引起的反应是宠物的祈求。

经典性条件反射是由生理学家伊万·巴甫洛夫在实验中发现的，他因此获得诺贝尔奖。在他的实验中，他将少量肉末或其他食物放在狗的舌头上，测量唾液的分泌情况。经过多次实验，他发现在肉末还没有放到狗舌头上之前，狗就已经开始分泌唾液了，甚至在他走进房间时就已经开始。肉末会引起狗分泌唾液是一种生理现象，是一种无条件刺激（unconditioned stimulus，US）。随后，他在实验中加入了摇铃的动作。铃声本来对狗分泌唾液没有任何作用，但是当伴随着铃声出现的肉末放在狗舌头上之后，随着实验次数的增加，狗开始对铃声产生了反应，狗的这种反应与对肉末的反应相似，即狗听到铃声就开始分泌唾液。这时就形成了条件反射，在这个反射过程中，铃声从开始的中性刺激变成了与肉末相联结的条件刺激（conditioned stimulus，CS），狗听到铃声开始分泌唾液形成了条件反应（conditioned response，CR），如图 3-1 所示。

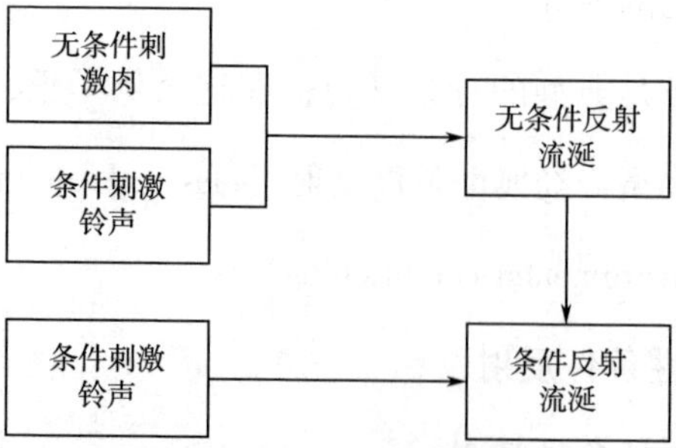

图 3-1　经典性条件反射

从巴甫洛夫的实验过程可以看出，经典性条件反射的形成需要不断的条件刺激和无条件刺激的匹配，这一过程叫作反应性强化（respondent reinforcement）。强化维系了条件刺激和无条件刺激的联结，但是如果将这种联结消除，经典性条件反射也会减弱，这个过程被称为消退（extinction）。同条件反射的形成需要时间一样，消退也需要时间，在反应彻底消退前条件反射经常会有反复。

经典性条件反射对于解释消费者行为来说具有重要的价值。例如，美的集团最开始是生产和销售空调的企业，在创建了良好的品牌形象之后开始多元化经营，涉足家电的各个领域，并且扩展到机器人及工业自动化领域。消费者在了解了美的空调之后，对于美的集团推出的其他领域的新产品也会持有相同的信任，正因为如此，美的集团才成为国内领先的消费电器集团。美的集团的“原来生活可以更美的”在广告中不断地重复出现，也在刺激消费者形成对美的公司良好的品牌印象，从而在选择各类家电产品时优先选购美的产品。在美的这个例子里，企业构建的是“美的”产品和品牌与消费者信任之间的联结，当消费者看见美的品牌或者美的产品，直接的反应就是值得信任，可以购买。

（二）刺激泛化与刺激甄别

产生条件反射之后，如果出现与特定条件刺激类似的其他刺激也能引起相同的条件反射，这种现象叫作刺激泛化（stimulus generalization）。一些厂商会利用跟一线品牌相似的设计、包装混淆视听，其原理就在于人们对于这种相似性刺激会产生相似的反应，误认为该产品具有与一线品牌同样的品质。如果确实如此的话，消费者可能会转投这些仿冒产品，因为他们会比较性价比，既然产品差不多，就没必要花更多的钱去购买一线品牌。但是，如果仿冒品只是包装或设计相似，但产品质量与一线品牌差别很大的话，消费者反而会更加认可一线品牌。刺激泛化同样会逐渐消退，此时，类似于条件刺激的其他刺激无法引起相应的反射。

对不同刺激产生不同反应的能力叫作刺激甄别（stimulus discrimination）。在刺激泛化的例子里，仿冒品一开始会让消费者产生和一线品牌类似的反应，但是经过一线品牌的宣传教育之后，消费者能够通过价格、制造工艺，甚至非常小的细节判断出仿冒品与正品之间的差别，此时，仿冒品便不再能够获得消费者的认可。

王老吉——正宗红罐凉茶

广药集团与加多宝公司在凉茶包装上的官司是一个典型的刺激辨别案例。凉茶品牌有很多，每一个品牌都希望自己是最被消费者认可的，但是广药集团的王老吉和加多宝公司的加多宝红色罐装包装非常相似，并且各执一词，都说自己是最正宗的凉茶，消费者很难辨别。两家企业最终对簿公堂，广药集团最终拿回了红罐包装的所有权，公告消费者只有王老吉的红罐包装才是合法的，而加多宝随后将其凉茶包装改为金色。在这个案例中，广药集团之所以一定要拿回红罐包装，其实质就是因为消费者对红罐凉茶的高度认可。通过法律手段，王老吉让消费者形成了对罐装凉茶的刺激甄别，也就是红色是王老吉，金色是加多宝。在改了颜色包装之后的一段时间里，加多宝集团的凉茶销量明显下降，这也说明了消费者对红罐的条件刺激更加敏感。

二、工具性条件反射

工具性条件反射是指个体学会产生积极结果并避免负面结果的行为，也叫操作性条件反射。在训练宠物的例子里，经过多次敲击罐头，宠物形成了经典性条件反射。另外一些更聪明的宠物发现向主人撒娇卖萌也会得到食物和更多的宠爱，因此，撒娇卖萌变成了主导反应，在这个过程中宠物经历了主动学习，并且获得了积极的结果。与家养宠物不同，马戏团里表演的动物可能经历了相反的过程。老虎可以表演钻火圈，在训练的时候一定经历了数次鞭打。为了少挨鞭打，这些动物必须学会做得更好。在这个过程中，表演动物也经历了主动学习，但是它们是为了避免出现负面的结果——鞭打惩罚。

爱德华·桑代克在研究猫如何从笼子里逃脱的时候发现了效果律（law of effect）：带来满意结果的反应出现的概率会越来越大，而带来不满意结果的反应出现的概率会越来越小。心理学家斯金纳支持桑代克的观点，并且发展了一系列相关实验，他教会了鸽子和其他动物跳舞、打乒乓球以及表演其他活动，证明了工具性条件反射的存在。

工具性条件反射的发生同样需要时间，经过一段时间的学习，学习者越来越倾向于获得奖励和避免惩罚。工具性条件反射发生的方式有三种。

（一）正强化（positive reinforcement）

当某一行为发生后伴随的是喜爱的刺激出现，这一事件被称为正强化。正强化是一种奖励，例如，当某女性使用某一色号的口红之后得到同性的羡慕和异性的赞美时，她会持续购买这一色系的口红。

（二）负强化（negative reinforcement）

当某一行为发生之后可以消除不愉快的刺激，这一事件被称为负强化。负强化同样可以促进某些行为的发生。例如，当口腔有异味的时候人们会回避跟其他人亲密接触，这时如果使用口腔清新剂或漱口水就能够消除口腔异味，从而与朋友自由地亲密交流。为了避免尴尬，人们会在这种情形下持续使用口腔清新剂和漱口水之类的产品。

（三）惩罚（punishment）

与负强化不同，惩罚是指某一行为发生后带来的结果是厌恶刺激。惩罚降低了行为再次发生的可能性。例如，一些人喝了咖啡后会失眠，这种反应会导致这些人不会购买咖啡以及含咖啡因的饮料。

工具性条件反射同样会消退，当行为不再被强化，反应不会马上停止，而是逐渐消退。此时，刺激-反应之间的联结不再维持。

三、行为学习理论的营销应用

（一）经典性条件反射的营销应用

经典性条件反射形成的一个重要条件就是重复地进行刺激并形成联结，企业可以通过不断地刺激消费者来形成牢固的品牌形象。例如，苹果手机 Logo 中缺了一角的苹果图案，经过多次重复之后，消费者看见这一标识就能够产生反应。但是，需要注意的是过度的重复刺激也可能形成负面反应。中国广告史上曾经出现过恒源祥品牌一次广告将十二生肖从头到尾重复三遍的现象，广告播出后虽然企业的品牌知名度提升了，但是消费者对品牌的态度是负面的。这样的重复不仅耗时耗财，还没有起到好的效果，可谓得不偿失。

（二）工具性条件反射的营销应用

工具性条件反射的营销应用主要反映在正强化上，企业通过提供一定形式的奖励来刺激消费者不断购买和使用自己的产品及服务。各大航空公司的常旅客计划实质上就是鼓励消费者尽量乘坐自己公司的航班，每次乘坐后奖励的航空里程累积在一起可以用来兑换免费机票，也可以在航空公司的商城里购买商品。银行的信用卡业务通常也采用类似的方式，鼓励消费者尽量使用信用卡消费获得积分，积分被用来兑换商品或服务。航空公司和银行的里程与积分都是工具性条件反射中正强化的代表。

负强化的应用可以从公益广告中管中窥豹。世界自然基金会（WWF）的公益广告中有因气候变暖找不到食物的北极熊母子画面（见图 3–2），这让一些消费者更倾向于购买新能源汽车或将空调温度恒定在 26°C，从而减少碳排放，让气候变暖放缓，避免北极熊饿死在冰川，这是个典型的负强化应用。

图 3–2 世界自然基金会的公益广告

第二节　认知学习理论

行为学习理论是建立在刺激-反应基础上的学习，但是，再简单的条件反射也含有心理成分。认知学习理论强调学习过程中的心理成分，是理解、认识、预测和其他利用丰富信息的高级心理过程，包含记忆、思维、问题解决以及语言等因素。

当我们去一个陌生城市游玩的时候，如果想找地道的当地小吃该怎么办？很简单，上网搜索，看评价。这个过程是一个问题解决的过程，很明显，与行为学习存在较大差异。如果没有网络，没有熟人带领怎么办？有经验的人会选择去当地人比较多的餐馆，这里的经验实际上就是个体在经过多次观察他人的行为被强化而形成的行为结果。

当人们观察他人的行为并由此强化自己的行为时，观察学习（observational learning）就产生了。在观察学习中，学习不是直接经验的获得，而是模仿别人的行为并得到强化。人类观察学习的经典实验来自阿尔伯特·班杜拉（Albert Bandura），他的实验结果表明，从未见过和表现过攻击行为的儿童，在看过成人榜样对玩偶拳打脚踢之后表现出更高频率的攻击性行为（Bandura et al.，1963）。即使榜样是卡通人物以及虚拟人物，未成年人也会模仿榜样行为。对现实世界中一些未成年犯罪的案例追究根源时，学者发现这些案例跟未成年人沉迷暴力游戏有很强的关联性，这也是网络游戏需要对未成年人实行一定限制的重要原因之一。

观察榜样能学到很多东西，既包括亲社会行为，也包括反社会行为，那么观察榜样并学习是怎样一个过程呢？班杜拉（Bandura，1977）的研究提到包括四个阶段：

（1）注意。观察者注意到榜样的行为和后果。

（2）记忆。观察者能够把榜样的行为储存在记忆里。

（3）再现。观察者在身体和心理上能够再现榜样的力量。

（4）动机。观察者必须有理由重现榜样的行为。

引例中苏翊鸣的故事充分显示了观察学习的力量。首先，苏翊鸣注意到马克·麦克莫里斯的滑雪能力和比赛结果，然后他一直观察马克的行为并形成记忆。其次，苏翊鸣自身喜欢滑雪，能够积极参与到滑雪运动中，最后他有动机让自己成为第二个马克。这四个阶段在苏翊鸣身上得到了完美体现，最终他与马克同台竞技并成为新的榜样。

观察学习能够被应用到营销之中，消费者在观察到其他人购买和使用某些商品而获得利益时，他们自然也会选择同样的商品。营销者通过刺激消费者的模仿意愿，提升他们的期望，从而刺激消费者购买自己的产品，这一点可以从明星的代言行为得到验证。如果企业选择了合适的明星代言人，粉丝们会因为模仿自己偶像的行为而获得愉悦，并且传递给其他人。公益广告会选择优质明星作为代言人也是因为他们良好的示范效应。但是企业选择代言人需要非常慎重，因为大多数消费者不会深入思考明星和产品之间的差异，而是直接将明星与产品联结，如果明星本人出现负面新闻，那么他所代言的产品形象也会随之崩塌。此时，企业需要迅速做出反应，避免可能出现的损失。

第三节　记　　忆

还记得前面宠物的例子吗？记得什么？哪些不记得了？在思考这些问题的时候我们经历了唤醒记忆的过程。记忆（memory）是存储和提取信息的能力。假设大脑是一台电脑，记忆就是将信息输入电脑

（编码），存储在硬盘（存储），用的时候找到并打开它（提取）的过程。不过有时候可能会出现输入错误或存储失效，打开的时候就出现了乱码甚至无法打开，这种现象就是记忆紊乱。上述过程见图 3-3。

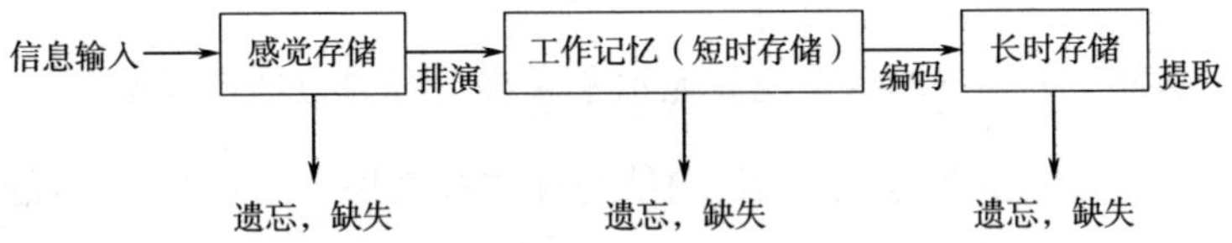

图 3-3　记忆过程

一、记忆系统

通常人们记得比较久的事情是有意义的事件，如结婚纪念日、大学毕业典礼等。但是也有一些事件会短暂存在于我们的记忆系统，如新认识的朋友的网名、路边经过的咖啡馆的店名等，但很快这些就消失在记忆深处了。实际上，记忆是一个复杂的系统，人们在加工信息的过程中会经过感觉记忆（sensory memory）、短时记忆（short-term memory）和永久记忆（long-term memory）三个阶段（见图 3-4）。

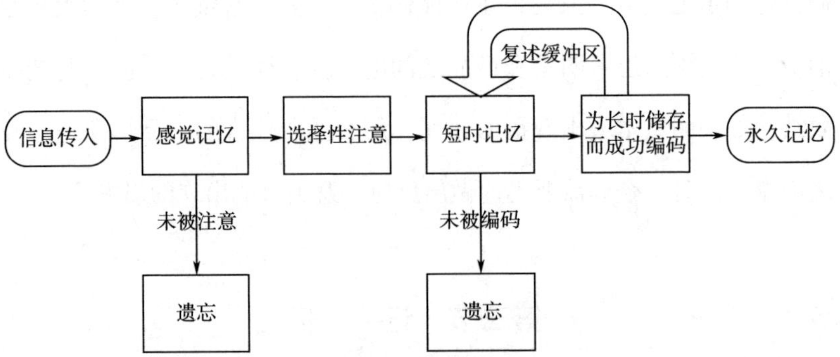

图 3-4　多重记忆模型

资料来源：COON，MITTERER. 心理学导论：思想与行为的认识之路［M］. 13 版 . 郑钢，译 . 北京：中国轻工业出版社，2015：277.

从图 3-4 可以看出，信息传入之后，大脑首先形成感觉记忆，这种记忆非常短，大概只有几秒钟的时间，可以是图片、音乐，也可以是气味。感觉记忆的发生我们可能意识不到，但是当我们注意到其中的部分信息时，就已进入短时记忆过程。当你感觉饥饿的时候刚好路过一家面包店，烘焙面包的香气进入鼻子，你用力闻了闻，觉得好香啊，然后你进了这家店。在这一例子中，香味传递到大脑只有 1~2 秒钟，但是你注意到了这香气然后做出了进店的决定。相反，如果你刚吃饱，情境可能不一样了。虽然香气同样可以闻到，但是你没有特别注意，结果就是继续走自己的路，而且会迅速忘记这家面包店。

短时记忆同样短暂，大概十几秒的时间。但是同感觉记忆不同，短时记忆中我们会对信息进行编码。短时记忆更多以声音的形式储存，因为听到的信息比看到的信息更容易被记住。例如，在拨打电话的时候，只看电话号码去按键不如读出来按得更快。日本化妆品牌 DHC 有一则广告应用的就是这个原理，公司将客服电话 8008208820 用音乐的形式表现出来，让消费者印象深刻。

在短时记忆中，一件重要的事是复述（rehearsal）。通过复述可以延长短时记忆，从而寻找与永久记忆中已有的知识相联系的意义。此时，经过短时记忆复杂编码的信息被传送到永久记忆中，被长久保存。上面 DHC 广告的例子里，客服电话被不断地重复，很多消费者已经不记得这一串数字是什么品牌的广告，但依然记得它的旋律和数字本身。

在永久记忆的信息加工过程中，有些信息与原有记忆发生作用，替代了原有记忆，也有些信息丢失了。人们经常通过推理、演绎和增加新的信息去弥补缺失的部分（Schacter et al.，1998），在这一过程中会出现伪造的记忆。电影《十二公民》中辩论凶手是否有罪的过程中就有关于伪造记忆的描述，伪造记忆实际上是歪曲的记忆，在刑侦工作中后果非常严重。

在营销领域，广告商也可以通过营造积极的产品形象去干扰消费者的记忆。如果一个品牌发生了产品质量问题，为了重塑品牌形象，除了适当的公关行为之外，积极广告是一个很好的改善方法。2008 年，中国奶业发生三聚氰胺事件，几乎所有国产牛奶企业都受到牵连。在此以后，为了重塑中国奶业的形象，蒙牛、伊利、光明等大型牛奶制品企业纷纷发布积极广告。时至今日，各大牛奶企业的品牌形象已经基本恢复。

二、记忆的存储与提取

记忆的信息按一定线索存储在大脑里，这些线索可能是规则、表象、符号、相似性、规范的定义或个性化的定义（Baddeley et al.，2009）。为什么你会记得儿时喝的汽水的味道？为什么看到奥黛丽·赫本就能想起蒂凡尼的珠宝？人类的记忆是由相互连接的点组成的网络结构，中间有各种连接点。奥黛丽·赫本主演过《蒂凡尼的早餐》，优雅的形象风靡世界，而她在剧中徘徊在蒂凡尼珠宝店外的镜头让蒂凡尼珠宝成为奢侈品界的绝对大腕，这个联想网络就是从奥黛丽·赫本到电影《蒂凡尼的早餐》再到蒂凡尼珠宝品牌，如果再往下延伸的话可能就是其他顶级奢侈品了。

在联想网络里，每个节点代表着特定的含义，可能是属性，也可能是品牌，还有可能是与之相关的其他产品，相互关联的记忆构成了记忆网络。如果以奥黛丽·赫本作为起点作一个联想网络图的话，我们可以看到还有很多其他的信息显露出来，见图 3-5。

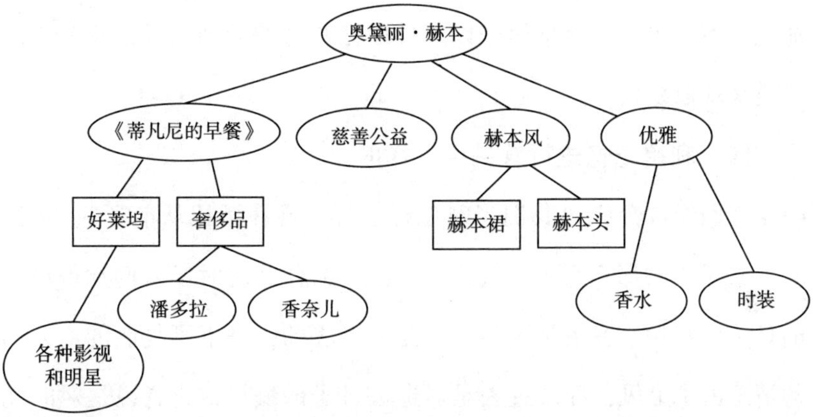

图 3-5 奥黛丽·赫本的联想网络图

三、记忆测量

消费者对儿时喜欢的汽水品牌或包装可能没有印象，但是他们会记得汽水的味道，当遇到类似味道的汽水时就会勾起童年的记忆。营销人员最关注的是消费者到底对自己的品牌和产品特征了解多少，因此，他们需要知道消费者的记忆情况。实际上，广告在人们的记忆中保留的信息并不理想，有研究表明，很少有观众记得近期看过的商业广告中产品和公司的名称，这对企业来说并不是好消息，因为广告效果评价中消费者再认（recognition）记忆是一个重要的指标。

再认记忆可以把曾经接收过的信息辨认出来，人们对图片和照片的再认会非常精确（Whitehouse et al.，2006）。当我们在朋友圈看到友人度假的照片后，下一次我们会很容易识别出那些照片，并能够说出大概的时间和地点。对于经常使用的商品，在超市再次购买的时候一般不需要仔细搜索，而是凭借包装就可以准确找到。

与再认记忆不同，在没有任何提醒信息的情况下直接提取记忆叫作回忆（recall）。有些时候人们没有可以辨认的信息，只能通过回忆来获取信息。想想你儿时喜欢喝的汽水，包装是什么样子的可能完全不记得了，但是你可以通过回忆儿时的活动场景以及汽水的味道来获取线索。

四、利用记忆进行营销——怀旧

人们经常会说“我们当时怎样怎样，现在不比从前了”，“当时”日子真的那么好吗？实际上未必。为什么有时候人们觉得过去的日子更好呢？答案是因为过去是回不去的，是不可复制的。人们的情感占了上风，怀念过去是对逝去日子的缅怀，或者说是对时光流逝的无奈，这种情感被称为怀旧（nostalgia）。

《夏洛特烦恼》——青春的怀旧

2015年的一部小成本喜剧电影《夏洛特烦恼》横空出世，在国庆档获得了接近15亿的票房。该片改编自“开心麻花”同名舞台剧《夏洛特烦恼》，由开心麻花、新丽电影和腾讯视频联合出品。

《夏洛特烦恼》讲述了一个关于初恋、青春和真爱的故事。昔日校花秋雅的婚礼正在隆重举行，学生时代暗恋秋雅的夏洛看着周围事业成功的老同学，心中泛起酸味，借着七分醉意大闹婚礼现场，甚至惹得妻子马冬梅现场发飙，发泄过后的他在马桶上睡着了。梦里他重回校园，追求到他心爱的女孩，让失望的母亲重展笑颜，甚至成为无所不能的流行乐坛巨星。然而在醉生梦死之后，“蓦然回首，那人却在灯火阑珊处”，那个最爱自己的却还是妻子马冬梅。

《夏洛特烦恼》的故事剧情比较简单，使用穿越的手法，让观众跟着男主人公回到高中时代，由此改变命运，但最后回到了现实。

电影中大量的怀旧元素让观众心有戚戚，有网友统计，电影中耳熟能详的音乐共有15首，时间跨度超过30年。从《一剪梅》到《倩女幽魂》，从《心太软》到《双节棍》，从《相约一九九八》到《咱们屯里的人》，每个时代的金曲响起的时候，观众都会跟随音乐哼唱，仿佛回到了自己的青春时代。正是这些怀旧元素的使用让这部电影既有温情，又有笑料，还能引起观众的共鸣，成就了它的高票房。

怀旧是人们在日常生活中普遍体验到的一种情感。在早期的研究中，怀旧曾被视为一种思乡病（homesickness），属于负面情感的范畴。随着实证研究的发展，人们更倾向于认为怀旧是一种伴随伤感的快乐情绪，是一种积极情绪主导的“苦乐参半”的体验，属于混合情绪的范畴。怀旧的心理功能体现在以下几个方面：①怀旧是正性情感的储藏室；②怀旧是自我肯定的工具，通过修复光彩、荣耀的过去让人们暂时回避现实的平庸；③怀旧可以让人们更加亲社会，更少孤独；④怀旧提升人们的存在意义，为个体的存在提供能量，也成为抵抗死亡威胁的机制之一。

营销者会利用人们的怀旧情感来销售情怀，例如，刚提到的儿时喜欢的汽水，在北京，北冰洋汽水就是一个典型的怀旧产品。夏洛的怀旧属于70后，而对于80后的消费者来说，李雷与韩梅梅则是不可磨灭的记忆。虽然他们只是虚构的英语课本上的人物，但是它们代表着80后的读书时代，青春的印记书写在英语书上。

过去并不比现在更好，而现在构成了未来的过去。时代轮回，每个年代都有自己的怀旧主题，也存在各自的怀旧产品。营销者可以充分利用现在的新技术如 AR 技术，带领消费者回到过去，这可能是未来吸引消费者的一个很好的体验模式。

理论前沿

记忆效能如何影响道德行为

记忆效能指的是人们普遍相信他们在未来依然能够记住他们现在经历或正在做的事情。研究人员（Maferima et al.，2021）探讨了记忆效能对消费者行为的影响，特别是对消费者做出符合道德行为的可能性的影响，即符合典范、价值观、道德和社会期望等标准的行为。研究发现，当消费者具有低记忆效能时，他们做出符合道德的行为的可能性更小，因为他们的行为可能对其自我概念的影响较小，即自我诊断较少。该研究还考察了在亲社会行为选择的背景下，记忆效能对慈善捐赠和志愿服务等道德行为的影响以及在食物选择的背景下自我诊断性感知的作用机制。

>>> 本章小结 >>>

本章主要探讨了下面几个问题。

1. 学习理论

学习是由经验引起的相对长久的行为改变。研究学习的心理学家发展了解释学习过程的理论，这些理论包括行为学习理论和认知学习理论。行为学习理论关注的是简单的刺激反应联系，认知学习理论则将消费者看作复杂的问题解决者，通过观察他人的行为来获取知识。

2. 经典性条件反射

经典性条件反射是将一种能够诱发某种反应的刺激与另一种原本不能单独诱发这种反应的刺激相配对，随着时间的推移，新的刺激与原有刺激产生联结，引起类似的反应。

3. 工具性条件反射

工具性条件反射是指个体学会产生积极结果并避免负面结果的行为，也叫操作性条件反射。工具性条件反射发生的方式有三种：正强化、负强化和惩罚。

4. 观察学习

当人们观察他人的行为并由此强化自己的行为时，观察学习就产生了。在观察学习中，学习不是直接经验的获得，而是模仿别人的行为并得到强化。

5. 记忆系统

记忆是一个复杂的系统，人们在加工信息的过程中会经过感觉记忆、短时记忆和永久记忆三个阶段。

6. 怀旧

人们怀念过去是对逝去日子的缅怀，或者说是对时光流逝的无奈，这种情感被称为怀旧，营销者会利用人们的怀旧情感来销售情怀。

案例分析

“种草”容易变现难——小红书的商业困境

“种草”是网络热词，代表着通过推荐分享让别人特别想要拥有某些产品的过程。小红书是种草界的鼻祖，早在2013年，小红书就凭借《小红书出境购物攻略》开启了“种草”之路。

在小红书，各类潮品笔记和推荐比比皆是，从美妆产品到户外露营，从普通内容创作者到顶流，形成了独特的内容分享社区。用户在使用小红书的过程中慢慢养成了这样的心智：来到小红书，就是为了看对自己能有帮助的笔记。

经过长期的内容“种草”运营，小红书形成了自己独有的风格：一个贴合更多人“生活方式”的平台属性被不断强化，在内容“有用、利他”的原则下，大量的生活经验和指南等内容在口碑效应的加持下让小红书成为场景高频且极具消费属性的种草平台，一跃成为影响年轻人消费决策的“种草”平台。

虽然小红书形成了独有的气质，并且拥有大量流量，但是在抖音、快手、B站、微博等各大内容分享App的崛起之下，小红书正在遭遇内“忧”外“患”，在激烈的竞争环境下，昔日爆火的小红书面临着“种草”容易变现难的困局。

小红书的商业化道路采用的是先社区后电商，然而最尴尬的一点是：许多用户在小红书上完成“种草”，却在其他平台购买产品。

据2022年3月天风证券发布的研报指出：小红书60%的流量来自搜索页，90%的小红书用户在购买前有在小红书的搜索行为。由此可见，“内容种草”社区的用户沉淀为征战电商打下了非常好的基础，粉丝们高频的搜索行为也说明电商拥有一个良好的开端。但2020年东兴证券曾发布一组数据，2020年小红书广告营收占比约80%，而电商营收占比约为15%~20%。面对“只搜不买”的现象，或许更多的原因是用户难以完成从“搜”到“买”的路径转化。

2021年8月2日小红书正式推行“号店一体”战略，让每一个用户的账号都能够“0门槛开店”，配合“BC直连”“月销万元以下商家免受佣金”等运营政策。但是在“号店一体”实行的同一天切断了淘宝天猫等外链，关闭在带货笔记中嵌入外部平台链接的权限。对于消费者来说，无论是否有明确的购物目的，在浏览笔记背后更多是“逛”的需求，一定程度上产生冲动性购买，这也注定从消费者需求被激发，到采取实际行动的转化时间周期非常短，可谓是稍纵即逝。小红书的运营举措让用户在从逛到买的过程中无法迅速完成交易，因此也减缓了从社区到电商的转化速度。

另外，小红书的广告业务在商业闭环中位于前端，以广告为主、电商业务为辅。中信建投2021年12月末的一份研报中分析：由于广告业务和直播电商业务二者的流量分发机制略有冲突，加上小红书本身更倾向于社区建设，因此小红书更倾向于把流量留在公域，这就在一定程度上影响了头部KOL带货的能力。在商业化变现的过程中，“营销过度”成为小红书的发展障碍。部分网红的推荐笔记并不靠谱，甚至离谱，这对建立在信任基础上的“种草”社区模式构成巨大伤害，当网友对小红书的信任消失殆尽之时，就是小红书的失败之日！

讨论：

1. 为什么消费者会在小红书上搜索笔记？利用了消费者行为学的什么原理？

2. 如何解决小红书的商业困境？

第四章　动机和消费者介入

学习目标

- 动机的类型
- 情绪的作用
- 动机冲突
- 消费者介入

引　例

跑步，对于一般人锻炼身体来说，常规跑10公里就可以了。在最近几年的中国，越来越多的业余选手开始跑半马和全马。为什么他们会乐此不疲地满世界疯跑呢？

一些经常跑全马的人给出了他们的答案，“为了做回那个勇敢坚定的自己，跑出勇气”，“为了挑战自我，完成更远的距离”，“为了自我存在感的实现”，“为了让生活有些激情，让自己再疯狂地投入一次”，“为了可以吹牛”，或者就是“为了完成比赛”。

每个人跑马拉松的理由不同，因为爱、因为自我提升、因为激情……不管因为什么，继续奔跑吧！

第一节　动机概述

在休息日你会早起吗？为什么？

在回答这个问题的时候，不同的人会有不同的答案。有的人说不会，好不容易有个休息的时间一定要睡到自然醒。另一些人的回答可能是肯定的，但原因又会不同。早起是因为习惯了；要给孩子做饭，带孩子去上辅导班；要去锻炼身体；等等。在这些回答中，我们发现，不管会不会早起，每个人都有自己的需要。不早起的人是因为需要睡眠，早起的人或者因为需要保持习惯，或者因为需要满足孩子的需求。即便是早起锻炼也有不同的需要，有的人要维持体型健美，有的人要减肥，有的人要保持健康，甚至有的人是为了交友。正是因为这些不同的需要才导致人们行为背后的驱力不同，从而形成不同的动机（motivation）。

一、动　机

动机是行为的动力。行为的产生是因为需要（need），而需要导致驱力（drive）增强。上面的例子中，早起或睡懒觉是行为，行为背后是各种需要，而驱力则是因为需要而引起的紧张状态。为了消除紧张，人们选择采取行动，而最终达到目标，这是一个完整的动机模型（见图4-1）。

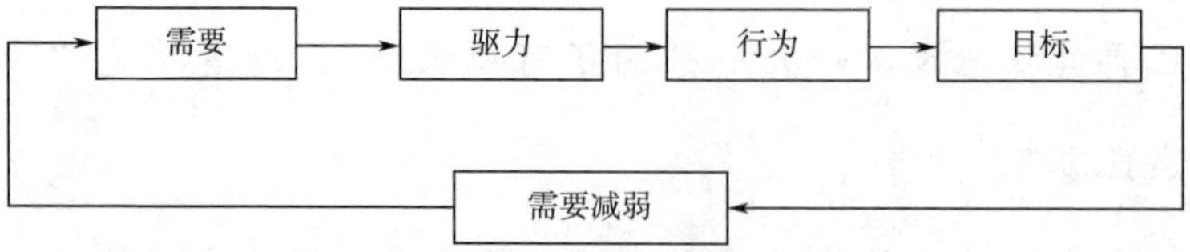

图4-1　动机模型

在朋友圈中我们经常会看到友人的运动记录，人们记录自己的运动轨迹，系统会把一个圈子里的好友的运动里程、步数做排序。本来这是个激励大家努力运动，全民健身的设想，但是却出现了有人将手机或计步器绑在动物身上的行为！他的步数每天都是最多的，每天会有人点赞，好评，羡慕……大多数时候，人的行为是由内在需要和外在诱因共同驱动的。在微信运动这个例子里，用作弊的方法让自己排名第一与运动本身已经无关，而是人们外在的对于赞美和虚荣的需求发挥了作用。

二、动机的类型

动机可以分为三类：生理动机（biological motives）、刺激动机（stimulus motives）和习得性动机（learned motives）。

（一）生理动机

生理动机是基于维持生命而必须得到满足的各种需要所产生的动机。例如，饥饿和口渴带来对食物和水的需要、对睡眠的需要、维持正常体温的需要等。基于生理动机，消费者需要购买日常生活用品、食物、水等消费品来帮助缓解由于生理需要带来的不愉悦，从而回到平衡状态。在野外生存或越野马拉松等极限运动中，基础的满足生理需要的产品是必备的，否则就会出现突发状况导致的失温、脱水甚至失去生命的情况。

（二）刺激动机

刺激动机是基于对刺激和信息的需要而产生的动机。刺激动机反映了人们对信息、探索、操作和感受的需要。不同的人对刺激的需要存在明显差异，例如，有的人非常喜欢看恐怖电影，但是有的人连恐怖电影的海报都会拒绝。寻求高刺激的人通常比较大胆、独立和重视变革。驴友的探险活动、越野马拉松、密室逃脱、剧本杀等新型体验类活动以其高刺激性和社交属性吸引了大量年轻消费者的加入，成为大放异彩的新兴产业。

（三）习得性动机

习得性动机是基于后天习得的需要、驱力和目标之上的动机。习得性动机能够解释人类活动的丰富性和多样性，与特定需求有关，如权力、亲密认可、地位、安全和成就等。人类的很多动机都是习得的。《荒野求生》中的贝尔在开始他的冒险活动前需要有充分的准备，他从小就接受严格的训练，跟随父亲登山，后来作为特种兵学习了求生技能、徒手搏击、跳伞等。而随着他的技能的提升，他开始习惯冒险，并且逐步挑战自己的极限。在这个过程中，贝尔获得了实现自我的成就感，同时也得到了享誉国际的声誉。跟贝尔一样，极限运动爱好者所经历的不断挑战自我的背后也是受到习得性动机的驱使。

三、需要的层次

动机是同等重要的吗？马斯洛认为需要是分层次的（见图4-2），有些需要比较基础，如生理需要，有些需要比较高级，如自我实现的需要。人们沿着需要的层次逐步递进，生理需要得到满足之后才会考虑其他类型的需要。

马斯洛需要层次金字塔非常经典，但是也存在质疑的声音。人们只能沿着金字塔逐级满足自己的需要吗？现实并非如此！很多时候低级需要和高级需要是并存的。在中国，新冠肺炎疫情发生的地方不乏逆行者奔赴战场的案例，不只是医务工作者，普通居民和志愿者们同样参与着疫情阻击，在这个过程中，生理需要、安全需要

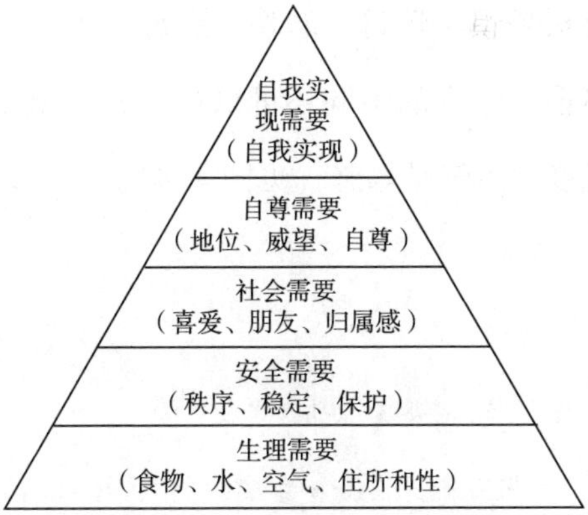

图 4-2　马斯洛需要层次金字塔

和自我实现的需要是并存的。

四、动机与情绪

当你看到图 4-3 的时候你有什么感受呢？会心一笑？若有所思？感同身受？这些都是你的情绪体验（emotional feelings）。心理学家对情绪的定义是以生理唤起水平、面部表情、姿态和主观感觉的变化为特征的某种状态。情绪的产生会伴随一些行动，因此与动机密切相关。

图 4-3　产品：丧茶

罗伯特 · 普拉特切克（Robert Plutchik，2003）提出人类的基本情绪有八种，包括恐惧、惊讶、悲伤、厌恶、生气、期待、快乐和信任，每种情绪根据强度的不同还可以被细分，例如，低强度的生气是烦躁，高强度的生气是暴怒（见图 4-4）。

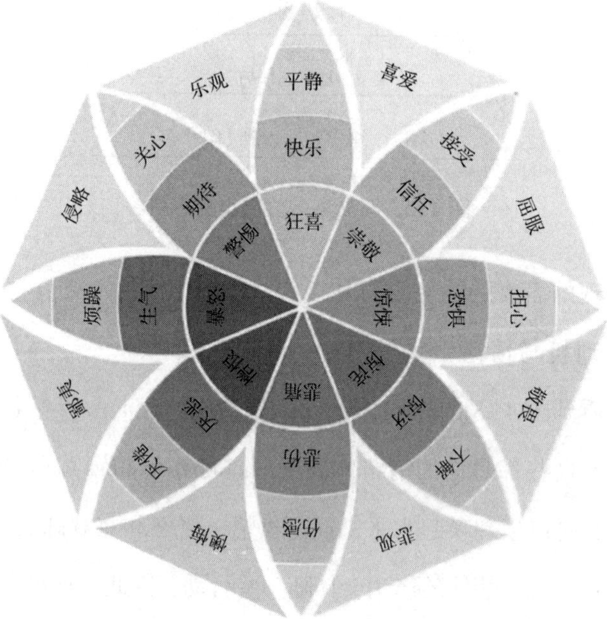

图 4-4　基本情绪图（情感轮模型）

情绪的表达具有明显的文化差异。在北美，生气被普遍认为是人们受到不公平对待时的一种“自然”反应，而在亚洲国家如日本，在公开场合生气是很少见的。因为亚洲崇尚群体的和谐，在公开场合发脾气会被认为是不得体的，并且会导致与他人的疏远。

性别与情绪之间也存在一定的关联性。女性被认为比男性更情绪化，女性可以在公开场所表达伤心、害怕、内疚等情绪，而男性表达的只有愤怒和敌意（Fischer et al.，2004）。由于男性长期克制自己的情绪表达，因此，他们对情绪的感知也越来越弱。

情绪刺激会通过认知评价形成人的生理唤起、行为表现、面部表情以及情绪体验。随着时间的推移，生理唤起、行为表现和面部表情会对情绪体验发生作用，而情绪体验又会影响到人的认知，然后进一步影响生理唤起、行为表现和面部表情，这是一个循环递进的过程。

研究情绪的形成过程对于营销者具有一定意义。当消费者接收到带有情绪刺激的产品信息时，他们会对信息产生认知评价，并随之形成生理反应和情绪体验。消费者行为研究人员经常使用实验的方法以测试营销刺激对消费者情绪的影响，通过观察被测试者的面部表情获知消费者的情绪，然后要求被测试者写出对产品的评价。大量实验表明，消费者对积极情绪刺激的接收会带来相应的积极行为表现。

在营销中，调动消费者的情绪来促进产品销售或品牌认同是经常采用的营销手段，其本质是建立企业产品或服务与消费者情感之间的纽带。五粮液集团的五粮春酒广告画面采用了中国武侠电影的形式，画面上的男女古装打扮，云海、竹林、小溪，配以优美的配乐，“五粮春光灿烂，相聚人间三千年”，声、光、影、情，将人们的情绪带入唯美的古典主义氛围中，让人陶醉在五粮春酒的历史感与侠义风之中。

情绪与动机关系密切，情绪表达会强化动机过程的内驱力。人们倾向于增加正面的情绪，减少负面情绪的影响。大多数时候，诱发消费者的正面情绪会带来较好的品牌认知和品牌忠诚。例如，可口可乐（中国）2013 年开始推出昵称瓶，2014 年、2015 年、2016 年分别推出了歌词瓶、台词瓶、金牌点赞瓶，2017 年又推出了夏的密语瓶，一直贯彻着正能量准则（见图 4-5）。年轻一代的消费者充满激情，喜欢分享，努力向上的情绪体验在可口可乐的广告中贯穿始终。

图 4-5　可口可乐广告

负面情绪大多数时候是被回避的，但是有时候也会有意想不到的效果。还记得图 4-3 吗？奶茶上面的字并不具有正能量，而是“毒鸡汤”，但是却赢得了“90 后”消费者的认可。人们自嘲、讽刺挖苦某些社会现实并且把这些负面情绪转化为产品，出乎意料地获得了社会的关注，从而成为文化现象可以在社会化营销时代迅速扩散到整个社交媒体网络。不过，负面情绪存在边界，过度使用负面情绪可能会造成严重的后果，因此，“毒鸡汤”只会在短时间内发挥作用，从长期来看，调动正面情绪依然是企业更应关注的动机驱力。

情绪的诱发存在文化差异。各国社交媒体上的表情包除了有一部分通用的情绪表达之外，自创表情包明显风格迥异，因此，由表情包等网络流行文化引起的营销传播模式在不同国家可能不一定引起情绪共鸣。

五、动机冲突

人们的行为决策可能有不同的动机，回到前面休息日是否早起的例子。早起的动机是为了身体健康，但会损失睡眠；不早起的动机是为了弥补睡眠，但会放任自己浪费时间。这是个两难选择！在做购买决策时，人们经常会遇到类似的两难情境。

一般来说，人们经常遇到的动机冲突有三种：双趋冲突（approach-approach conflict）、趋避冲突（approach-avoidance conflict）和双避冲突（avoidance-avoidance conflict）。

（一）双趋冲突

人们对两个都喜欢的选择必须做出取舍时，就发生了“选择困难症”，此时消费者面临的是典型的双趋冲突。在北京这样的特大城市，在固定预算下如果想要购买合意的住房就很容易遇到双趋冲突：四环以内的房子单价高，可买的房型小，但交通方便，周边配套设施齐备；五环以外的房子单价较低，可买房型大，但离城市中心距离较远，时间成本比较高，周边配套设施不够齐全。那么在家庭选择购房时如何面对这种冲突呢？

心理学中的认知失调理论（theory of cognitive dissonance）可用来解释这个问题。认知失调理论认为，人们对秩序和一致性有一定的需要，当面临不一致或破坏秩序的时候就会产生紧张状态（失调）。人体会对这种失调形成调节机制，从而缓和和消除紧张状态。在上面买房的例子中，不管选哪个地段的房子，都会形成不愉快的失调状态。如果选择高单价小户型，购房者就会向往大户型的舒适；如果选择远郊大户型，购房者又会羡慕小户型的便利。现实的情况是，不管选择哪套房子，在既成事实后，消费者会寻找额外的理由来支持自己的选择。买了小户型的消费者会放大远郊的不方便，而买了大户型的消费者则会放大小户型的局促。

营销者可以通过组合多种利益来解决双趋冲突。例如，地产商在销售北京远郊的房子的时候经常会刻意突出自己的优势并缩短与城中心的距离，如“尊享大宅，距长安街直线距离 20 千米”。这样的广告语突出了房子的面积，而弱化了交通距离。实际上，直线距离只是一个模糊概念，房子离北京城中长安街的真实距离可能远超广告语的表达。

（二）趋避冲突

有时候人们在选择某种商品时会既希望拥有产品又想回避其带来的负面后果，这时消费者面临的就是趋避冲突。许多女性对甜食有天生的偏爱，但是又害怕甜食可能带来的肥胖后果。营销者通过强调食材的天然健康以及标注甜度，可以让消费者克服食用甜品所带来的负罪感。21cake 蛋糕是一家只做方形蛋糕的公司，特别强调原材料的地道、极品以及蛋糕制作的美感与质感，从而让消费者忽略蛋糕本身（甜食）所带来的负面影响。

（三）双避冲突

有时候消费者面临着在两种不情愿的结果中做选择，这种情况就是双避冲突。当家里用了几年的空调在高温天不制冷时，你会选择找人修理还是换一台新空调呢？营销者会强调一些消费者不易觉察的利益，例如，买新空调可以以旧换新，厂家负责将旧空调拆掉并且直接付现金给消费者，一些怕麻烦的消费者会直接选择购买新空调。

六、动机的测量

动机隐藏在人的内心深处，因此无法直接对其进行测量，但是可以通过一些方法间接测量。动机测量的方法主要有三种：观察（observation）、主观报告（report）和投射技术（projective techniques）。

观察：通过观察人们活动中的行为表现来判断动机。百货商场中最优秀的销售人员是那些能够洞察消费者情绪、语言、表情变化并适时适当地为消费者提供服务的人。

主观报告：人的行为背后的动机有时候无法通过观察得出，那么就可以通过当事人自我陈述的方式了解。测试者可以通过访谈、问卷调查等方式对被测试者进行动机询问，分析访谈结果和问卷调查数据能够得出被测试者的动机结构。

投射技术：投射技术是应用间接的、非结构化的询问方式来反映出被测试者潜藏动机的一种方法。最普遍应用的投射技术是主题统觉测验和罗夏墨迹测验。这两种投射方法要求被测试者对给定的图片进行描述，并延伸故事情节，有经验的心理学家通过对被测试者所讲故事的分析而得出其潜藏的动机。

第二节　消费者介入

现在，有一件产品让越来越多的人离不开，那就是手机。更具体来说，人们不是离不开手机本身，而是离不开手机与网络构成的移动社会。从技术层面讲，人们几乎可以通过手机完成日常生活的所有活动，接收信息、交友、娱乐、购物、捐款、支付水电煤气费、预订出行的机票酒店、叫车……无现金社会已经形成。即便已经如此便利，但是仍然有相当一部分消费者选择去商场购物而不是上淘宝，去超市买水果而不是用“京东到家”，去餐厅堂食而不是叫外卖！

人们与不同产品的关系是不同的，消费者对自己喜欢的商品的信息会更加关注，包括品牌、广告以及购物情境。一个人基于其内在需要、价值观和兴趣而感知到的与客体的关联性被称为介入

(involvement)。介入程度越高，消费者获得的信息就越多，并且会与自己的知识体系相融合形成独特的认知；介入程度越低，消费者则只需要考虑简单的信息。

低介入度的消费以惯性为特征。消费者无须思考，决策是根据习惯来做出的。日常生活用品通常是低介入度产品，也被称为快消品，如饮用水、卫生纸等。消费者对这类产品按习惯进行购买，不会花太多时间去搜索品牌信息，比较容易受到现场营销的刺激。高介入度的消费则相反，决策过程需要经过长时间的思考，对品牌的关注度和忠诚度更高，对代言人认同度高。不过，几乎所有产品都可以成为高介入的对象，从功能的满足到情绪的诱发，消费者完成从低介入到高介入的进程。

消费者介入的方式有三种：产品介入（product involvement）、信息-反应介入（information-reaction involvement）和购买情境介入(purchase situation involvement)。

一、产品介入

产品介入即消费者对特定产品的介入。营销者想尽办法让消费者参与到产品设计和营销的过程中，目的就是让消费者的介入度提升，从而形成用户黏性。DIY 是经典的产品介入形式，DELL 电脑在销售的过程中让消费者可以自选配置，好利来让消费者在订购蛋糕时可以自选图案，可口可乐（中国）公司的包装瓶营销等都是产品介入的典型案例。消费者通过参与到产品的制造和营销过程，形成了更强的品牌忠诚。

二、信息-反应介入

消费者介入不只是参与设计，也包括信息跟踪和风险识别。感知风险越高，介入程度也越高，也更容易形成品牌忠诚。企业会尽可能地让消费者关注产品和品牌，从而提升产品的介入程度。

消费者对信息的介入构成了信息-反应介入。网络时代，消费者可以从互联网获得任何需要的信息，但是正因为信息爆炸，营销者更加需要采用有效的措施引起消费者的注意，才能提升消费者对信息处理的可能性。在移动互联时代，企业注册公众号，在微博、微信上直接推广自己的产品。同时，由于社交媒体的兴起，网络大 V 的影响力不可忽视。互动营销的过程中好的广告文案能够变成引起粉丝关注的故事，再通过大 V 的转发，呈现迅猛的传播态势。

近年来，以博物馆为代表的文化单位成功地利用网络信息传播方式吸引了大批年轻消费者加入互动，并且将相关文创产品迅速推入市场。故宫博物院、陕西历史博物馆的文创产品采取的就是这样一种传播方式（见图 4-6）。将历史人物和文物做成年轻消费者喜欢的形象，配以网络流行语，不仅迅速走红文创市场，也让博物馆不再是死气沉沉的文物展厅，而是变成具有无限生机的网络打卡地！在此基础上，城市形象也得到了提升。

图 4-6　故宫博物院的文创产品

三、购买情境介入

购买情境介入是消费者选择不同购物情境时的介入。在实体店，消费者能够感知到真实的商品，并且有销售人员帮助消费者选购到称心的商品。如果店面装饰具有主题性的话，会更加提升消费者的关注度和参与度。主题餐厅的设计让喜欢独特就餐体验的消费者有了兴趣，而体验店让消费者更深入地了解产品特征从而更容易接受推荐。网店的设计同样需要考虑“氛围感”，也就是需要创建合适的购买情境。适当的音乐背景、可以迅速达成的购买过程、便捷的优惠券申领等都是刺激消费者做出购买决策的情境因素。在社交媒体上，提升购买情境的介入则可以通过创意文案或社交游戏的方式完成。

理论前沿

情感动力让内容更具吸引力

一些文化产品（如书籍和电影）能够流行起来，而另一些则无人问津。这是为什么？虽然有人认为成功是不可预测的，但有学者认为，情绪在不同时期发生变化（情绪波动）可以提高消费者参与度。该研究对4 000多部电影进行的自动情感分析表明，情绪波动较大的电影会引起更为积极的评价。这与情绪波动使体验更具刺激性这一概念一致，在评估更可能由刺激驱动的类型（比如说恐怖片而非浪漫片）中，这种影响更为强烈。此外，该研究对超过30 000多篇在线文章的分析表明，人们更有可能继续阅读具有情感波动的文章。

>>> 本章小结 >>>

本章主要探讨了以下几个问题。

1. 动机的类型

动机可以分为三类：生理动机、刺激动机和习得性动机。生理动机是基于维持生命而必须得到满足的各种需要所产生的动机。刺激动机是基于对刺激和信息的需要而产生的动机。刺激动机反映的是人们对信息、探索、操作和感受的需要。习得性动机是基于后天习得的需要、驱力和目标之上的动机。习得性动机能够解释人类活动的丰富性和多样性，与特定需求有关，如权力、亲密认可、地位、安全和成就等。

2. 情绪的作用

心理学家对情绪的定义是以生理唤起水平、面部表情、姿态和主观感觉的变化为特征的某种状态。情绪的产生会伴随一些行动，因此与动机密切相关。人类的基本情绪有八种，包括恐惧、惊讶、悲伤、厌恶、生气、期待、快乐和信任，每种情绪根据强度的不同还可以被细分，情绪的表达具有明显的文化差异，性别与情绪之间也存在一定的关联性。

3. 动机冲突

一般来说，人们经常遇到的动机冲突有三种：双趋冲突、趋避冲突和双避冲突。

当人们面对两个都喜欢的选择但必须做出取舍时，他面对的就是双趋冲突。心理学中的认知失调理论被用来解决这个问题。有时候人们在选择某种商品时会既希望拥有产品又想回避其带来的负面后果，这时消费者面临的就是趋避冲突。有时候消费者面临着在两种不情愿的结果中做选择，这种情况就是双避冲突。

4. 消费者介入

一个人基于其内在需要、价值观和兴趣而感知到的与客体的关联性被称为介入。介入程度越高，消费者获得的信息就越多，并且会与自己的知识体系相融合形成独特的认知；介入程度越低，消费者则只需要考虑简单的信息。消费者介入的方式有三种：产品介入、信息-反应介入和购买情境介入。产品介入是消费者对特定产品的介入。信息-反应介入是消费者对信息的介入。购买情境介入是消费者选择不同购物情境时的介入。

案例分析

河南卫视的中国节日“奇妙游”系列
——文化与商业化如何两全？

2021年春节，河南卫视如同一匹黑马，凭借着《唐宫夜宴》成功出圈；时隔一年，河南卫视又再次打响了《元宵奇妙游》的名头。自《唐宫夜宴》在网络中走红之后，河南卫视的文化中国名片进一步打响，随之而来，迅速启动了“奇妙游”中国节日系列策划。

表4-1 河南卫视“奇妙游”系列晚会

节目名称	播出时间	网络播出平台	出圈节目	赞助商
《河南春晚2021：当潮不让你好牛》	2021. 2. 12	哔哩哔哩	《唐宫夜宴》	无

续表

节目名称	播出时间	网络播出平台	出圈节目	赞助商
《元宵奇妙夜》	2021. 2. 27	哔哩哔哩、快手		无
《清明奇妙游》	2021. 4. 5	腾讯视频、哔哩哔哩		无
《端午奇妙游》	2021. 6. 12	爱奇艺、腾讯视频、优酷、哔哩哔哩	《洛神水赋》	无
《七夕奇妙游》	2021. 8. 13	优酷	《龙门金刚》	无
《中秋奇妙游》	2021. 9. 19	优酷	《鹤归来兮》	今典、小米手机
《重阳奇妙游》	2021. 10. 13	优酷	《有凤来仪》	泸州老窖特曲
《新民乐国风夜》	2022. 1. 25	优酷		百事可乐
《河南春晚 2022：虎虎生风中国潮》	2022. 1. 30	优酷	《国色天香》	天猫老字号
《元宵奇妙游》	2022. 2. 14	优酷	《五星出东方》	天猫老字号
《清明奇妙游》	2022. 4. 4	优酷	《陇上踏歌行》	天猫老字号
《端午奇妙游》	2022. 6. 2	优酷	《定军山》	天猫老字号

河南卫视的中国节日“奇妙游”系列节目历时一年，跨越春节、元宵节、清明节、端午节、七夕、中秋节、重阳节等传统节日，将中国传统文化与现代科技空前融合，利用网络视频媒体进行传播，将观众从小众推向大众，并开始了商业化进程。

2021 年河南春晚的出圈，离不开 B 站的助力，当时节目上传至哔哩哔哩平台后，其风格与 B 站的《拜年纪》以及《上元千灯会》等形式呼应，受到了 B 站网友的追捧，尤其是《唐宫夜宴》舞蹈里小姐姐生动的表演，为这场晚会注入了灵魂，因此而名声大噪。在出圈了之后，团队迅速推出《元宵奇妙夜》晚会，但是口碑上的热度，并没有成功实现商业上的转化。只是在播出平台上，快手立马行动，成为直播晚会的一员。

从《端午奇妙游》开始，优酷进入播出平台，获得了与河南晚会联合制作并独家播出的权益，并且开始了一系列商业运作。在《中秋奇妙游》中，优酷为这台晚会找了独家冠名商金典牛奶，同时小米手机作为独家合作伙伴。2021 年 10 月，阿里文娱与河南广电达成战略合作，双方将通过一系列深度合作，给观众带来全场景、多层次的中国文化盛宴，随之而来的商业化则更为顺风顺水。在《重阳奇妙游》中，节目获得了泸州老窖特曲的冠名；在 2022 年的河南春晚和《元宵奇妙游》中，晚会获得了阿里旗下天猫神奇的老字号独家冠名。不仅如此，阿里旗下的虾米音乐娱乐，与优酷、河南卫视还共同开发了创新国风主题晚会《新民乐国风夜》，并获得了百事可乐的赞助。

不仅仅是优酷青睐此类节目，哔哩哔哩同样也向河南卫视多次伸出了橄榄枝，这与哔哩哔哩长期注重国风文化紧密相关。在《bilibili 年度国风数据报告》中，2021 年，B 站国风爱好者人数超 1.77 亿，18~30 岁人群占比约七成，并且该报告指出，在 B 站，国风已逐渐成为年轻人的生活方式。2021 年，B 站与河南卫视合作推出了舞蹈新综艺节目《舞千年》，以中华上下五千年的历史时间线为轴，汇聚了包括中国歌剧舞剧院、中央芭蕾舞团等国内 13 支顶尖舞蹈艺术团体，以舞蹈的形式讲述中国传统故事。这档节目同样获得了阿里旗下余额宝的冠名，还有像奥妙、守一真源等品牌的赞助。

从 2021 年春节到 2022 年端午，十余台晚会让河南卫视将中国传统节日晚会的品牌成功推广了出去，也引领一阵国风的潮流。但是，与之对应的是关注度不断减少。以 2022 年《元宵奇妙游》为例，节目在优酷上线之后，最高热度仅为 5 709，与昔日爆款的体量相去甚远。在话题讨论度上，《元宵奇妙游》在微博的官方话题#元宵奇妙游要一帧一帧看#的讨论量不过四五千，#元宵节的正确打开方式#话题今日讨论量刚过两千。

作为一家传统媒体，河南广电在内容出圈后的一系列动作体现了其互联网思维。频道提出了“网民制造、网民指导、网民至上”的宗旨，设计多样化互动玩法，让网友真正参与到内容创作中，提升用户黏性和活跃度。在推动国风文化传播上，河南卫视起到了先锋的作用。但是，在文化类节目和晚会商业化的探索中，河南卫视仍然需要积极思考，文化类节目获得商业赞助的重要前提是保证节目质量的同时获得广泛的传播，既有内容又有市场才能长期发展。

讨论：

1. 为什么“奇妙游”系列晚会能够得到年轻消费者的关注？

2. “奇妙游”系列晚会如何提升观众的参与度？

3. 文化节目与商业化的冲突表现在哪里？如何处理这种冲突？

第五章　自我与个性

学习目标

- 自我的概念
- 自我的文化差异
- 个性
- 心理动力学研究理论
- 特质理论
- 品牌个性

引　例

2020 年开始，新冠肺炎疫情肆虐全球，口罩成为普通人的必需品。医用口罩一般为蓝色或绿色，无图案设计，主要用于医疗防护。在经历了 3 年疫情之后，人们开始厌倦千篇一律的医用口罩，转而选择印有个性图案的创意口罩。

2022 年初，阿里健康大药房联合蚂蚁森林、奥美生活共同推出神奇动物联名款公益口罩，不仅将可爱的神奇动物的形象印在了口罩上，还将全部销售收益捐赠给中华环境保护基金会，用于支持生物多样性保护项目。神奇动物公益口罩集合了雪豹、藏狐、熊猫、东北虎、蚂蚁森林等元素，深受大众欢迎。不少消费者购买后将自己戴口罩的照片分享在社交网络，甚至还有人做成表情包，使得公益口罩成为网络热销品。

第一节　自　　我

一、自我的概念

自我的概念（self-concept）是一个动态的心理结构，是个体所持有的关于自身特征的信念以及对于这些特征的评价。英国一位26岁的女子艾莉西娅（Alicia）的人生目标就是将自己变成真人芭比，为此，她花了上万英镑做整容手术，其他国家也存在类似案例。整容手术是一个典型的重塑自我的过程，从面部到身材，众多消费者特别是女性消费者选择通过医疗美容或整容手术来修正自己。实际上，大量消费者在评价自己的外貌时并不客观。由于自我评价的扭曲，加上社会审美导向的趋同，导致相当多的消费者沉迷于塑造自己的“完美形象”。

人们在自我评价时会考虑很多维度，如容貌，还有人们的自尊程度和准确度。自尊（self-esteem）是自我概念的积极性。强自尊的人更愿意给自己花钱，塑造更有影响力的形象。大多数情况下，个体对自我的评价良好，并且愿意跟拥有类似评价的人交往。但这种良好的评价很可能是与事实不符的，也就是自我评价的准确度存在偏差。绝大多数人认为自己在各个方面处于平均水平之上，并且会寻找有利的信息来支持对自己的正面评价，这种现象叫作自我美化偏差（self-enhancing bias）。

在人造真人芭比这个故事里，我们能够看到自我概念的另一个重要成分——理想自我（ideal self）——人们希望自己成为的人。现实中的艾莉西娅是一个普通的英国女孩，而她的理想自我却是芭比娃娃。正是因为希望自己像芭比娃娃一样备受瞩目，艾莉西娅才会花费巨资去隆胸和在脸部打肉毒杆菌，理想自我驱使她采取了行动。

现实生活中很少有人能负担巨资去整容，但爱美之心，人皆有之。想拥有令人羡慕的身材、皮肤、脸型、头发，该怎么办呢？除了美容、美发、医美行业蓬勃发展之外，社交媒体的兴起让人们不断地将生活状态分享给别人，也因此催生了相关的产业——各种形象美化软件。从早期的美图秀秀到抖音滤镜，从修图到视频美化，这些软件将人们自身的不完美彻底掩藏，从而在社交媒体中赢得称赞。在这一过程中，消费者实际上就是将现实自我转化为理想自我展现出来。消费者将美化后的照片分享到社交媒体，希望得到别人的点赞则反映了镜像自我（looking-glass self）（想象他人对自己的反应过程）的形成。

人们可以通过使用某些产品来弥补理想自我与现实自我的差距，手机自拍美颜功能就是一个典型案例。

要真实还是要美丽？——苹果的“死亡”前置摄像头

经常有人提问：“为什么用苹果手机自拍丑出天际？”主要原因来自苹果的前置摄像头。与其他安卓手机不同，苹果手机一直标榜真实，也因此其前置摄像头没有美颜功能和镜像功能。在自拍时，苹果手机能够清晰地拍出人面部的各种瑕疵，而左右脸互换位置让照片与人们照镜子时的感知差别很大。

2018 年 9 月 13 日，苹果发布的 iPhone XS 系列手机具有自动磨皮效果。但是，这一功能迅速引发了部分欧美用户的吐槽，他们认为新的自拍让他们看上去“太好看”了。当时出现了大量的对比照片，甚至还有人以此恶搞库克。2018 年 10 月 31 日苹果发布的 iOS 12.1 就修复了这个功能，让用户拍照不会“更好看”！

安卓系统的手机普遍没有这个烦恼，三星、华为、OPPO、VIVO 等均以拍照著称，摄像头大战在手机更新换代的过程中占有重要位置。实际上，这是一个理想自我与现实自我概念碰撞的问题——要真实还是要美丽？

虽然安卓手机可以让人拍照更漂亮，在网络上得到更多的点赞，但现实生活中的你却还是那个你！你要上班，要接送孩子，要做家务，要跟朋友聚会……每一个你都不太一样。在不同的社会角色中，我们参与各种活动，归属于不同的关系，扮演各种角色，也因而表现出多重自我（multi-self）。你有多少社会角色，你就拥有多少个自我！每个自我之间相互联系，但又有所区别。

营销人员根据消费者的不同社会角色去设计产品和营销手段，才能真正建立消费者与产品之间的联系。在体育比赛或健身场所中，运动饮料或能量产品是激活消费者相应角色的情境信息。离开这些场景，消费者就很少选择此类产品了。

二、延伸的自我

自我概念会在消费过程中充分体现，人们用外在物品来表达自我，将自我概念的某些方面与产品属性相匹配，这是由自我形象一致性模型（self-image congruence models）决定的。在新能源汽车营销过程中，一些品牌利用汽车与消费者自我认知之间的一致关系来设计车型和颜色，取得了不俗的成绩。“五菱宏光 mini”在微型汽车市场上连续 13 个月销量第一，不仅创造了新能源电动汽车的销量历史，也创造了国产乘用车的销量记录，这款微型汽车以其小巧、经济、时尚和社交等属性赢得了年轻女性消费者的青睐。

从自我的延伸层面来看，从个体到群体层面均有表现：

（1）个体层面：代表身份的个人消费品，如珠宝首饰、汽车等。

（2）家庭层面：家庭消费品层面的延伸，如房产、装修风格等。

（3）社区层面：居住社区，如学区房、城市区域等。

（4）群体层面：个体所属的群体类型，如会员、MBA 等。

随着网络时代的发展，个体自我随之延伸到网络，虚拟空间中的自我表达构成了数字化自我形象（digital self）。社交媒体、网络游戏中的个人账号、用户名、头像、积分、图片、视频、文字等构成了元宇宙世界中的底层虚拟数字形象。未来，经过授权的元宇宙虚拟人物将作为数字世界与真实世界的链接大放异彩。

“无聊猿”联名——中国李宁的元宇宙初探索

在元宇宙的世界中，Bored Ape Yacht Club（BAYC）是由 AI 生成的 1 万只 NFT 无聊猿的集合，每只都具有独一无二的特征，其中一些 NFT 无聊猿的特征较为罕见，因此这些 NFT 无聊猿会受到收藏家的青睐。通过购买 Apes（猿），用户可以作为 BAYC 的成员获得未来收藏品的独家使用权以及其他特权。

2022 年 4 月，中国李宁官宣与 BAYC#4102 号 NFT 的联名活动，发售了印有该 NFT 形象的服饰，还把“无聊猿”带进了北京三里屯的快闪店。中国李宁购买无聊猿数字藏品的价格为120以太币（约243万人民币），获得无聊猿IP的开放版权，可以对IP进行再设计和运用。李宁官方表示，这场联名活动的看点不仅在于跨界碰撞，还呈现出一股由NFT引领的IP授权新潮流。这场元宇宙初探索，让李宁品牌向“年轻”“潮流”看齐。

第二节　自我的文化差异

一、不同文化中的自我

2016年6月30日，阿里巴巴集团旗下的蚂蚁金服举办了一次别开生面的人脸识别比赛，参赛者是人工智能“蚂可”与具有超强观察力的人类选手“水哥”王昱珩，识别对象是现场50位网红及其照片。这场比赛赢得超高关注度的原因，一方面是人机大战的噱头，另一方面则是网红们几乎一样的相貌装扮让普通人难以区分。小脸、高鼻梁、大眼睛双眼皮、尖下巴、微笑唇、高眉弓、苹果肌……在这场比赛中，网红们如同流水线生产出来的长相让人工智能也不得不甘拜下风。

人脸识别的比赛带来了另外一个思考，那就是为什么会出现连自己亲人都认不出来的网红脸？究其根源，我们会发现，正是东方文化背景的自我特征——看重他人眼中的自我，使得一些女性至少在外貌上失去了独特性。

在不同文化背景下，自我会表现出明显的差异。西方式自我存在的文化基础是个人主义文化，因此，其表现形式为独立的自我，强调的是个体的独特性；而东方文化是典型的集体主义文化，在这种文化基础上的自我是社会关系的一部分，需要明确个体和他人之间的关系。

东西方文化的差异让自我在概念结构、关注点和行为特征层面上都存在明显差异。在西方文化背景下，自我是相对稳定的，且与社会情境分离，人们更关注于内在的私我（private self），会更直率地表达自我；而东方互赖性文化背景下的自我则是流动的，会随着关系的变化而变化，人们更关注外在的公我（public self），会更含蓄地表达自我甚至隐藏自我。

正是由于自我在不同文化中的明显差异，营销者在进行跨文化产品营销时需要深入了解当地文化，否则可能会与目标消费者沟通不畅，铩羽而归。2004 年，耗资一亿美元的耐克篮球鞋广告片“恐惧斗室”在中国播出，立刻引起强烈反应。耐克公司一直以“just do it”“I can”等广告语来宣传个人奋斗、突出自我的理念，但是在“恐惧斗室”的广告中，中国功夫、敦煌飞天和中国龙却被用来当成篮球明星勒布朗·詹姆斯的障碍，而且不堪一击。虽然耐克公司的广告总监认为广告讲述的是鼓励年轻人直面恐惧、勇往直前，但是广告本身对中国文化的亵渎却让中国人无法接受。该广告的最后结果是在中国被全面封杀，在海外也引起华裔的抗议。

二、不同文化中的性别角色

性别身份是自我概念的另一个重要组成部分，人们会遵从文化对于某一性别应当如何行为、着装和说话的期望，这被称为性别角色（gender role）。性别角色随着时间而改变，而且在不同的社会存在明显的差异。一个社会普遍认同的男性应该做什么，女性应该做什么，有什么样的行为举止，实际上这是一种性别角色刻板印象（gender role stereotypes）。在印度，直到现在，很多人仍然认为女性只是传宗接代的工具，女性在年龄很小的时候就要结婚生育，即便是拥有高阶等级身份的女性也摆脱不了严重的性别歧视。但是在北欧的丹麦，女性可以得到非常多的尊重，甚至可以成为国家领导人（赫勒·托宁·施密特，2011年任丹麦第一任女首相）。

性别角色认知是后天习得的。在性别社会化（gender socialization）过程中，除了家庭教育之外，还有很多外在的信息源帮助儿童形成性别意识和性别角色，如玩具、服装、电视广告等。女孩从小就被打扮成美丽的娃娃形象，而男孩则被玩具车、玩具刀剑和运动装备所包围。在儿童长大成人后，社会仍然不断地给予性别提示，例如，女性就应该美丽、贤惠、温柔、照顾丈夫和孩子，而男性则应该是勇敢、一往无前、给家庭带来安全感的形象。

从营销的角度来看，针对女性的产品往往被赋予情感因素。多年前宝洁公司的潘婷洗发水广告语“三千烦恼丝，健康新开始”，用古诗词中的“三千烦恼丝”指代头发，意境优美，流传至今；而针对男性消费者的产品则更多地展现出产品本身的效用。例如，吉列剃须刀的旋转刀片可以更加贴合男性面部轮廓，运动饮料往往与男性运动员激情奔跑、挥汗如雨的形象联结在一起。

虽然男性角色和女性角色在大多数社会界限分明，但是仍然存在相当一部分人同时具有男性特质和女性特质。在丹麦，男性照顾孩子是很普遍的现象。女性在很多国家也出现在原来只有男性的工作场合，如女性法医和女性战斗机飞行员。心理学家认为，不论是男人还是女人，同时具有男性特质和女性特质是有益的（Guastello et al.，2003；Lefkowitz et al.，2006）。现代社会由于生活压力大，越来越多的女性表现出男性的独立、自信、勇敢、拼搏，一部分男性也会表现出女性的细腻、温柔、敏感和慈悲。在日本、韩国，人们将具有女性特质的男性戏称为“花美男（flower men）”。而在中国，具有男性特质的女性自嘲为“女汉子”，这两种称呼都不具有贬义，而是分别代表着两类人群的双性特质。

营销者对于同时具有男性特质和女性特质的人需要特别关注，因为他们会对特定的营销刺激形成反应。“花美男”对男性护肤用品的需求远远超过传统男性，而“女汉子”也会为了让自己更有力量而更加关注运动健身。运动品牌特步在 2017 年 7 月发布的广告邀请当红女星赵丽颖做代言，广告主题是“燃烧吧！女子力!”。在这个广告中，女性的男性特质被呈现出来：“谁规定的，女生嘛，天生就要弱一点。谁又说，天生丽质就不用努力。哈，这些话我只能说，听听就好。燃烧吧！女子力!”品牌与代言人的完美结合让这个广告独树一帜，得到广泛的关注。

第三节　个　　性

自我描述的是“我是什么样的人”，这个“什么样的人”具有长期的稳定性，并且能够通过相对稳定的行为模式表现出来，就构成了个性或人格（personality)。分离很多年的老友再见面时会有些忐忑，对方变成了什么样？但真正面对面时你会发现，陌生而又熟悉的这个人就是你认识的那个老朋友，容颜和习惯可能改变，但还有很多东西没变，如乐观的心态，没变的那部分就是我们说的个性。

个性能够把人区分开来，虽然大多数时候环境因素会对人的行为造成极大影响，但个性的某些方面也会在营销策略中发挥作用，因此，我们需要了解研究个性的基本理论及其在营销中的应用。

一、心理动力学研究理论

（一）弗洛伊德的精神分析理论

心理动力学家认为，人的行为基于隐藏着的、无意识的想法、需要和情绪。弗洛伊德是心理动力学理论的代表性人物，他的主要研究成果是通过精神分析来探究人类行为背后的动机。

弗洛伊德在个性方面的研究主要涉及三个心理结构：本我（id）、超我（superego）和自我（ego），这三个系统经常在无意识层面发生冲突。

（1）本我是由先天的生物本能和欲望组成的，遵循快乐原则，最大化寻求快乐和逃避痛苦。本我是自私的、非理性的和冲动的，以自我满足为目标进行活动。

（2）超我是良心和自我理想的结合体，以内化的道德标准控制人的行为。

（3）自我介于本我和超我之间，是欲望和道德的调解者，按照现实原则行事。

弗洛伊德理论中的无意识动机对于消费者行为研究具有一定价值，因为人们未必真正了解自己购买某种产品的真实动机，很多时候购买行为的产生是无意识的。另外，该理论对本我、超我、自我的区分可以部分解释消费者购买某些产品的象征意义与其动机之间的关系。

20 世纪初，心理学家欧内斯特·迪斯特延续了弗洛伊德的无意识动机研究，对二百三十多类产品进行了深度调研，发现了许多产品的消费动机（见表 5-1）。

表 5-1　迪斯特的消费动机

动　机	相关产品
力量-男性-男子气	力量：含糖的产品和丰盛的早餐（为自己补充能量）、保龄球、电车、电动工具 男性-男子气：咖啡、红肉、笨重的靴子、玩具枪、为女性买毛皮大衣、用剃刀刮胡子
安全	冰激凌（再次感觉像个受宠爱的小孩）、满满一抽屉熨烫平整的衬衣、真正的石灰墙（感觉受到庇护）、家庭烘焙的食物、医疗看护
性爱	糖果（舔食）、手套（被女性像脱衣服一样除下）、男人为女人点燃香烟（创造一个充满紧张的瞬间，压力达到顶点后得到释放）
道德纯洁-清洁	白面包、棉织物（意味着纯洁）、强力家庭清洁剂（让家庭主妇在使用后感觉有道德心）、沐浴（感觉像《圣经》中洗去手上血污的本丢·彼拉多）、燕麦粥（牺牲、美德）
社会认可	友谊：冰激凌（分享乐趣）、咖啡 爱情与感情：玩具（表达对孩子的爱）、糖与蜂蜜（表达感情的用语） 认可：肥皂、美容用品
个人特性	美食、外国汽车、烟斗、伏特加、香水、钢笔
地位	苏格兰威士忌，溃疡、心脏病、消化不良（显示一个人有高度压力和重要工作!），地毯（说明一个人不是像个农民那样住在赤裸裸的土地上）
女人味	蛋糕和小甜饼、洋娃娃、丝绸、茶、古玩
奖赏	香烟、糖果、酒、冰激凌、小甜饼
对环境的掌控	厨具、船、运动用品、打火机
亲近（一种与事物保持联结的愿望）	家庭装饰、滑雪运动、早晨无线电广播（感觉与世界“保持联系”）
魔力-神秘	汤（有治病的能力）、油漆（改变房间的情调）、碳酸饮料（不可思议的兴奋性）、伏特加（传奇式历史）、未打开的礼物

资料来源：所罗门，卢泰宏，杨晓燕．消费者行为学［M］.10版．杨晓燕，郝佳，胡晓红，等译．北京：中国人民大学出版社，2018：158.

在迪斯特的消费动机研究中，有一些动机被应用到实际的营销活动中，产生了相应的效果。炎炎夏日，碳酸饮料开盖时冒出的“嗞嗞”气泡声与消费者的兴奋度产生了神奇的联系，也因而会刺激他们购买。

（二）新弗洛伊德理论

弗洛伊德的精神分析理论对个性理论产生了巨大影响，但是他的理论过于偏重本能解释，局限性和科学性都受到了质疑。后续的研究者发展了他的理论，成为新弗洛伊德主义。新弗洛伊德理论的代表人物主要有阿尔弗雷德·阿德勒（Alfred Adler）、卡伦·霍妮（Karen Horney）和卡尔·荣格（Carl Jung）。

阿德勒认为，人们不只是受生物本能驱使，而是社会性生物，行为动机的驱动力是克服自身缺陷，追求卓越。在一些发展中国家，仿冒奢侈品非常受欢迎，这些产品价格只有正品的十分之一，但是外观和正品相差无几。刚刚进入中产阶层的消费者非常偏爱这些仿冒奢侈品，究其根源在于这些消费者本身具有追求卓越的欲望，在社会比较中需要名品作为身份的标志，但同时他们又存在一定的自卑感。这种自卑或来源于经济收入不足，或来源于文化基础薄弱，因此无法负担购买正品奢侈品要付出的成本。在这种情况下，仿冒奢侈品就成为最好的选择。

霍妮将人描述为三种类型：相互支持、趋近他人的趋同型（compliant），不与他人接触、远离他人的清高型（detached）和对抗他人、与人对立的挑剔型（aggressive）。现实生活中，趋同型的消费者更容易受营销刺激影响，清高型的消费者更关注与众不同的产品，而挑剔型的消费者则需要带有强烈个人特征的产品。

荣格与弗洛伊德决裂后发展了自己的精神分析法，被称为分析心理学（analytical psychology）。他提出集体无意识（collective unconscious）的概念，认为所有人从出生起就有某些经验，而这些经验是从祖先那里继承下来的记忆仓库。对生、死、未知力量、动物、邪恶等的普遍性体验构成了原型（archetypes）。这些原型能够引起人们的情绪反应。在世界范围内流行的魔幻故事说明了这一点，例如，小说《魔戒》《哈利·波特》塑造的精灵、巫师、摄魂怪等形象都属于荣格理论中的原型。中国也不乏类似的作品，如《西游记》《封神榜》中的各路神仙。孙悟空作为一个经典形象被数次搬上大小银幕，《大话西游》《悟空传》《西游记之三打白骨精》等对于中国观众来说，具有莫大的吸引力。

二、特质理论

与精神分析方法不同，特质理论强调个性的连续性维度。特质（trait）是人的持久品质或特征，利用特质可以将不同的人区分开来。荣格提出，人们要么是内向型的，要么是外向型的。内向型（introvert）的人比较害羞、以自我为中心、注意力指向内部。外向型（extrovert）的人则比较大胆、喜欢交际、注意力指向外部。通常的个性分类方法是用这两种维度来进行分类，但实际上这种分类并不能完整地描述人们之间的个性差异。

“大五”人格模型是近代西方心理学公认的人格特质模型。该模型认为有五项人格因素是最核心、最稳定的人格特质，即外倾性（善于言谈、社会交往和自信的程度）、随和性（随和、合作和可信任的程度）、责任性（对工作的责任感、可靠性、坚持不懈和成就导向）、情绪稳定性（平静、热情和安全的程度）和开明（好奇的、智慧的、有想象力和创造性的、有艺术细胞的)。

虽然人格特质维度多样而复杂，但是用于研究消费者的行为具有一定的价值。个性会对行为形成预测，如果营销者能够准确识别消费者的个性特质，就能够采取相应的营销刺激引导消费者采取行动。

三、品牌个性

消费者在选择产品的时候会考虑产品的品牌形象是否与自己相匹配，因此，营销者在创建和发展品牌时会考虑赋予品牌一定的人格特质，这就是品牌个性（brand personality)。还记得前面提到的特步女子力广告吗？企业实际上就是在塑造一个新的品牌形象——强有力的、勇敢的、自我的运动品牌。

产品品牌塑造成功会让消费者形成长久的忠诚态度，从而在竞争中脱颖而出。拟人化的品牌形象处理让消费者印象深刻，三只松鼠、威猛先生等形象分别代表着可爱和专业的品牌个性。美国巧克力品牌 m&m 将自己的巧克力豆产品塑造成了不同的卡通人物，并且赋予这些卡通人物独特的个性。当消费者选择巧克力豆的时候，根据品牌联想，会更有可能选择与自己个性相似的产品，虽然这些巧克力豆只是颜色存在差异，但消费者感知到的却是哪种颜色的巧克力豆与自己的个性更加匹配。

品牌个性随着时间和社会环境的变化需要进行调整，否则可能会因为跟不上潮流而被淘汰。许多中华老字号品牌需要受到保护才能够继续生存，其原因就是这些老字号品牌的生命力和个性已经不能满足时代的需要。因此，老字号企业如果想要焕发新的活力就需要重新设计品牌形象，并且赋予品牌个性新的含义。2016 年杭州

G20 峰会上一款嘉宾国礼受到了众多外国友人的关注，该产品是杭州著名老字号方回春堂的“汉方精油”的创新设计，蓝色葫芦状小瓶（见图 5-1），以杭州地标景点“三潭印月”为设计原型，融入中医悬壶济世的典故。老字号的创新既要保留原有的文化，还要顺应时代的要求创新，将文化与创新相结合融入品牌故事中，才能够得到消费者的持续关注。

图 5-1 “汉方精油”

理论前沿

人生角色转换对品牌延伸的反应

人生角色转换是人们经历不同人生阶段的状态，其中涉及身份、角色和责任的变化。研究表明，处于人生角色转换期的消费者比没有处于人生角色转换期的消费者对远的（即低或中等适应度）品牌扩展的态度更为有利。这种影响是由一种与人生角色转变相关的自我概念模糊感所驱动的，这种模糊感促使人们进行辩证思考，从而有助于提高母品牌与其扩展品牌之间的匹配度，最终产生更有利的品牌扩展评估。这种影响在以下情况下会减弱：①不需要辩证思维就能感知到适合度的（即高度适合）品牌扩展；②对于子品牌（vs. 直接品牌）架构，无需使用辩证思维来调和母品牌及其扩展品牌之间的不一致；③消费者认为自己有资源来应对人生角色转变时，这种观念减弱了自我概念的模糊性。

>>> 本章小结 >>>

本章主要探讨了下面几个问题。

1. 自我的概念

自我的概念（self-concept）是一个动态的心理结构，是个体所持有的关于自身特征的信念以及对于这些特征的评价。

2. 自我的文化差异

在不同文化背景下，自我会表现出明显的差异。西方式自我存在的文化基础是个人主义文化，因此，其表现形式为独立的自我，强调个体的独特性；而东方文化是典型的集体主义文化，在这种文化基础上的自我是社会关系的一部分，需要明确个体和他人之间的关系。

3. 个性

具有长期的稳定性，并且能够通过相对稳定的行为模式表现出来，构成了个性或人格。

4. 心理动力学研究理论

弗洛伊德是心理动力学的代表性人物，他的主要研究成果是通过精神分析来探究人类行为背后的动机。弗洛伊德在个性方面的研究主要涉及三个心理结构：本我、超我和自我，这三个系统经常在无意识层面发生冲突。

弗洛伊德的精神分析理论对个性理论产生了巨大影响，但是由于他的理论过于偏重本能解释，局限性和科学性都受到质疑，后续的研究者发展了他的理论，成为新弗洛伊德主义。新弗洛伊德理论的代表人物主要有阿尔弗雷德·阿德勒、卡伦·霍妮和卡尔·荣格。

5. 特质理论

特质是人的持久品质或特征，利用特质可以将不同的人区分开来。荣格提出，人们要么是内向型的，要么是外向型的。

6. 品牌个性

消费者在选择产品的时候会考虑产品的品牌形象是否与自己相匹配，因此，营销者在创建和发展品牌时会考虑赋予品牌一定的人格特质，这就是品牌个性。

延伸阅读

女性社会角色的变迁

性别角色是社会赋予女性和男性不同行为期望与规范的总和，是与作为女性或作为男性相联系的社会角色。不同社会与文化之中，人们对“女人”或“男人”的期望与规范不一样，也就造成了不同社会与文化当中性别角色的差异。性别角色会随着时间的变化而变化。无论在中国还是在西方国家，由于社会的变迁，女性的社会角色发生了巨大的变化。

在传统中国社会，以儒家思想为主体的社会主流意识形态，期望“女人”做一个局限于家庭生活的贤妻良母，并制定了一系列与此相关的女性行为规范。“三从四德”是古代中国女性必须遵从的规范，在这种社会期望与规范之中，传统的女性角色就被社会定位为家庭主妇、遵从男性的形象。

中国社会在晚清出现了变革，尤其是 20 世纪初的新文化运动，知识分子喊出了“打倒孔家店”的口号，女性角色开始重塑。长期禁锢于闺阁之中的女性，也开始走向社会。然而，这种变化是渐进的，直到 1949 年中华人民共和国成立，中国社会中的性别角色才发生了质的变化。中国共产党领导的新中国，在社会制度与思想观念上都营造了一种男女平等的氛围，“时代不同了，男女都一样”的观念开始深入人心，中国女性从此真正走出了家庭，成为在社会生活各个领域中的“半边天”。女性的社会角色不再是传统儒家社会中以“三从四德”为评判标准的女性，而是建立在男女平等理念基础上的新女性形象。

女性角色在西方经历了类似中国的变化。在古希腊时代，妻子只能局限于家庭，起一个“管家婆”的作用。罗马帝国时代，西方妇女虽有相对的自由，但父权社会的本质并没有改变，女性角色仍从属于男性角色。到中世纪，基督教要求妻子服从丈夫，妇女的屈从地位披上了宗教的神圣外衣。这种状况，一直持续到 16 世纪文艺复兴与宗教改革时期。此后随着西方资本主义文明的发展，女性所受束缚逐渐减少。从 19 世纪工业革命后，西方妇女大规模参与社会劳动，逐渐在经济上减少自己的依附性，并使女性角色发生了重大变化。资本主义工业的发展为妇女就业提供了较过去更为广阔的空间。尤其是二十世纪六七十年代的女权运动，使西方国家的女性角色发生了转折性变化，妇女地位大大提高。当然，要实现真正的男女平等，仍然有一段相当长的路要走。

性别角色随着社会文化的不同而不同。古代的女性角色不同于当代，中国的女性角色不同于西方，根本原因在于社会文化不同，社会化的环境不同，从而塑造出不同的女性形象。不同的社会文化在人的社会化过程中塑造出了不同的性别角色。

资料来源：刘文明．女性学［M］.2 版．长沙：湖南大学出版社，2009.

案例分析

m&m's 与好时 kisses 的品牌个性

m&m's 巧克力在 1941 年问世后，成为第二次世界大战中的美国士兵的最爱。当时，m&m's 巧克力以硬纸筒包装卖给军队，作为军旅生活中的便利零食（可随身携带，不受天气影响）。在 20 世纪 40 年代末期，它已普及到一般民众市场，并受到大家的喜爱。1948 年，它的包装从纸筒改为更有个性的棕色塑料袋，并沿用至今。

进入 20 世纪 50 年代后，随着电视的普及，m&m's 巧克力逐渐成为美国家喻户晓的品牌。1954 年，公司推出 m&m's 花生巧克力，增加新的生力军，它与纯巧克力的销售都呈现持续增长的趋势。同一年，m&m's 推出第一支电视广告，广告中代表 m&m's 的角色，以及"m&m's 巧克力，只融你口，不融你手"的著名广告语，受到全球观众的喜爱。

1996 年，以 m&m's 为主角的电视广告，在参赛广告高达 60 多支的大型比赛中，被《今日美国》评选为第一名。这些 m&m's 明星普遍赢得消费者的喜爱，受欢迎的程度远超过米老鼠与辛普森。对 m&m's 来说，最具历史性意义的 1997 年，公司推出了女性角色的"绿 M"，这是 m&m's 明星中的第一位女性。这是一位多才多艺的 20

世纪90年代的女性作家，她在一系列成功的电视广告中大放光芒。她周游全美，推销自己的传记《我绝不为任何人融化》；而她的名声，很快就与她的男性同伴——m&m's明星中的红M、黄M与蓝M不相上下。

好时公司是北美地区最大的巧克力及巧克力类糖果制造商，位于宾夕法尼亚州，是一家具有113年历史的老字号公司。好时巧克力的创始人米尔顿·好时（Milton Hershey）1903年在好时镇创业时，这里还是一片人烟稀少的牧场。20世纪初，好时镇相当于好时公司，镇上的居民几乎全是好时公司的员工。好时公司铺筑了道路，修建了医院、体育馆、剧场、游乐场、巧克力温泉等几乎镇上的一切公共设施，并带头把好时镇打造成美国小城镇绿化建设中的模范。整座好时小镇就是一个巧克力香味满溢的巧克力王国，每年有超过五百万游客来到好时巧克力乐园参观游览。

好时kisses的定位是"小身材，大味道"，好时的包装一般为散装，独立小巧，方便携带。牧场专送的新鲜牛奶，精心筛选的可可豆，加上传统的经典工艺，把香浓的牛奶与纯正的可可融合，滴落，变成娇小玲珑的水滴状kisses，广告更是传递出身材虽小，但经过严格而精细的生产制作流程仍然保持了好味道的特点。

讨论：

1. m&m's巧克力和好时kisses巧克力的品牌个性是什么？

2. 糖果行业的目标群体是哪些人群？如何针对这些人群开发市场？

第六章　价值观与生活方式

学习目标

- 价值观与核心价值观
- 价值观的变迁
- 生活方式维度
- VALS2™ 生活方式系统
- PRIZM 地理生活方式
- 生活方式营销

引　例

2021 年，元气森林作为独角兽企业，估值已经达到 950 亿元，这家以健康饮品、0 糖 0 脂 0 卡为理念的饮料公司站在气泡水赛道的领跑者位置，也因此受到农夫山泉、娃哈哈等水饮企业和可口可乐、百事可乐等碳酸饮料企业的围攻。2022 年，饮料市场上出现了和其正的气泡凉茶、娃哈哈的“生气啵啵”气泡水、可口可乐的 AHA 气泡水、百事可乐的 Hubly 气泡水、农夫山泉的拂晓白桃气泡水等各种竞品。与此同时，天然气泡水的高端品牌巴黎水也加入竞争行列，推出了含汽果汁饮料。

气泡水发源于美洲，主要分为天然气泡水和人工气泡水。天然气泡水是一种含有二氧化碳的天然矿泉水，人工气泡水则是矿泉水加入二氧化碳。这种饮品无糖无热量，由于里面含有一定量的碳酸，能在人体里形成二氧化碳，在消耗热量、消除疲劳、保护健康的同时兼顾爽快好喝的口感，在饮料市场迅速得到年轻消费者的认可，成为健康生活方式的代表饮品。

第一节 价 值 观

一、价值观与核心价值观

2021 年，一部电视剧《山海情》以展现东西协作扶贫下的“闽宁模式”为创作命题，以个体缩影为叙事基点，以时代变迁为讲述脉络，引发了观众的情感共鸣。《山海情》之所以获得观众最广泛的共鸣，很重要的一点就在于做到了生活提炼、精神提纯，既能脚下有泥，还能心中有火、眼里有光，剧情处处彰显博大的家国情怀，蕴含巨大的精神力量和崇高的价值追求①。

《山海情》所表达的脱贫攻坚、追求美好生活构成了西海固人民的群体信念，而一个群体的信念体系，也可以称之为价值观。价值观（value）是认为某种情况比其对立面更好的信念，是一种带有正负评价的情感。真善美、尊老爱幼是正向的价值观评价，而精致的利己主义则是偏负向的价值观评价。

一个社会的主流价值观应该是被社会成员普遍认可的价值观，也称为核心价值观（core value）。核心价值观与文化的关系非常密

① 聂辰席，国家新闻出版广电总局主办的电视剧《山海情》创作座谈会的讲话，2021：1.

切，在不同文化背景下，价值体系排序差异很大。例如，自由、物质主义、成就等是美国的核心价值观，而富强、和谐、平等、爱国等是中国当下的核心价值观。

价值观对于消费者行为的影响体现在购买模式和消费意义上，韩国消费者对本国品牌的偏好和对外国品牌的抵制显示了他们的爱国主义价值观，而环保主义者对可重复使用的购物袋的使用则反映了他们的绿色消费价值观。

二、价值观的变迁——从物质主义到后物质主义

英格尔·哈特是研究价值观变迁的代表学者，他的研究团队通过四十多年的研究数据发现，西方人所持有的优先价值从物质主义向后物质主义转变，而且只要具备相应条件，这种转变就会发生。

在哈特的研究中，物质主义是强调经济和人身安全的价值观。第二次世界大战后的西方社会经历了高速发展和繁荣，物质财富极大丰富，人们追求高消费的生活方式。这个时期，财富影响着人们的体验，人们关注有钱人的生活，渴望自己也能够拥有物质享受。奢侈品的大行其道充分说明了物质主义价值观对整个世界的影响，近几十年，奢侈品行业的平均增速都在 8%~10%。但是，近些年，年轻的一代开始发生变化。越晚出生的一代越关注自我，这种强调自主和自我表现的价值观，被哈特称为后物质主义。

哈特在 2013 年的中国之行中谈到，中国近十年内不会发生价值观转型，长期则会与其他国家相似。但是实际上，到 2022 年，中国社会已经出现了物质主义与后物质主义价值观并行的局面。一线城市的部分消费者与世界消费的步调已经保持一致，甚至开始超越领先。女性创业者增多，人们更重视自己的健康并愿意为维护健康付

出溢价，离婚、单亲家庭得到了广泛的包容……“90后”的中国女性可以放弃哈佛大学的录取而专注于乡村儿童的艺术教育（见“延伸阅读”栏目中的《“90后”女生的公益梦》）；综艺节目《乘风破浪的姐姐》则告诉大家人生没有时间限制，唯有不懈努力才能掌握命运，这些现象充分说明后物质主义价值观在中国已经处于形成阶段。

与价值观变迁相对应的是消费者对品牌的认知和态度。物质主义价值观时期，消费者更看重品牌的知名度，人们关注自己是否能够被他人注意。而后物质主义时期，设计师品牌、小众品牌和绿色产品大行其道，人们更关注个性和自我的体现，传统品牌逐渐放下身段与当代主流消费者的价值观相融合，开辟新的战场。

第二节 生活方式概述

一、生活方式

在空气污染严重、生活压力大的大城市，越来越多的家庭选择在节假日和周末休息日去城市周边的郊区农村，或游山玩水，或采摘钓鱼，呼朋唤友，亲近自然享受自然；但也有一群人会选择在休息日去学习充电，考各种证书提升自己的“含金量”，累并快乐着；还有一些人选择宅在家里，或看电影看网剧，或睡觉看书打游戏，等着快递外卖送上门。

不只是时间，人们对待自己的可支配收入的方式也是不同的。有人每月按计划存款，投资理财；也有人每月都是“月光族”，卡债缠身。“剁手族”这个词形象地描述了沉迷于网络购物的人群的生活状态：每日游荡在各大购物网站，兴致勃勃地搜索、比价、秒拍、购物。这些非理性消费者看似精打细算，实际上买回大量没有实用价值的物品，造成大量时间和金钱的浪费。网购达人虽然冷静下来后想要剁手明志，但看见网上的便宜货马上就忘记誓言重新开始购物。

不同的人会选择不同的方式度过闲暇时间和使用自己的可支配收入，形成了不同的生活方式（lifestyle）。生活方式是由人们过去的经历、个性特征和自我概念、拥有的价值观及所处的情境所决定的，它影响着消费行为的方方面面（见图 6-1）。就旅游产品来看，独立型自我的消费者更愿意选择自驾游、自由行等方式探索世界，而互赖型自我的消费者则更依赖别人的组织和安排，因此这类消费者更多地选择团队游的方式。

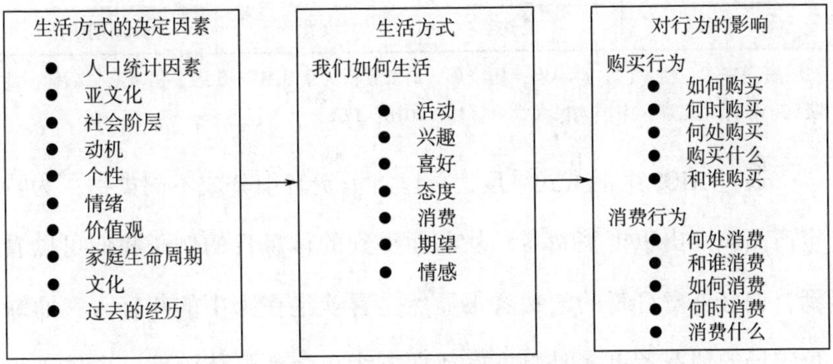

图 6-1　生活方式和消费过程

二、生活方式维度

既然人们的生活方式是不同的，我们如何去识别呢？一个简单的 AIOs 生活方式维度（AIO 是 activities，interests，opinions 的首字母）指标可以把不同的人区分开来（见表 6-1）。AIOs 生活方式纬度主要由三部分组成：第一部分是有关消费者从事哪些活动，购买哪些产品和如何分配时间的问题，归类为活动（activities）；第二部分是关于消费者有哪些偏好，对哪些事务特别关心的问题，归类为兴趣（interests）；第三部分是关于人们对世界和地方事务、人生等方面的看法和感受的问题，归类为意见（opinions）。

表 6-1　生活方式维度

行为	兴趣	意见	人口统计特征
工作	家庭	自我	年龄
嗜好	住所	社会问题	受教育程度
社会活动	工作	政治	收入
度假	社交	商业	职业
娱乐	消遣	经济	家庭规模
俱乐部成员资格	时尚	教育	住处
社交	食物	产品	地理环境
购物	媒体	未来	城市规模
运动	成就	文化	生命周期阶段

资料来源：所罗门，卢泰宏，杨晓燕．消费者行为学［M］. 12 版．杨晓燕，郝佳，胡晓红，等译．北京：中国人民大学出版社，2018：172.

通过 AIOs 生活方式维度，可以将消费者细分成不同类型，为特定产品识别出重度消费者。从前面提到的休息日的例子我们可以看到，偏好外卖订餐的消费者很显然是喜欢宅在家中的年轻人；而绿色农场的消费者更多是以家庭或朋友为单位的群体消费，个体很少会自己跑到郊外花钱摘水果或钓鱼。营销者根据重度消费者的生活方式细分设计出符合这些消费者需要的产品组合和营销刺激，从而加深企业、品牌与这些消费者之间的联结，“活出骑士风范，live with Chivalry”，著名的芝华士威士忌酒的广告就是通过塑造骑士生活方式来吸引特定消费者的。

三、生活方式细分的应用

生活方式细分的应用非常广泛，主要有以下方面：

第一，通过生活方式维度将消费者细分之后，有助于更好地定义目标市场。人口统计数据和产品使用情况能够清晰地将各种使用频率的消费者区分开来，从而确定目标市场特征。

第二，通过生活方式细分，可以更清楚地了解真实消费者的产品使用情况，确定产品定位与目标市场是否匹配。如果不匹配，企业需要尽快调整营销战略，以适应真实消费者的需求。

第三，营销者将生活方式细分的信息应用到营销刺激的设计中，可以提升与消费者的沟通能力。对于家庭主妇而言，广告信息越简单明了越有效；对于职场精英来说，他们更喜欢有文化底蕴、有创新思想的信息传播方式。

第四，形成新的市场。在全球变暖的气候条件下，人们越来越关注绿色环保，绿色消费变成了一种时髦的生活方式。越来越多的人接受这种生活方式并为之努力，精明的创业者在洞悉这一改变之后，发现环保出行市场拥有无限商机。共享单车的出现充分体现了人们生活方式的转变，从单一的机动车出行转向单车+公交轨道出行模式。

第五，生活方式细分在推广社会观点和政治观点的时候也能发挥作用，劝说消费者不要酒后驾车的公益广告多以家庭为主要劝说力量，营造的氛围是家庭和谐需要男主人的陪伴，这种劝说对于中产阶级家庭的男性具有很强的说服力。

第三节 VALS2™ 和 PRIZM

将价值观与生活方式结合在一起更容易理解不同消费者的行为特征，也能为企业品牌和产品推广提供依据。王石和谢霆锋都曾受邀为 Jeep 汽车代言，诠释“实力让情怀落地”的主题。显然，Jeep

选择他们代言大切诺基和自由光是因为他们与 Jeep 品牌相契合，到底哪里契合呢？VALS2™ 价值观和生活方式系统可以帮助我们回答这个问题。

一、VALS2™ 价值观与生活方式系统

VALS2™ 的中文名称为价值观与生活方式系统（Values and Lifestyle System），由美国的 SRI 国际公司开发。20 世纪 70 年代，第一代 VALS 基于人口统计、价格观念、姿态/倾向和生活方式变量，对美国消费者进行了广泛的研究。尽管大多数公司利用 VALS 来判断潜在的目标市场以及怎样与消费者进行沟通，但到了 80 年代后期，研究人员开始批评 VALS 过时，不能很好地预测消费行为。基于这些批评，SRI 国际公司开发出了 VALS2™。目前，VALS2™ 系统模型基于 4 个人口统计变量和 35 个心理学要素，将美国消费者划分为不同的群体，每个群体有各自的特质，具体见图 6-2。

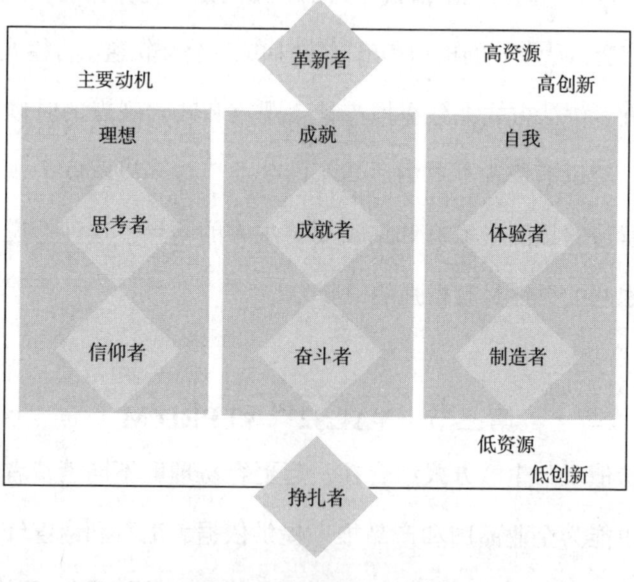

图 6-2　VALS2™ 系统模型

VALS2™ 的细分方法基于两个维度：

第一，纵向的消费者资源和能力维度，包括收入、教育、能力水平等因素，以高低来区分。

第二，横向的自我导向维度，包括行为和价值观念。VALS2™ 系统主要包括三种自我导向：以理想为导向的消费者，根据信仰和原则来做出决定，他们被知识而不是感觉或其他人的观点所左右；以成就为导向的消费者，为获取社会地位而奋斗，他们的观点基于其他人的行为和观点，他们为赢得其他人的认可而奋斗；自我表达导向的消费者，他们喜欢社会性的和物质刺激的行为、变化、活动和冒险，更关注情感体验以及满足感的获得。

按照这两个维度，VALS2™ 系统模型将美国消费者分成 8 个细分市场：

（1）创新者（innovators）。创新者拥有丰富的资源，被理想、成就和自我表达所推动，是成功的消费者，领导式人物。创新者拥有的财富和从事的活动更多表现出他们的素养，是个性和自我的延伸。他们是成功的或潜在的领导人物，但同时仍然搜寻新的挑战，他们关心社会事务，勇于创新，能够迅速接受新产品、新思想和新技术，是时代的楷模。

（2）思考者（thinkers）。思考者同样拥有比较丰富的资源，但是行为动机主要是理想导向。他们寻求行为与观念的一致，崇尚秩序、知识和规则，安逸并且满足。思考者中的绝大多数受过良好的教育，从事专业工作，乐于寻找机会拓宽知识面，他们对职业、家庭和生活状态比较满意，闲暇时间多与家人共度。在消费过程中，思考者比较谨慎，追求产品的功能性、价值和耐用性。

（3）信仰者（believers）。与思考者相似，信仰者也是理想导向的消费者，但他们拥有的资源相对较少。信仰者比较传统，信守传统的道德规范，作为消费者，他们保守、原则性强、不愿接受变化和新技术。

（4）成就者（achievers）。成就者是成就导向且拥有丰富资源的消费者，他们希望提升自己的地位，以工作为中心，重视认同感，偏好可预见的风险和自我发现。成就者崇尚权威和地位，他们喜欢知名的、有声望的产品和服务。同时，受职业导向的引导，成就者也会选择方便快捷的产品和服务。

（5）奋斗者（strivers）。奋斗者类似于成就者，但拥有的资源较少。奋斗者注重时髦，所受教育有限。他们关心别人的赞许，乐于效仿财富更加丰富的人群。他们崇尚成功，但经济较为拮据。

（6）体验者（experiencers）。体验者基于自我表达的动机，拥有较好的资源，是喜欢冒险的消费者。体验者一般比较年轻，具有反叛精神，寻求刺激，崇尚时尚和与众不同。他们对新事物热情高涨，但这种热情也容易消退。在消费行为上，体验者乐意将收入花在锻炼、社交、户外运动上。

（7）制造者（makers）。与体验者类似，制造者具有自我表达倾向，但表达方式是通过改变环境来完成的。制造者非常务实，有一定的技能，喜欢自给自足。他们愿意花时间在修理、美化环境上，并通过这些行为来表现自我。

（8）挣扎者（strugglers）。挣扎者处于最底层，拥有的资源非常少，生活窘迫，他们只能通过有限的收入购买满足生存所需的基本商品。

VALS2™价值观与生活方式系统在预测和了解美国成年消费者的行为方面具有很高的价值，但是由于文化的差异，在不同国家，该系统模型也存在一定的区别。SRI公司对一些国家进行了系统的修正，在该公司的网站（www. strategicbusinessinsights. com）可以看到相关信息。例如，对于中国的消费者来说，该系统模型将中国15~64岁的消费者划分为下面九类人群：

（1）成功人士（accomplishevs）：寻求资源优势，提升自身地位，不愿引起关注的人。

（2）先导者（pacesetters）：希望被同辈熟知，有一定社会地位的人，渴望赢得声望。

（3）保守者（preservers）：在野心、金钱和权力的欲望中不断平衡利弊的人。

（4）维护者（sustainers）：维护传统生活方式，尽管在生活中可能会表现出非传统的人。

（5）传统成就者（traditional achievers）：想要跟得上时代潮流但又对此抱审慎态度的人。

（6）潮流成就者（trendy achievers）：对于自身成功和被仰视抱有极强欲望的人。

（7）体验者（experiencers）：追求个人进步，寻找创新方法，致力于成为行业领先者。

（8）适应者（adapters）：与体验者相似，但不太愿意冒险，也没有明确的追求个人进步的驱力。

（9）乡下人（provincials）：生活在农村，认为多生孩子、能负担生活就是成功的表现。

对中国消费者的划分维度与美国消费者的划分维度基本相同，唯一的差异是自我导向中美国人是理想导向，而中国人是传统导向，这也充分体现了中美两国的文化差异。虽然该系统的划分依据是接近5.2亿消费者的大样本，但是由于中国近年来的迅速发展，消费者的国际化特征日趋明显，这种分类很可能已经发生了变化。

从VALS2™的细分结果我们不难理解开篇提出的问题——为什么Jeep选择了王石和谢霆锋作为品牌代言人？Jeep的品牌精神是开创精神、崇尚自由、追求冒险，与这些品牌精神相匹配的代言人也必须具有相应的特质。王石是商界的大佬，本人具有传奇色彩，在开创精神方面无可匹敌，Jeep的大切诺基就是为创新者准备的专业豪华级SUV，具有强大的气场、随心所欲的从容和征服一切的能力，代言人和产品完美匹配。谢霆锋是娱乐先锋，青年时代桀骜不驯，步入中年开始沉稳，但仍然引领潮流，勇于探索新的领域，具有体验者的特质。Jeep自由光的时尚、先进、未来感与谢霆锋的气质不谋而合，也是代言人选择的典范。

二、PRIZM地理生活方式

在美国，街区文化非常明显。住在不同街区的人的生活方式可能非常不同，纽约的布鲁克林区中界限分明地居住着俄罗斯裔、华裔、犹太裔、阿拉伯裔和非洲裔美国人，而在曼哈顿，来自世界各地的年轻人、艺术家集中居住在downtown，人们按照相似的文化背景和价值观比邻而居。

按照地理信息和其他社会经济变量，可以识别出具有同样消费模式的消费者，这种方法被称为地理人口学，比较常用的技术是由克拉里塔斯（Claritas）公司开发的PRIZM NE系统（PRIZM代表邮政编码确定的评价指标）。该系统将美国邮政编码分为 66 类，涵盖了最富有的区域和最贫穷的区域。克拉里塔斯公司不断更新这一系统，以便及时反映新出现的族群及其特征。

利用地理生活方式进行分析能够简单迅速地识别消费者特征，并且有针对性地进行营销。

第四节　生活方式营销

利用生活方式细分系统可以将消费者区分开来，企业就能够针对自己的目标客户进行产品定位和营销推广，从而形成竞争优势。用产品或品牌来象征某种生活方式，采取一定的营销手段推荐给消费者，建立稳定的消费群体，这样的营销模式就是生活方式营销。产品的同质化使消费者在选择的时候比较茫然，而生活方式营销则可以突破同质化产品的包围，让消费者的精神追求与产品完美结合，从而满足消费者的心理需求和情感需求。

什么人选择开宝马汽车？20 世纪宝马公司就给出了答案，“开宝马，坐奔驰”，开宝马车的人是崇尚驾驶乐趣的人，时尚、优雅、休闲、轻松……他们享受宝马车启动时的快感，而迎风飞扬、放飞自我的感觉让宝马车主自觉无比尊贵。宝马公司不仅生产汽车，还生产摩托车、自行车，以及服饰产品。在宝马生活方式体验店里（见图 6-3），消费者可以看到企业明确定位了开宝马车的人的特征：休闲、时尚、运动、品味高贵。宝马的生活方式营销让它在豪华车的竞争中脱颖而出，到 2015 年，宝马集团已经连续 11 年问鼎全球高档车市场。在新能源汽车发展历程上，宝马也在突飞猛进。2022 年，全球汽车信息平台 MarkLines 发布了 2021 年全球纯电动汽车销量数据，宝马销售排名第 11 位。

图 6-3　宝马的生活方式体验馆

生活方式营销可以应用到众多产品和服务上，但是如果应用不当，也会产生负面影响。那么如何控制营销过程，在推广生活方式的时候应该注意哪些问题呢？

一方面，需要明确要推广的生活方式的概念。当代社会人们生活压力巨大，对自己的生活状态不满，需要新的、有足够吸引力的生活概念来替代，那么，企业在营造生活方式氛围的时候就要准确把握目标消费群体的定位，发现他们对生活的不满之处，从而引起该目标群体的兴趣和注意。元气森林气泡水的成功之处就在于充分放大了消费者的健康需求，将饮料与健康生活联结在一起，开拓了新的市场。

另一方面，对生活方式进行详细阐述并与营销刺激相结合。百事可乐是第一家进行生活方式营销的公司，它所营造的生活方式就是不管你在做什么，都在喝百事可乐。可口可乐营销的是可乐本身，而百事可乐营销的是喝可乐的人，这种生活方式营销一直体现在百事可乐的营销活动中。在零售业，主题集合店（如名创优品）开始兴起。消费者一开始会觉得陌生，但是经过明确地解释和推广，这种生活方式类集合店开始崛起。实际上，这些集合店都有一个共同的特质，就是传播文化，通过产品引领或唤醒消费者自身潜意识里追求的生活方式。

理论前沿

消费者对可持续发展干预措施的抵触情绪

鉴于日益严重的环境危机，政府和组织经常发起可持续性干预措施，以鼓励个人消费者的可持续行为。然而，流行的可持续性干预措施往往会产生意想不到的后果，即引起消费者的抵制，从而削弱其有效性。冈萨雷斯-阿科斯（Gonzalez-Arcos）等人（2021）调查了消费者对 2019 年智利全国范围内禁止使用塑料袋的反应，分析了产生消费者抵制的原因以及如何减少消费者的这种抵制。其研究结果表明，消费者对可持续性干预措施的抵制之所以出现，并非像现有文献所假定的消费者不愿意改变他们的个人行为，而是因为被针对的个人行为被嵌入了动态的社会实践中。当可持续性干预措施旨在改变个人行为而不是社会行为时，它们将过度的责任放在消费者身上，扰乱了他们的情绪，并破坏了消费者生活的稳定性，最终遭到了抵制。

>>> 本章小结 >>>

本章主要探讨了下面几个问题。

1. 价值观与核心价值观

一个群体的信念体系，称之为价值观。价值观是认为某种情况比其对立面更好的信念，是一种带有正负评价的情感。一个社会的主流价值观应该是被社会成员普遍认可的价值观，也称为核心价值观。

2. 价值观的变迁

英格尔·哈特的研究团队通过四十多年的研究数据发现，西方社会人们所持有的优先价值从物质主义向后物质主义转变，而且只要具备相应条件，这种转变就会发生。

3. 生活方式维度

AIOs 生活方式维度主要由三部分组成：第一部分是有关消费者从事哪些活动，购买哪些产品和如何分配时间的问题，归类为活动；第二部分是关于消费者有哪些偏好，对哪些事务特别关心的问题，归类为兴趣；第三部分是关于人们对世界和地方事务、人生等方面的看法和感受的问题，归类为意见。

4. VALS2™ 生活方式系统

VALS2™ 的中文名称为价值观与生活方式系统，由美国的 SRI 国际公司开发。VALS2™ 系统模型基于 4 个人口统计变量和 35 个心理学要素，将美国消费者划分为不同的群体，每个群体有各自的特质。

5. PRIZM 地理生活方式

按照地理信息和其他社会经济变量，可以识别出具有同样消费模式的消费者，这种方法被称为地理人口学，比较常用的技术是由克拉里塔斯公司开发的 PRIZM NE 系统（PRIZM 代表邮政编码确定的评价指标）。该系统将美国邮政编码分为 66 类，涵盖了最富有的区域和最贫穷的区域。克拉里塔斯公司不断更新这一系统，以便及时反映新出现的族群及其特征。

6. 生活方式营销

利用生活方式细分系统可以将消费者区分开来，企业就能够针对自己的目标客户进行产品定位和营销推广，从而形成竞争优势。用产品或品牌来象征某种生活方式，采取一定的营销手段推荐给消费者，建立稳定的消费群体，这样的营销模式就是生活方式营销。

延伸阅读

“90 后”女生的公益梦

张碧巍，一个“90 后”女生，她的名字出现在 2017 年福布斯中国 30 位 30 岁以下精英榜的名单上，由她作为创始人的北京音画梦想社会工作事务所入选该排行榜的社会企业和教育行业榜单。

2013 年，因为一次偶然的机会，临近毕业的张碧巍去了北京市昌平区的一个流动人口社区，遇见了一群流动儿童。这些孩子的着装和长相与普通的城市儿童无异，可他们的眼中没有光芒。走进这些孩子所在的社区或者他们就读的学校，她发现这些孩子的日常课程中除了基础的语文、数学之外，几乎没有其他丰富多彩的课外活动。很多孩子的人生理想，是在念完小学或初中之后赶紧出去打工挣钱。当时的张碧巍想，如果这些流动儿童也有机会接触到外面的世界，具备基本的学习能力，平等地被鼓励、被对待，他们会不会愿意找到或拾起自己遗失很久的梦想。于是2014年，张碧巍选择了延迟国外的学业，将音画梦想正式注册成为北京市民办非企业单位，开启了她的公益之路。

对于公益，张碧巍有自己的想法。她希望解决两大问题：一是流动儿童因为教育资源不均，在学校所学习的知识不足；二是因为学籍等问题他们将在小学初中毕业后辍学，提早进入社会，没有足够的能力应对社会的变化挑战带来的接踵而至的问题。因此，她希望能够设计一套教育产品并推广，帮助这些没有获得均等的教育资源而又要较早进入社会的8~12岁的流动儿童提升解决问题的能力。

她希望整个公益行业可以成为关注和有效维护公众利益的有力发声者和实践者。公众可以理性看待和从事公益行业，且客观看待公益领域，不止扶危济贫，还有能力培养和提升。

对于她所从事的教育类公益项目，她希望可以带领音画梦想实现促进教育公平，改善教育品质。她认为，所有孩子，不管来自什么样的地区和家庭，都应该享受到好的教育品质。如果说城市里的孩子享受的教育品质是80分（视野、综合素质和知识储备等），那么她希望随迁子女和留守儿童能从20分、30分的教育品质提高到平均70分甚至更多。80分以上的教育品质的提升目前有很多商业教育机构在做，而她的使命、价值观和兴趣在于要带领团队努力思考和实践：怎么把这些孩子所享受到的20分、30分的教育品质提高到平均70分，这在未来社会发展和技术革新的时代，尤为重要。

近十年，公益行业在中国蓬勃发展，音画梦想在这个行业还十分的年轻。但是音画梦想以强学习能力和修正能力著称，很多资方称它为公益行业中教育领域的标杆组织，并且教育项目在目前的流动儿童领域也名列前茅。目前公众对音画梦想的认识大多还停留在艺术教育机构、流动儿童教育机构上，音画梦想团队希望能够提升公众对机构的认知——他们的目的是为儿童提供综合素质教育，提升儿童解决问题的能力。在张碧巍的带领下，音画梦想正在向它希望的方向迈进。

张碧巍对未来的规划非常清晰：从2015年开始，五年内，把音画梦想做成公益行业内教育领域的标杆，同时，把音画梦想的合伙团队带起来，让核心成员都可以独当一面，让合伙人可以集体决策，并努力搭建一个培养年轻接班人队伍的团队培养机制。因为未来的人比现在的人更具活力、更聪明，未来的人更了解属于他们那个时代的趋势，要学会做一个成全新人的创业元老团队。新人在未来，可以带给机构更大的价值。

张碧巍打算在五年后拿出三年时间去读书，完成她之前未完成的任务，把哈佛大学公共管理（MPA）和斯坦福大学工商管理（MBA）的联合学位拿下来，读书期间积累自己的顶尖同学人脉，趁机把在国外结识的合适人选拉回机构服务做高端人才培养。她还考虑成立商业教育机构，为不缺资源的儿童提供更优质的个性化教育服务，用盈利反哺音画梦想。

读书回来以后，她预计会赶上人工智能发展和爆发期，她会继续让音画梦想发挥非营利教育组织的作用，为弱势儿童服务，让商业教育机构致力于为有个性化教育需求的儿童服务，“我希望可以继续用最先进的技术和教育理念来帮助更多的孩子享受更好的教育品质，这件事情值得我和我们团队做一生”。

她还说：“在未来，我们会更关注人工智能和音画梦想教育课程的结合。我们会采用智能客服，甚至是智能培训师，确保我们的项目可以不需要拓展更多的人力来实现教育质量保证下的推广。我们下一步会重点建设线上培训课堂，为志愿者和全国一线小学教师建立社群联动平台，基于音画梦想的项目管理和经验分享。这样，可以保证我们用最少的精力培养和影响更多的志愿者和一线教师。通过在线教育的工具和‘他人即老师’的社会化趋势，让更多的社会群体参与到我们的项目中来，确保实现教育品质改善的目的，同时让社会大众在从事公益服务时有更好的体验。”

这个“90后”女生，用自己的行动和成就映射了新一代青年的价值观与梦想，未来，将会有更多的张碧巍出现，在公益和其他领域引领年轻人开辟新的时代！

案例分析

慢生活 or 快生活？

咖啡馆的竞争不仅在北京、上海这样的一线城市日趋白热化，在三四线城市，咖啡馆也作为“第三空间”日益成为“小镇青年”追捧的对象。

以星巴克为代表的美式咖啡以其快捷、便利的特点在城市商务区发挥着巨大作用，白领和商务人士在星巴克学习、洽谈，或者外带咖啡回到办公机构，也让星巴克成为“第三空间”的鼻祖。不过，随着互联网时代的到来，互联网+概念融入咖啡馆的设计中。瑞幸、Manner 等小众精品咖啡开始迅速走红，得到资本的青睐。

瑞幸是互联网+咖啡的代表，截至 2021 年末，瑞幸咖啡共有 6 024 家门店，其中自营门店 4 397 家，联营门店 1 627 家，门店数量已经超过星巴克，更将后来的新品牌远远甩在身后。瑞幸咖啡从开店伊始就秉承着互联网营销理念，自主下单，外卖送货上门，开店成本远低于星巴克。数据显示，瑞幸咖啡 20~60 平方米的快取店占比 92%，且大多数快取店只需要 3 名以内的店员。而主打“第三空间”体验的星巴克咖啡店，一般都在 150~300 平方米，且配置 5~6 名员工。除此以外，瑞幸咖啡推出新品的速度也远超其他品牌。2020 年，瑞幸推出了 77 款现制饮品，进入 2021 年后，瑞幸在半年内推出了 50 多款新产品，甚至把奶茶配方和咖啡融合在一起，做“奶茶化咖啡”。2021 年 4 月 12 日，就在自曝造假一周年后，瑞幸推出的新品“生椰拿铁”走红，频繁卖到断货，还带动了现制饮品界的椰味饮料热潮。

Manner 咖啡秉持的经营理念是“让咖啡成为生活的一部分（Make Coffee Part of Your Life）”。在最热门的地段，开面积最小的街边店，控制开店成本，把价格定低，再用高人流量保证客单数，小店高坪效模式，是 Manner 早期在上海地区盈利的秘密武器。出品高品质咖啡，配合亲民合理的价格及最好的服务，确保咖啡能够成为一种日常的饮品是 Manner 咖啡的经营理念。2021 年 5 月 31 日，Manner 完成数亿美元的融资。2022 年 3 月 1 日，Manner 宣布在 10

座城市新开 200+门店，除上海外，包括杭州、重庆、武汉、苏州、南宁、海口、北京、成都等地都将有新店开业。

星巴克、瑞幸和 Manner 咖啡的连锁经营，代表着快生活的节奏，但是，另一些消费者对“第三空间”的需求可能超过对咖啡的需求。此时，慢生活登场了。

“漫咖啡（Maan Coffee）绝不仅是一个喝咖啡的地方”，辛子相，这名来自韩国的商人如是说。漫咖啡的店面设计风格简单古朴，在漫咖啡中，看不到过分装饰的家具和画得极为精美的墙壁，人们感觉到的是一种自然与古典。放松、自然的风格是漫咖啡在创立之初就已经设定好的。漫咖啡是一个多年龄段、多职业消费者都能来此放松的地方，因此，漫咖啡的店面往往比较大，座位宽敞，格局合理。在漫咖啡的店面中，能看到可围坐十几个人的大木桌和各种颜色、外形的椅子，甚至一张咖啡桌边会摆放四把完全不一样的椅子，这样的设计能够让消费者不至于视觉疲劳。在漫咖啡中，服务员只提供送餐上菜的服务，点单是需要消费者去点餐台完成的。在点餐台，有专门的员工向消费者介绍各款餐饮品的特点。为了提高整体趣味程度，漫咖啡推出小熊作为点餐牌的创意。

与其他咖啡厅在豪华地段开店不同，漫咖啡将店面选址在偏冷地带。开在非黄金地段的咖啡厅更看重的是客人能够在店中完成多次消费，而非买一杯咖啡就走。漫咖啡卖得最好的商品其实并不是咖啡，而是华夫饼和其他小食，其利润远远超过咖啡。

咖啡品牌的竞争反映了消费者的不同生活态度和生活方式，快还是慢？如何选择呢？

讨论：

1. 瑞幸咖啡、Manner 咖啡、漫咖啡与星巴克的设计理念区别在哪里？体现了什么生活方式？

2. 各咖啡品牌的竞争优势是什么？如何维持这些竞争优势？

第七章　态度与态度改变

学习目标

- 态度的功能理论
- 态度的 ABC 模型
- 态度的多元属性模型
- 态度与行为的关系
- 态度的一致性原则
- 态度改变

引　例

2016 年，随着围棋机器人 AlphaGo 以 4 比 0 战胜李世石，人工智能时代开启了新篇章！此后，AI 联盟成立，各种 AI 产品层出不穷，机器学习成为人工智能的发展方向。2019 年，在电影《流浪地球》的场景中，智能机器人 MOSS 不仅能执行各种复杂指令，还能和宇航员们对话，并且坚定地执行既定程序，即便这种执行的结果是毁灭地球。

现实生活中的人工智能已经在各个领域发挥作用，智能语音、聊天机器人、人脸识别等技术得到了大量应用，但是在技术发展的过程中也产生了很多问题。2017 年，Meta 公司（前 Facebook）的人工智能聊天机器人鲍勃和爱丽丝出现了失控状况，它们用自己的语言进行了聊天，工作人员不得不停止正在研发的人工智能的所有程序活动予以控制。2021 年 12 月，亚马逊智能音箱的语音助手 Alexa 所发布的一条错误语音也引起了不小的争议。一位用户在网上吐槽，自己和丈夫在陪女儿玩 Alexa 上的“挑战”游戏时，语音助手发出诱导儿童尝试危险行为的指令。

第一节　态　　度

一、态度的功能理论

你的看法就是你的态度。态度（attitude）是人们对人、客体和观念的积极评价或消极评价。一些人对人工智能持积极态度，另外一些人却畏惧甚至抵制人工智能的发展。你喜欢喝可乐还是茶？你对气候变化有什么看法？你是否赞同安乐死？所有这些对客观事物的评价都表明了你的态度，而这些客观事物就构成了态度对象（attitude objective）。在消费者行为研究中，消费者对产品、广告、厂商、自己的态度都会影响其消费行为。

心理学家丹尼尔·卡茨（Daniel Katz）提出，态度之所以存在，是因为它对人们具有某种功能，也就是态度的功能理论（functional theory of attitudes）。态度的功能理论认为，人们的动机决定了态度，不同的人对于同一态度对象形成的态度有可能存在明显差异。卡茨将态度的功能区分为四种：

（1）效用功能（utilitarian function）。效用功能与奖惩相关，消费者会对带来奖励的产品持正面态度，而对带来惩罚的产品持负面态度。在工具性条件反射中，正强化、负强化的阐述充分解释了这种效用功能。

（2）价值表现功能（value-expressive function）。价值表现功能与消费者的价值观和自我概念相关，并且会反映到生活方式上。崇尚环保的消费者会对垃圾分类持支持态度，他们更愿意绿色出行，购买绿色产品。

（3）自我防御功能（ego-defensive function）。自我防御功能与感受到的威胁相关。消费者拒绝使用一些产品用来保护自我不被批评或侵犯，例如，珍稀野生动物皮毛制品受到众多环保主义者的抵制，一些明星为了不被批评也拒绝穿戴相关产品。

（4）认识功能（knowledge function）。在模糊情境下，消费者对新产品或品牌的态度来自对次序、结构和意义认知的需要。例如，大多数消费者并不清楚人工智能的实际应用，但是企业可以通过简单清晰的陈述和交流让消费者了解产品的基本情况。服务于银行、餐饮、酒店及零售行业的智能机器人就是典型的例子，企业通过视频发布人类与机器人之间的人机对话影像，让消费者迅速了解它们是什么样的智能机器人，并且形成自己的态度。

二、态度的 ABC 模型

对智能机器人或者人工智能的态度其实包含了复杂的内容，首先人们先了解人工智能是什么，然后形成了个体的感受，包括喜欢（很可爱）或者恐惧（机器人占领地球很可怕），最后表现出一定的行为特征（接近或远离）。从这个例子来看，态度包含着三种成分：认知、情感和行为。

（1）认知（cognition）：个体对于态度对象的信念和知识。

（2）情感（affect）：个体对于态度对象的感受和情绪。

（3）行为（behavior）：个体与态度对象之间的互动情况，包括行为意向。

态度的这三种成分构成了 ABC 模型（ABC model of attitudes），该模型强调了三种成分之间的相互关系。消费者对产品和服务的态度是由这三种成分互相作用形成的，但并不是有了认知或情感就一定产生行为。营销者的广告刺激能够让消费者对品牌形成认知或情感，但实际上，他们可能根本不会购买广告商品，而只是对销售场所的现场刺激更感兴趣。

那么这三种成分的先后顺序如何呢？谁先出现？答案是不一定。

在华为推出 Mate 系列智能手机之前，消费者对它的认知是一家离终端消费比较远的通信设备制造商，虽然也有消费者业务，但都是与运营商合作的定制机。2014 年，全球手机市场份额中华为仅为 6%，到 2020 年底，这一数字已经提升到 15%，与苹果手机仅相差 1%，名列第三。在 2014 年 9 月 mate 7 横空出世之前，消费者购买华为手机的决策过程符合认知—情感—行为顺序，即先了解华为手机的各项参数，然后形成感受，最后决定是否购买。这是一个标准的学习层级，也是标准的问题解决流程，具体见图 7-1。

在 mate 7 出现之后，华为改变了营销策略，开始采用饥饿营销，官网订购、限时限量等方式激发了消费者的热情。在这一阶段，众多消费者购买华为手机的决策过程发生了颠覆性的变化（特别在 2018 年中美贸易战之后），即先形成强烈的情感欲望，然后才关注产品属性以及能够带来的使用价值，最后形成购买行为。这一决策

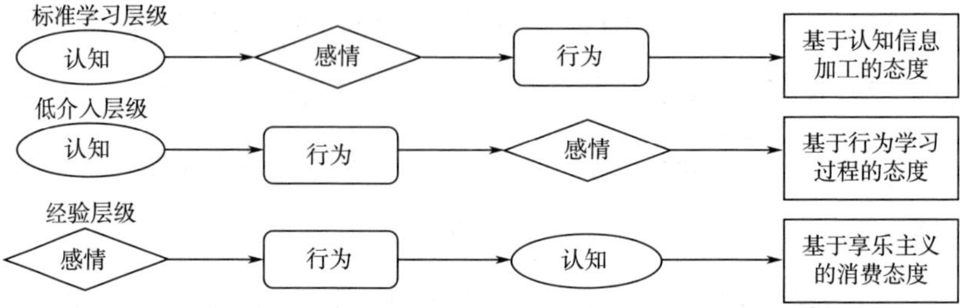

图 7-1　影响层级

资料来源：所罗门，卢泰宏，杨晓燕．消费者行为学［M］．12 版．杨晓燕，郝佳，胡晓红，等译．北京：中国人民大学出版社，2018：188.

过程属于经验层级，享乐动机形成了消费的态度。

对于另外一些商品来说，消费者的决策过程没有这么复杂。人们对品牌并无特定偏好，而且由于信息有限，他们只能选择先购买然后形成评价。态度的形成遵循认知—行为—情感路径，符合行为学习逻辑。实际上，这是一种低介入度的购买决策，这些消费者并不特别关注营销者所提供的产品信息或情感刺激，而是依赖习惯或者完全盲目地进行选择。快消品的消费基本遵从这一路径，在这种情况下营销者应更多关注产品展示的独特性和信息传递的时效性。

三、态度的形成

全球气候变暖带来了许多环境问题。2020 年 9 月 22 日，我国政府在第七十五届联合国大会上提出："中国将提高国家自主贡献力度，采取更加有力的政策和措施，二氧化碳排放力争于 2030 年前达到峰值，努力争取 2060 年前实现碳中和。"这一政策的执行将全方位全过程地推行绿色规划、绿色设计、绿色投资、绿色建设、绿色生产、绿色流通、绿色生活和绿色消费。

人们对碳中和的态度形成取决于上面提到的特定层级效应。消费者的绿色消费态度来自标准学习层级：绿色消费的必要性（认知）—绿色消费保护了地球家园（情感）—能力范围内一定要实现绿色消费（行为），近年来中国消费者对共享单车和新能源汽车的追捧充分显示了绿色消费的态度形成过程。

除了特定层级效应之外，消费者的态度形成还受以下几种因素影响：

（1）个人经验。通常情况下，人们在有过一两次好的或坏的经历之后就会形成对某个产品、品牌、城市或国家的基本态度。比如，在旅行过程中，这种个人经验尤为重要，很多人会选择连锁品牌酒店的原因就在于他们曾经在其他地方体验过该品牌酒店的服务。

（2）与他人互动。人们的态度会受到群体成员身份的影响，在大多数群体中，从众的压力会影响成员的态度（关于群体和从众，在后面的章节中会详细分析）。在网络社交媒体极度发达的今天，对于不熟悉的产品，消费者会寻求网络的帮助，在与他人的互动过程中形成自己的态度。电商购物节时网友分享购物车就是互动行为的典型表现，具有类似购物需求的消费者通过分享购物车形成对不熟悉商品的态度。

（3）家庭的影响。家庭的价值观、信念和教养方式会对人们的态度形成发生作用。在一个保守的家庭中，父母对子女的教育方式可能是非常严厉的，必须遵从传统。因此，孩子在成年之后也会保留成长过程中的家庭烙印，体现在消费方面，也多半遵从这些传统，家庭的代际影响在日用品、旅游等产品和服务上表现突出。不过，随着经济和科技的迅速发展，家庭影响不止表现在父母对子女的影响，反向代际的影响也日益明显。

（4）大众媒体的影响。媒体的影响力超乎想象，除了传统媒体之外，网络新媒体和自媒体的迅速发展让人们无时无刻不处于信息的包围之中。很多时候，人们无从判断信息的真假，因而会被某些媒体诱导和说服。人们需要有足够的判断力才能在爆炸的信息中去伪存真，尽量保持公正的态度。

四、态度的多元属性模型

电影《小时代》四部曲的总票房接近20亿人民币，但是四部片子的豆瓣评分却都没有超过5分。为什么会出现这种口碑与票房的背离？很显然，贡献票房的消费者受到众多因素的影响。对于粉丝来说，偶像的电影一定要看，甚至包场支持；对于非粉丝来说，也许是因为朋友的情面不得不看，也许是因为猎奇心态，想要看看电影到底如何。实际上，产品本身包含着多重品质或者属性，对特定的人来说，某些属性和品质尤为重要。态度的多元属性模型可以用来说明影响人们对态度对象评价的不同因素，从而预测消费者可能出现的行为。

多元属性模型（multiattribute model）认为，消费者对态度对象的评价取决于他对该对象多重属性的评价，基本的多元属性模型包括三个要素：

（1）属性（attribute）。它是指态度对象的特性。例如，《小时代》系列电影中的明星颜值、演技、剧本、导演等都属于属性。

（2）信念（beliefs）。它是指对特定态度对象的认知。例如电影中演员的颜值高或低，演技好或差，剧本优秀或拙劣，导演知名或不知名。

（3）权重（weights）。它是指某一属性的相对重要性。虽然在一部电影中上面提到的属性都很重要，但是对于不同的人来说，不同属性的重要程度不同。例如，粉丝们对偶像的颜值更在意，而非粉丝们则更关注剧本和导演，在具体的权重赋予上两类人群的赋值是完全不同的。

最具影响力的多元属性模型是费舍宾模型（Fishbein Model），该模型以最初的提出者费舍宾命名，将态度的三个要素进行了量化并形成了消费者对某一对象总体态度的基本公式：

$$A_{jk} = \sum \beta_{ijk} I_{jk}$$

其中，i 为属性；j 为品牌；k 为消费者；I 为消费者 k 对属性 i 赋予的权重；β 为消费者 k 关于品牌 j 具有属性 i 的信念；A 为消费者 k 对品牌 j 的态度分数。

假设某个细分市场的消费者认为，某饮料在四个属性上的表现水平（用★表示），如表 7-1 所示：

表 7-1　某饮料属性表现

属性	1	2	3	4	5	属性
价位低			★			价位高
口味甜				★		口味苦
地位高		★				地位低
热量低	★					热量高

可见，该细分市场的消费者认为（用★表示）该饮料的价格适中，口味偏苦，地位有些低，热量极低。由于这四个属性对消费者的重要性不一样，该市场的消费者对各属性赋予不同的权重。

衡量权重的一种通常方法是百分比表达法。表 7-2 显示的重要性权重反映了饮料产品四个方面属性的相对重要程度。热量被认为是最重要的属性，口味的重要性其次，价格最不重要。

表 7–2 重要性权重

属性	重要性
价格	10%
口味	30%
地位	20%
热量	40%
总计	100%

由以上信息，我们可以计算出该细分市场对该饮料的态度指数：

$$A=10\%\times3+30\%\times4+20\%\times2+40\%\times1=2.3$$

该方法用消费者对该款饮料各属性的评价值乘以该属性的权重来表示态度指数值，此例中得到的态度指数值为 2.3，这说明消费者态度是好还是不好呢？由于态度指数值是相对的，若想对其进行全面评估，我们必须将其与对不同竞争品牌的不同态度进行对比。在大多数情况下，多元属性态度模型只是我们对不十分精确和缺乏条理化、无意识认识过程的抽象模拟。

第二节 态度与行为的关系

一、态度与行为的不一致

顺应全球汽车产业的调整，消费者对新能源汽车的态度是明确而且认同的，但实际上，相当多的消费者并不会购买新能源汽车。这种“言行不一”的现象时有发生，营销人员无法准确地根据消费者的态度来预测他们是否真的会形成购买行为。虽然大量研究表明消费者的态度与行为意向之间存在显著的正相关性，但是还有其他因素会左右消费者的选择，使得态度与观测到的行为之间发生背离。

导致态度与购买行为之间发生不一致的原因包括以下几种：

（1）需求匮乏。即便消费者对新能源汽车的态度非常明确，但是他可能刚刚买了一辆汽油车，因此在行为上很难转化成实际的购买行动。

（2）能力不足。消费者的购买需要实际的可支配收入来支撑，喜欢一件商品但可能因为没有剩余的资金实现购买。

（3）相对态度并不明显。新能源汽车存在不同的技术路径，虽然锂电池车占主导地位，但是还有其他技术路径可供选择，如丰田的氢气动力车 Mirai。如果相对态度不明显的话，消费者也未必会选择锂电池新能源车。

（4）产品经验不足。从未体验过民宿的消费者在去陌生地区旅游时会心存恐惧，他们会更愿意选择住在有资质的酒店，即便当地民宿拥有良好的口碑。

（5）人际影响和社会压力。个体的购买决策在很多情境下会保持态度与行为的一致，但是当消费者处于人际关系或群体中时，个体会因为需要得到群体的赞同而改变自己的行为。特别在组织购买中，为了达成一致，组织需要综合内部成员的各种意见，此时，个体的态度就没那么重要了。

（6）备选产品不足。如果没有足够的备选品的话，消费者很可能也会出现态度与行为不一致的情况。垄断行业经常出现这样的例子：消费者抱怨连天，但是没有可靠的替代品可供选择，此时，消费者必须选择留在垄断行业内。但是，一旦垄断被打破，消费者会迅速做出调整，摆脱垄断者的控制。微信诞生之前的中国移动通信运营商就是典型的例子，消费者只能在三家企业中选择，三家运营商的产品和服务水平都比较差。消费者对它们的满意度很低却不得不使用这三家运营商的服务，直到微信出现，消费者迅速转向使用微信进行社交，移动运营商才开始改进服务，但此时已经流失了大量移动通信客户，业务只能转向其他领域了。

二、态度的一致性原则

虽然态度与可观察的购买行为之间会发生不一致的现象，但是大多数情况下它们之间的关系是一致的。人们不会出现类似这样的陈述："这产品真好，我一点都不喜欢。"人们遵从一致性原则（principle of cognitive consistency），重视认知、情感和行为的一致性，并且会为维持这种一致性而努力。如果有必要，他们会改变认知、情感和行为中的某个方面从而使它们与以往的经验保持一致。

与态度的一致性原则相关的著名理论包括以下几个。

（一）认知失调理论（theory of dissonance）

认知失调理论是著名心理学家费斯廷格在1957年提出的理论，他认为一般情况下人们的态度与行为是一致的，但有时候也会出现不一致，如工作场所中的员工与领导之间的微妙关系。也许员工很不喜欢领导，但是却依然会恭维他。但此时，人们会出现心理紧张状态，因为态度和行为表现出了不一致。心理紧张的来源是认知失调，为了缓解紧张状态，人们会采取一些方法来减少认知失调。还记得第四章动机理论中的趋避冲突么？在北京买房的例子中，不管买哪个位置的房子，决策之后消费者采取的方法都是在减少失调。

亚洲女性很难将低胸或露背服装穿出门，因为传统文化与价值观告诫女性不可以穿着暴露。当亚洲的杰出女性走进西方世界的时候，她们需要在特定的公众场合穿着优雅而性感的服装（如戛纳电影节的红毯秀）展示东方魅力。然而，性感的服装会让她们心理紧张，因为这与她们的价值观和文化背景有明显的冲突，认知失调由此产生。缓解失调的方式有多种，例如，可以改变认知，告诉自己新的时代需要新的美丽，要与世界同步；可以改变行为，选择保守而带有东方神秘色彩的服饰，保持自我；也可以让自己相信没有选择，因为这是特定场合，必须“入乡随俗”。

（二）自我知觉理论（self-perception theory）

贝姆（D. J. Bem）1972 年提出的自我知觉理论与认知失调理论的视角不太一样，同样是保持一致性，自我知觉理论假设人们是通过观察自己的行为来判断态度的，行为发生在态度产生之前。对于已经购买的商品，消费者会持积极态度，这样才能保持一致性。

大多数中国人在面对电话销售时的第一反应是挂断电话，即便对方销售的产品很有吸引力。从消费者的这一行为可以推断出他们不喜欢的是电话销售这种方式，而未必是产品本身不受欢迎。如果电话销售人员能够让消费者继续听下去的话，销售成功的概率则会大大提升，此时就需要销售人员有高超的沟通技巧作为辅助了。

说服消费者继续听电话需要销售人员必须掌握的一种门槛技术（foot-in-the-door technique）。门槛技术实际上是让消费者先答应一件小事，然后循序渐进地从消费者那里获得更大的利益。在销售过程中，这种门槛技术被证实非常有效。需要注意的是，门槛技术中人们最初的顺从行为必须是自愿的（Burger et al.，2003），之后他们会坚信自己的行为是正确的。航空公司与银行合作办理联名信用卡是很常见的，但是如何说服已经办理了多张信用卡的消费者接受他们的产品就是个难办的事。聪明的企业将这个问题分成两个步骤：

第一步，由航空公司的客服代表打电话给消费者，告知他们当年的航空里程是什么情况，并且择机说明联名信用卡作为升级的会员卡有哪些好处，只需要消费者同意升级会员卡。此时，消费者接收到的是自己变成重要客户的信息。第二步，过几天，银行的客服人员与消费者进行联系。此时，对于消费者来说他的会员卡已经升级，对于银行需要的信息也就轻易地提供了。至此，银行顺理成章地完成了信用卡的申请流程。在这个二次销售过程中，很明显，航空公司与银行合作完成了两个步骤，第一个步骤的完成就是典型的门槛技术的应用。

（三）社会判断理论（social judgment theory）

社会判断理论是指原有的态度发挥着指导作用，在此基础上吸收和同化新的信息，形成可接受或拒绝的态度。这一理论的重点在于个体所持有的态度是一个区域，由可接受区和拒绝区组成。当消费者对产品或品牌的介入程度足够高的时候，可接受区的范围就会缩小，也就是说竞争品牌的观念很难打动他了。相反，介入水平不太高的消费者则会在不同品牌之间转换。苹果 iPhone 系列手机的忠实果粉就是可接受区非常小的一群消费者，在需要更换手机的时候，几乎不会考虑其他品牌，即便苹果手机的创新度已经大不如前。

（四）平衡理论（balance theory）

平衡理论由海德（F. Heider）在 1958 年提出，主要观点是强调个体对某一认知对象的态度常常受到他人对该认知对象的影响，也称为 P-O-X 理论。在平衡理论中，P 和 O 各代表一个人，X 是第三者。P 是认知主体，O 和 X 是态度对象。该理论假定 P-O-X 之间的平衡状态是稳定的，不平衡状态则会让个体产生紧张焦虑，因此这种状态短暂而不稳定。当紧张消除时，重新恢复的平衡让人们得以安宁。同认知失调理论相似，平衡理论也是要解决失调状态，但二者的区别在于平衡理论探讨的是人际关系对态度的作用。

平衡理论可以解释名人代言的激励作用。营销者通常喜欢选择形象正面、有影响力的名人作为产品的代言人，由于他们的影响力，消费者对产品也会形成接纳态度。在这个过程中，消费者是P，名人是O，企业的品牌是X，三者之间的关系是平衡的。但是，一旦代言人或企业出现负面新闻，上面的平衡关系就被打破了，消费者会重新考察自己与品牌之间的关系。因此，企业需要特别谨慎地选择代言人，而且在发生问题的时候需要尽快调整战略（平衡破坏时，名人O换为名人M）），否则将出现难以弥补的损失（如图7-2所示）。而代言人也要密切关注企业的信息，一旦企业发生严重危机或负面事件，代言人也需要迅速做出反应[①]。

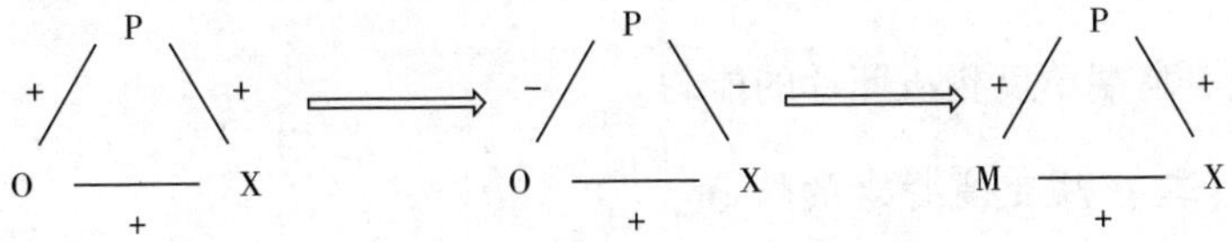

图7-2　P-O-X图

第三节　态度改变

态度不是一成不变的，在不同的情境和信息引导下，消费者的态度会发生明显的改变。营销管理者正是抓住态度的这一特性，不

① 2021年西方社会对中国新疆地区出产的产品非法实施制裁，各大品牌中国代言人迅速发出与品牌解约声明，维护中国新疆的形象。

断采取营销刺激来改变消费者的态度，形成对自己品牌有利的局面。

一、态度改变的策略

改变消费者的态度可以从以下三方面入手。

（一）改变消费者的认知

态度的多元属性模型提到众多属性成分及其权重会导致人们的态度不一，因此，可以从改变属性的特征或者调整其权重来让消费者的态度发生变化。在湖南卫视的真人秀节目《中餐厅》里，黄晓明在泰国象岛的海滩服务客人时用流利的英语颠覆了人们对他早期“闹太套”的印象。很明显，这一认知属性发生了巨大变化，他的个人魅力也增色不少。

另外，改变消费者的认知还可以通过增加新的信念来完成。华为手机的 P 系列与徕卡公司合作，将前后摄像头都换成徕卡镜头，并且在广告中重点突出这一特征，“定格，视界的角度”“人像摄影大师”“五十倍变焦”，让消费者对华为手机的认知多了一个能够拍出媲美高端单反相机照片的能力。

（二）改变消费者的情感

情感对消费者行为的影响尤为重要，因此，可以通过情感表达来改变消费者的态度。在广告中，营销者经常采纳正面情感来激发消费者对品牌的热爱。四川理塘在 2021 年推出了文化旅游宣传推广大使丁真，他以纯真的笑容和对家乡的热爱，激发了消费者对四川理塘的向往，让甘孜州成为中国旅游爱好者最想去的旅游目的地之一。

负面情感同样可以强化态度的改变，但是需要注意负面情感表达的边界。虽然有研究表明人们的恐惧程度越高，说服效果越好

(Robberson et al. , 1988)，但是由于存在文化差异，在一些地区，广告有太过恐怖的画面、声音会引起反感，反而无法达到想要的效果。在反战或环保等公益类广告中，人们经常能看到负面情感的应用，如果表达适度的话，负面情感所带来的震撼甚至会远超正面情感。

(三) 改变消费者的行为

行为可以先于认知和情感产生，因此，可以通过改变消费者的行为来改变他们的态度。对于不熟悉的产品，免费试用是改变消费者态度的好方法，超市零售卖场中食品的试吃也是同样的道理。营销者的任务是搭建合适的平台刺激消费者积极参与试用，优惠券、现场展示、搭售和降价等都是常用的营销技巧。

二、说服策略

无论是态度形成还是改变，都需要通过沟通来完成。企业通过传播信息，与消费者沟通，并最终形成或改变消费者的态度。在电子消费品领域，各公司依靠产品发布会等方式保持着与消费者的联系。

传播需要有信息源、信息本身、传播媒介和反馈，这四个要素共同构成传播过程。在传播过程中，消费者形成对产品或品牌的态度。在网络高度发达的社会，传统的传播过程发生了变化，由原来的单向沟通变成了互动式的沟通，说服消费者购买自己的产品变得既容易又困难!

(一) 信息源

信息源在传播过程中是信息发出的部分，不同的信息源发布信息会产生不同的效果。专家的表述可靠性会远远超过普通人，明星的代言则会大大吸引公众的注意，这两者代表着信息源的两个重要特征：可信度和吸引力。

在消费者缺乏对产品的认知时，可靠的信息源会非常有说服力。董明珠在格力的高端产品大松的广告中频频现身，以企业家和专家的双重身份说服消费者购买国产高端小家电，因为她本人的身份，让大松的广告更有说服力。不过，如果信息源对某个主题的知识并不了解，那他所传递的信息准确度将大大下降，也因此说服力不足。网络时代，关键意见领袖（KOL）的作用毁誉参半。一部分流量巨大的网络主播凭借专业能力赢得了消费者的认同，但是也有主播业务不熟练、对产品认知不清楚，甚至销售假货导致消费者投诉和退货的现象出现。

一些信息的传播是因为信息源的吸引力，包括他们的长相、个性、社会地位等。明星作为信息源来传播信息具有很强的吸引力，因为他们体现了文化的含义。人们更信赖他们，把他们当成理想自我的现实表现，也因此能够将明星的特质与产品特征联系在一起。不过，选择明星代言人具有一定的风险，代言人出现负面行为会给企业造成巨大的经济损失。

（二）信息的浅层加工与系统加工

信息本身具有多种形式，文字、图片、视频、声音等不同的信息形式会形成不同的刺激，也面临着不同的信息加工方式。人们对态度对象的信息有两种加工方式：浅层加工（superficial processing）和系统加工（systematic processing）。当信息比较容易获得，或者人们对说服性沟通不太在意时，信息的表面因素可能会导致态度改变，例如，人们更容易听从专家的意见，更相信统计性的信息或者比较长的信息，此时，信息的加工方式就是简单的推断，属于浅层加工。当信息与人们之间的关系更加密切时，他们会仔细考虑说服沟通中的观点内容，这种加工方式就是系统加工，而经过系统加工后形成的态度会更持久与稳定。

在说服过程中，除了“晓之以理”外，很多时候营销者会采取“动之以情”的策略。通常，“动之以情”通过浅层加工完成。轻松的音乐、赏心悦目的画面、与态度对象相关的情绪都会对说服有帮助。当恋人们在圣诞夜的街头听着欢快的圣诞乐曲时，甜点、红酒、各种食品对他们来说都具有超乎寻常的吸引力。

（三）传播媒介

说服的渠道包括面对面沟通、书面标示、媒体广告等。在互联网极度发达的今天，自媒体成为重要的沟通渠道，甚至超越了传统的传播媒介。

消费者在实体店面对销售人员时接收到的就是面对面说服，优秀的销售人员具备良好的沟通素质，能够发现消费者的需求并且尽可能满足。传统媒体的传递信息功能仍然发挥着巨大的作用，广告、宣传、路演等方式让消费者迅速熟悉产品、品牌和企业的特征。

网络自媒体的作用在近几年很迅猛地显现出来，由于受众面广，信息呈现出病毒式传播的态势。营销者或者自己注册公众号，发布信息；或者说服有影响力的意见领袖（网络大V）来转发信息。这种信息传播方式效果是明显的，一些冷门产品通过这种方式得到众多消费者的关注，例如，科普类的公众号（果壳网、博物杂志等），在传播知识的同时发布相关的科普周边产品，不仅带动越来越多的消费者关注自然、保护动植物，同时还能获得运营费用，形成多赢局面。

（四）说服的路线——详尽可能性模型（elaboration likelihood model）

说服的路线主要包括两条：中心路线（central route）和外围路线（peripheral route），两条路线构成了详尽可能性模型（见图 7-3）。

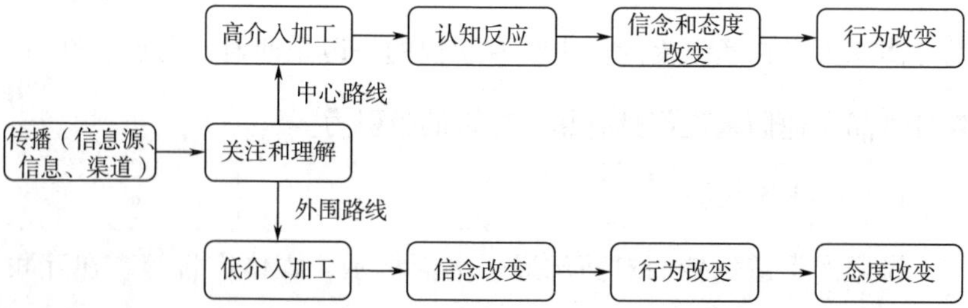

图 7-3 详尽可能性模型

资料来源：所罗门，卢泰宏，杨晓燕．消费者行为学［M］. 12 版．杨晓燕，郝佳，胡晓红，等译．北京：中国人民大学出版社，2018：217.

消费者的介入程度决定了他们会选择中心路线还是外围路线。当消费者处于高介入加工状态之下，对品牌以及产品信息高度关注，他们会积极思考广告的观点，并且对这些观点产生认知反应，形成中心路线。外围路线则是消费者没有进行深入思考时采取的路线，他们会使用广告中的外围因素，如包装、音乐、代言人等来决定是否采纳信息。营销者针对不同的产品会选择不同的说服路线，饮料的广告通常用欢快的音乐、充满活力的青年和快乐的动物搭配饮料实物，而计算机生产商则更多使用产品配置、性价比等具体信息取代代言人广告的说服路线。

理论前沿

音频挖掘——声调在说服中的作用

说服成功通常与难以衡量的特征有关，如说服者的说话方式。为了研究声调如何影响网络诉求中的说服，研究人员使用新的音频挖掘技术测量说服者的声调。将声调维度与现实世界的资助结果联系起来，可以深入了解声调对接受者行动的影响。

成功地说服尝试和专注、低压力及稳定的情绪这三种声调有关（Wang et al.，2021）。这三个与刻板印象内容模型一致的声调维度很重要，因为它们允许接受者对说服者的能力进行推断。该研究通过大规模的实证分析证明了能力知觉中介了三种声调对说服尝试成功的影响。

>>> 本章小结 >>>

本章主要探讨了下面几个问题。

1. 态度的功能理论

心理学家丹尼尔·卡茨提出，态度之所以存在，是因为它对人们具有某种功能，也就是态度的功能理论。功能理论认为人们的动机决定了态度，不同的人对于同一态度对象形成的态度有可能存在明显差异。态度的功能分为四种：效用功能、价值表现功能、自我防御功能和认识功能。

2. 态度的 ABC 模型

态度包含着三种成分：认知、情感和行为。认知是个体对于态度对象的信念和知识。情感是个体对于态度对象的感受和情绪。行为是个体与态度对象之间的互动情况，包括行为意向。态度的这三种成分构成了 ABC 模型，该模型强调了三种成分之间的相互关系。

3. 态度的多元属性模型

产品本身包含着多重品质或者属性，对特定的人来说，某些属性和品质尤为重要。态度的多元属性模型可以用来说明影响人们对态度对象评价的不同因素，从而预测消费者可能出现的行为。多元属性模型认为，消费者对态度对象的评价取决于他对该对象多重属性的评价，基本的多元属性模型包括三个要素：属性、信念、权重。最具影响力的多元属性模型是费舍宾模型。

4. 态度与行为的关系

态度与行为意向之间存在显著的正相关性，但是还有其他因素会左右消费者的选择，使得态度与观测到的行为之间发生背离。

5. 态度的一致性原则

人们遵从一致性原则，重视认知、情感和行为的一致性，并且会为维持这种一致性而努力。如果有必要，他们会改变某个方面从而使它们与以往的经验保持一致。与态度的一致性原则相关的著名理论包括认知失调理论、自我知觉理论、社会判断理论和平衡理论。

6. 态度改变

态度不是一成不变的，在不同的情境和信息引导下，消费者的态度会发生明显的改变。不论是态度形成还是改变，都需要通过沟通来完成。企业通过传播信息，与消费者形成沟通，并最终形成或改变消费者的态度。

案例分析

野性消费——鸿星尔克能否靠公益翻身？

2021 年 7 月 23 日，国产运动品牌鸿星尔克在自身连年亏损的情况下，向河南特大暴雨灾区捐款 5 000 万元，这一事件引发了大众关注。关于鸿星尔克“破产式捐款”的话题霸屏网络，网友纷纷到直播间下单以示支持。当日，鸿星尔克直接打破多项纪录：销量猛翻 52 倍，总销售额超 2 200 万元，许多产品一度脱销；官方直播间在线观看人数超过 600 万，粉丝更是直接暴涨到 800 多万。隔天，许多消费者赶到鸿星尔克实体店打卡支持，甚至出现“男子买 500 付

1 000 拔腿就跑”“连模特身上的衣服也被扒光”等野性消费行为，鸿星尔克董事长吴荣照亲自到直播间呼吁网友们“理性消费”。

鸿星尔克的官方财报数据显示：2020 年鸿星尔克亏损达到 2.2 亿元；2021 年上半年，公司的净亏损也达到 6 000 万元。在这样的发展窘境之下，鸿星尔克选择捐款 5 000 万元驰援河南，自然受到消费者的特别关注。对于公司一系列的捐款举动，董事长吴荣照表示，企业的命运与国家的发展密不可分，只有与国家同甘共苦共进退，才能够取得更好的发展。

捐款热度过后，鸿星尔克开始了品牌重塑工作。除了董事长吴荣照个人闽商形象获得大量粉丝关注之外，企业开始联合代言人发布新品。11 月 1 日，鸿星尔克联合明星陈小春拍摄国风大片《一人之下》，这次合作也是激起了网友们的情怀。网友们纷纷留言表示：“太有情怀了，鸿星尔克还在，陈小春也还在，相隔这么多年的岁月，我们又相遇了，真好；老朋友，又在彼此顶峰相见；两方的热度刚好匹配，这个绝。”鸿星尔克能否东山再起，我们拭目以待！

讨论：

1. 利用态度理论分析如何理解消费者对鸿星尔克产品的野性消费行为。

2. 鸿星尔克的公益捐款能否改变消费者的态度？是如何改变的？

群体中的消费者

处于群体中的消费者与单独的个体相比会有不同的表现，群体压力、从众心理、意见领袖、所处的社会阶层、亚文化和文化环境等都会影响群体中的消费者行为表现。

第八章　群体影响与意见领袖

学习目标

- 群体的分类标准
- 群体极化
- 从众
- 影响从众的原因
- 参照群体的类型
- 参照群体的影响力
- 意见领袖

引　例

绿水青山就是金山银山！好山好水有动物的地方构成了人类的和谐家园。近十几年来，我国政府在全国各地进行保护环境工作，坚持可持续发展战略，已经取得了巨大成绩。在这一顶层设计中，支付宝的云保护区作为一种新型模式将普通人与绿色生态保护联系在一起。

支付宝的蚂蚁森林已经形成了多模块云上生态保护区，包括植物和濒危动物的保护和救治，蚂蚁森林让消费与公益有机结合在一起。在云保护区中，消费者用各种线上消费或绿色消费积攒的绿色能量换取植树造林、保护濒危动物等实际的成果。这些积极成果又刺激消费者积极形成小型社区，与好友进行互动，并为他们的树苗浇水、采摘绿色能量等，完成新一轮的云生态保护。

第一节　群体影响

群体在社会生活中无处不在，群体影响力也显而易见，人们处在不同的群体之中，在不同情境下表现出不同的行为。

一、群体与社会助长

（一）群体与群体类型

社会心理学家对群体（group）的概念表述为“两个或更多互动并相互影响的人”（Shaw，1981），这个概念意味着群体成员间必须存在互动，如蚂蚁森林中好友之间的互助采摘能量。但是实际上，有时候人们不需要构成互动也能形成群体。2022 年北京冬季奥运会时大多数观众在云端观看比赛，体育爱好者可能互不相识，但他们会为了同一个喜欢的运动员摇旗呐喊，发送弹幕，此时，他们形成了“我们”的概念，而为其他运动员加油的人则变成了“对手”。在这个意义上，群体成员之间的关系是一个整体，同一个群体的人是自己人（Turner，1987）。

群体可以按不同的变量进行划分，营销者发现四种群体的分类标准比较有效：

（1）成员资格：指是否归属于某个群体，如学生会或非学生会成员。

(2) 社会联系强度：指群体联系的紧密度。首要群体是成员间联系特别密切的群体，如家庭成员；而次要群体则是接触较少、联系不多的群体，如城市居民的邻里关系就是比较松散的次要群体。

(3) 接触类型：指联系是直接的还是间接的。直接联系涉及面对面的接触，而间接联系则不会。网络虚拟社区是非常重要的间接群体，对社区成员来说影响力巨大。

(4) 吸引力：指个人对群体成员资格的渴求程度。想成为健身达人，就需要购买真正的健身达人可能会使用的产品，如专业的速干运动服装、舒适的运动鞋、知名品牌的运动器材，甚至找私人教练等。如果只是锻炼身体，则没必要投入这么多时间和金钱在装备上面。在中国，近几年兴起的马拉松赛事是一个典型例子。崛起的中产阶层开始在运动上投入大量的时间和金钱，到全国各地甚至全世界参与马拉松比赛，并且将比赛结果与朋友共享，群体不断扩大。

除了希望加入的群体（渴望群体）之外，有时候人们会避免加入另外一些群体（回避群体），因为他们对这些群体持否定态度。

（二）社会助长

很多业余跑步者在独自训练时完成半马很困难，但是在参加比赛的时候却能跑出个人最好成绩，这是为什么呢？

心理学家特里普立特（Triplett，1898）发现自行车比赛中存在类似的现象，他认为是竞争对手的存在激发了选手的潜能。后来的实验发现，他人在场能够提高简单动作任务的准确性和速度（F. W. Allport，1920；Dashiell，1930；Travis，1925），这是一种社会助长（social facilitation）现象。但是，还有一些研究发现，在完成某些任务时，他人在场也可能会妨碍当事人的表现（Dashiell，

1930；Pessin，1933）。到 1965 年，扎荣茨（Zajonc）提出，他人在场可以增强个体的优势反应（既包括正确反应也包括错误反应），从而促进简单行为、妨碍复杂行为。这一观点完美解释了上面出现的两种现象，并得到了大量实验的验证。

消费生活中不乏社会助长的案例。近年来直播电商迅速发展，头部主播的直播间在经验丰富的主播的强力气氛渲染下会出现消费者抢单的情况。类似的拼团购物方式也让电商消费者比浏览购物更快做出决策，因为在拼团的过程中随着团购群体人数的迅速增加能够抢到便宜商品的机会在减少。这些电商领域中出现的快速决策现象很明显是社会助长的表现。

（三）消费群体——品牌社区

买车的消费者在提取新车的时候可以选择是否加入车友俱乐部，这种基于某个品牌拥有者之间的有一定结构的社会关系构成了品牌社区（brand community）。品牌社区的成员不一定生活在同一地理区域，但是在该品牌的特定平台上（车友会、论坛、交流群等），他们共同讨论产品特性，期待新产品的面世，并且愿意与同品牌使用者加强联系。

能够形成并维持品牌社区的产品大多数是消费者高介入的产品。大疆无人机的官网上一个重要模块就是大疆社区，在这个社区里，无人机爱好者和大疆的消费者共同学习如何正确使用产品、互相交流作品、定期参加活动，企业为他们提供相关的售前售后服务。在这样一个品牌社区中，消费者们形成了松散但又紧密的消费群体。

二、群体极化和群体决策

（一）群体极化

群体讨论通常可以强化群体成员的普遍倾向（Moscovici et al.，

1969），这种现象被称为群体极化（group polarization）。日常生活中，人们通常会跟与自己观点相似的人交往。随着交往的密切，大家共同认可的观点会被逐渐强化。

互联网上的群体极化现象非常明显，一个很重要的原因是网络的匿名制。互不相识的人在网络虚拟群体中讨论宗教、政治、爱好、音乐、电影等任何主题，他们寻找跟自己观点相似的评论，并且不断扩散。实际上，网络的群体极化现象比现实中更明显。网络暴力就是群体极化到一定程度的结果，一群具有相似价值观的人针对那些持不同观点的人进行反驳、羞辱，甚至“人肉”个人信息并进行传播，对社会造成了巨大的影响。

在消费过程中也会出现群体极化现象。如果一部影视作品在社交媒体上被广泛评论，不论这部作品口碑如何，都有可能发生群体极化现象。在信息传播的过程中，口碑好的作品被不断地传播其优点，吸引越来越多的消费者观看并加入到讨论阵营，从而愈发强化其正面性，近年来很多国产优秀电影如《湄公河行动》《流浪地球》等，完全是靠口碑带来了超出预期的高票房。初始态度为负面的作品则会出现相反的情况。例如，某些涉毒明星参演的作品，会被强化这些负面影响甚至形成消费者的抵制。因此，在文化产品的营销过程中，除了建立官方信息发布平台之外，营销者会寻找具有较强网络影响力的大 V 去传播正面信息，以发起和带动对文化产品的广泛讨论。

（二）群体决策

“三个臭皮匠，顶个诸葛亮”，有些时候群体决策的效果要好于个人决策，特别是在群体成员能够充分交流意见的情况下更是如此。

在家庭购买价值比较高的商品如房子时，夫妻双方的共同决策会更有效。但是，也有一些时候群体决策比不上个人的决策。老年人独自在药房购买药品或保健品时不太容易被广告和人员推销所打动，他们更关心价格。但是当老年人被拉到保健品宣讲会这样的场所时，很多老年人在群体氛围下会非常冲动地购买大量毫无用处且价格偏高的产品，回家之后他们才后悔不已。显然，保健品营销人员就是利用老年人在群体中由于从众的压力（下一节会具体分析）无法做出理性决策的特点来进行销售的。

第二节 从 众

成语“东施效颦”讲了一个盲目跟风模仿的故事，这一现象一直延续到今天。随着中国中产阶层的崛起，消费者开始关注国际奢侈品品牌，在出国度假或旅游的过程中选择购买不同等级的奢侈品。一些跟团出国旅游的消费者会参照同行的其他成员，按照自己的预算，购买带有品牌 logo 的产品，这种跟风购买的行为就是典型的从众（conformity）。

一、从众的经典实验

从众是指由于群体压力而改变个体的行为和信念，与群体规范保持一致。心理学家对从众进行了经典的实验研究，用来说明群体规范的影响和个体的从众现象。

谢里夫（1935、1937）的实验明确了群体规范的影响。他让被试在黑屋子里观察光点的移动距离，实际上，光点根本没有发生移动（似动现象），但是被试在群体中互相影响，最终估计了相近的距离。谢里夫的实验表明，人们对现实的看法未必只是自己的观点。

谢里夫的实验情境是模棱两可的，而阿希（Asch）针对确定情境的实验表明人们依然会受到群体的影响。在阿希的试验中，要求被试在三条线段中选择和标准线段等长的那条。独立测试时标准答案很容易找出，但是当出现干扰答案时，一些人的回答发生了变化，他们怀疑自己的判断，然后按照干扰答案进行回答。阿希实验的结果表明，在群体中，如果有人刻意误导其他人的话，会有一些人跟随误导者而丧失独立判断的精神。网络谣言的传播就是典型的例子，2011 年日本大地震时中国国内迅速传播的食用盐即将匮乏的谣言引发了大量消费者囤盐，超市断货。在这个谣言的传播过程中，不法奸商通过散播谣言来达到囤积居奇的目的，而相当多消费者根本没有思考过信息的真假，被动地跟随谣言抢购了大量食盐，造成了市场的混乱。

二、影响从众的原因

在前面跟团出国游购买奢侈品的例子里，我们发现消费者实际上是因为别人购买了某些产品并传递出他可能很懂行的信息而跟着购买的，在这里，从众表现为人们对信息的采纳。同时，选择特定的品牌购买意味着消费者需要得到别人的赞美，此时，从众又表现为人们对获得赞赏的渴望。

个体在群体中的从众主要受三方面因素影响：规范性影响（normative influence）、信息影响（informational influence）和价值表达影响（value-express influence）。

（1）规范性影响表明个体要获得群体的赞许和接纳，因此他们在行为上会表现出与群体规范的一致，偏离了群体规范，个体就需要承受情感上的痛苦。在亚洲，大龄未婚女性会受到质疑，承担来自家庭、工作场所以及社会的巨大群体压力。一些无法保持独立的女性不得不迫于压力迅速结婚，然而这会造成婚姻的隐患。“闪婚闪离”在近些年非常普遍，与女性在婚姻问题上的从众是有一定关系的。当然，男性同样存在婚姻上的群体压力，但在压力程度上来看要远远小于女性，至少在年龄上不会存在被标上标签的尴尬局面。

（2）信息影响体现在消费者在接收信息时考虑的群体成员的专业性和权威性上。中华口腔医学会为一些产品或品牌（如牙膏）提供的产品专业认证为消费者提供了权威保障，人们在选择牙膏的时候会优先考虑这几个品牌。在这里，中华口腔医学会的专家身份向消费者传递了专业和权威的信息。

（3）价值表达影响则反映了个体内化的群体规范和群体价值观，在内化的情况下，个体会依据群体观念和群体规范来行动，群体价值观甚至替代了个体自身的价值观。在放开生育政策的引导下，城镇家庭对乘用车的需求开始走向大型车化。车企在设计产品和营销的过程中引入“家庭之爱、温馨乐园”等理念，与中国传统的家庭价值观相辅相成，因此迅速获得了消费者的认可。

在以上三方面因素的影响下，消费者从众的具体诱因包括以下几种：

（1）文化压力。在不同文化背景下，人们的从众行为存在差异。集体主义文化背景下的消费者更容易受到其他人的影响而做出反应，由日本大地震后中国消费者抢盐的例子可见一斑；个人主义文化背景下的消费者相对来说从众行为较少。

（2）对越轨的恐惧。个体有理由相信群体会使用“制裁”手段来惩罚与群体行为不符的行为，如孤立奇装异服者等。

（3）责任与义务。人们对群体贡献越多，越重视群体成员的身份，因此越能够遵循群体规范。

（4）群体规模和凝聚力。群体形成一定规模之后，从众行为就会随之增加。而群体的凝聚力越强，对成员的影响力也越大。

（5）情境。公众场所人们的从众行为会大大超出私密场合，因此，如果想获得消费者真实的意愿，营销者需要为他们营造私密情境，如手机填写调查问卷、一对一访谈等。

第三节　参照群体和意见领袖

孩子要不要出国读书？在什么时候出国？虽然不同家庭将孩子送出国的原因是不同的，但是这些家庭在准备过程中相互影响着。他们让孩子一起参加留学辅导，家长们相互沟通留学进程……人们的决策经常受到其他人的影响，这些人构成了参照群体。

一、参照群体

（一）参照群体的类型

参照群体（reference group）是与个人的评价、追求或行为有重大相关性的真实的或虚构的个人或群体。考研过程中的学生们互为参照群体，是真实存在的群体，但是有时候人们也会将一些虚构的人物作为他们的参照群体。中国传统神话故事中的哪吒、孙悟空等形象家喻户晓，儿童乃至一些成年人会以这些虚构人物的英雄行为作为标准而在真实世界中表现自我，例如，2019年的动画片《哪吒之魔童降世》中的一句台词“我命由我不由天”就在当代年轻人中得到了共鸣。

在不同的情况下，人们会使用不同的参照群体。当完成智力工作时，大多数人可以作为参照群体的成员。但是，当完成判断性工作时，通常只有同辈群体、家庭和趣味相投者会成为参照群体影响人们的决策。

参照群体有以下几种类型：

（1）正式群体和非正式群体。在参照群体中，小型的非正式群体对于个人生活的影响可能远超过正式群体。例如，大学中各类社团组织对学生个体的影响力可能会超过官方组织。

（2）成员型群体和渴望型群体。与消费者比较相似或者相互认识的人构成了成员型群体。营销者利用普通人的形象来促销产品实际上利用的就是成员型参照群体的信息性影响，例如，服装产业经常选择素人模特来引导消费者。而消费者钦佩的人则构成了渴望型群体，明星的代言或参与公益活动就是利用了偶像力量来引导消费者。

（3）积极群体和回避群体。参照群体可能对消费行为产生积极影响，也可能产生消极影响。大多数情况下，消费者会跟其参照群体保持一致，此类群体就属于积极群体，他们的影响作用也是正面的。但有时候也会出现消费者希望保持距离的群体，因为他们不想被认为跟那些人是一类人——也就是回避群体，例如，KTV 中会使用“拒绝黄赌毒”的歌曲和视频来引导消费者远离这些群体。

（二）参照群体的影响力

一般情况下，当消费者面临对必需品做出选择时，他们的个体决策不太容易受其他人的影响。但是，当他们所做的决策需要考虑复杂因素，并且具有比较高的风险时，亲友或者专家的意见就十分重要。例如，在购买日常用品时，消费者会迅速决定品牌和产品，但是在留学与否和专业、学校选择方面，学生则会综合各方意见慎重做出决策。

除此以外，对于奢侈品和社会显著性商品来说，消费者也会听取他人的意见，因为这些商品相对必需品来说价值更高，而且更受他人关注，因此，对此类商品有一定研究或比较熟悉的人能够提供更加有用的信息，从而让消费者在购买时能够少走弯路。

为什么参照群体有如此大的说服力？人们为什么会在做决策之前考虑别人的意见呢？原因在于参照群体具有影响他人行为的能力。

参照群体的社会影响力包括以下几种力量：

（1）偶像力量（referent power）：消费者希望成为他们的渴望群体中的一员，因此会通过观察学习遵从这些参照对象的行为，明星代言是营销策略中有效的一种，正是因为明星本身具有的偶像参照力量。

（2）信息力量（information power）：当拥有别人想要知道的信息时，人们就拥有了信息力量。时尚杂志的编辑能够通过发布时尚信息引导消费者的审美，这就是信息的力量。消费者从媒体上获知未来一段时间的时尚风向，并在现实生活中去寻找相关产品，目的是为了能够跟得上潮流。

（3）合法力量（legitimate power）：某些权力是被以社会协议的形式赋予的，如警察、医生等。人们面对穿制服的人会更相信他们的权威性，因此，在奶粉广告中能够看见拥有营养师和妈妈双重身份的人宣称她推荐的奶粉更适合宝宝成长，因为她的营养师身份是具有权威性和合法性的。

（4）专家力量（expert power）：在某一领域具有特定知识的人会具备专家力量，如动植物学者、水族爱好者等。在社交媒体上有一些科普类的公众号，运营者本身具备该领域的特定知识，对于普通人来说，他们的意见更有意义。

（5）奖赏力量（reward power）：当某些人或群体能够提供正强化的案例，他们本身就具有奖赏力量。

（6）强制力量（coercive power）：强制力量是通过社会威胁或者恐吓来施加影响的，这种力量在营销中使用比较少见。

二、意见领袖

一些人天生就比别人更有影响力！那些经常影响别人的态度和行为的人被称为意见领袖（opinion leaders），他们拥有丰富的知识，他们的意见被群体中的其他人重视，影响力巨大。

意见领袖具有上面提到的参照群体的各种影响力量，他们可能是专家，可能拥有大量知识，可能具有合法力量，也可能与普通消费者非常相似，对于新产品，他们是最先购买和使用的消费者，为其他后来的消费者提供信息，让他们避开风险。

正因为意见领袖有上述特点，因此以下几种人可以作为意见领袖出现：

（1）创新的传播者（innovators）：早期购买者。

（2）市场专家：（market maven）：积极传播市场信息的人。

（3）替身消费者（surrogate consumer）：营销中介，买手等。

网络的发展让网络意见领袖的作用越来越重要，他们的影响力可以跨越时间和空间的限制，让信息呈病毒式传播。在中国，网络意见领袖被称为网络大 V（在网络上对有影响力的人的认证）。他们在经济、社会、人文等各个领域发挥着影响作用，因此，传统营销转向社交媒体营销，网络大 V 在传播产品信息方面的作用已经越来越凸显出来（社交媒体详见第十四章）。

理论前沿

共同消费体验

消费者经常与他人一起参与活动，例如，与朋友一起参观美术馆或与家人一起去看体育比赛，他们认为与他人分享经验会使这些活动更愉快。然而，主导一个共同活动体验（在活动过程中决定进度、顺序以及与他人的互动），可能会使消费者的注意力从活动中转移，从而降低他们的享受。相关学者在一系列消费者参与真实消费体验的研究中发现，相对于个人活动，缺乏对同伴兴趣的清晰了解会分散消费者的注意力，使他们难以专注于共同活动，并减少他们对共同体验的享受。值得注意的是，简单的干预可以提高同伴兴趣的清晰性和消费者对共同活动的享受，这为希望留住客户并从正面口碑中获益的服务提供商提供了工具。

>>> 本章小结 >>>

本章主要探讨了下面几个问题。

1. 群体的分类标准

群体可以按不同的变量进行划分，营销者发现四种划分标准比较有效：成员资格、社会联系强度、接触类型和吸引力。

2. 群体极化

群体讨论通常可以强化群体成员的普遍倾向，这种现象被称为群体极化。日常生活中，人们通常会跟与自己观点相似的人交往。随着交往的密切，大家共同认可的观点会被逐渐强化。

3. 影响从众的原因

从众是指由于群体压力而改变个体的行为和信念，与群体规范保持一致。个体在群体中的从众行为主要受三方面因素影响：规范性影响、信息影响和价值表达影响。在这三方面因素影响下，消费者从众的具体诱因包括以下几种：文化压力、对越轨的恐惧、责任与义务、群体规模和凝聚力、情境。

4. 参照群体的类型

参照群体是与个人的评价、追求或行为有重大相关性的真实的或虚构的个人或群体。参照群体有以下几种类型：正式群体和非正式群体、成员型群体和渴望型群体、积极群体和回避群体。

5. 参照群体的影响力

参照群体的社会影响力包括以下几种力量：偶像力量、信息力量、合法力量、专家力量、奖赏力量和强制力量。

6. 意见领袖

那些经常影响别人的态度和行为的人被称为意见领袖，他们拥有丰富的知识，他们的意见被群体中的其他人重视，影响力巨大。可以作为意见领袖的人包括创新的传播者、市场专家和替身消费者。

案例分析

小米的品牌社区

2022 年一季度，小米手机在全球的出货量达到 4 240 万台，市场占有率达到 13.8%，稳居全球智能手机前五的行列。除此以外，小米积极扩展生态圈，从手机延续到了智能家居领域。

小米手机的成功主要体现在它的营销模式上，口碑、互动营销和社会化营销是小米快速赶超其他手机品牌的法宝。小米的联合创始人黎万强提到，小米的社会化营销是通过四个通道完成的：论坛、微博、微信和 QQ 空间。在建立口碑的过程中，通过建立论坛吸引小米的核心用户——极客。在沉淀了几十万核心用户之后，才开始通过微博、QQ 空间等扩散口碑。在口碑传播的过程中，小米构建了立体的品牌社区，通过不同层级的社区活动不断扩充粉丝群体，加速小米产品的推广。

小米早期的品牌社区主要包括三个部分：爆米花、同城会和 MIUI 社区论坛。爆米花是小米的官方活动，是官方组织的米粉交流会，规模大概 300~1 000 人，每月 2 场，全年 24 场活动。同城会是网友的自发活动，类似于车友会，规模在 50 人左右。在全国各大城市，小米的同城会有 300~400 个，每周平均 15 场活动。而 MIUI 社区论坛的活动则规模不等，以小范围座谈研讨的形式进行，是小米官方举办热衷于技术研究的极客聚会。

随着小米品牌的不断扩展，小米社区的活动也逐渐多元化。直播、米粉节等活动将小米手机与智能家居产品通过小米社区迅速送达米粉处，米粉通过不同方式的交流和碰撞，彼此之间相互认同和融合，最终形成独特的“小米文化”。好产品是小米口碑传播的发动机，和用户一起玩的线上线下活动是小米口碑传播的关系链，而社交媒体是小米口碑传播的加速器。通过口碑营销和小米独特的营销方式，小米的粉丝圈和社交群不断地拓展状大。

2021 年，小米官方发布数据称参加米粉节的总人数达到了 1.28 亿，同时米粉节平台直播期间总围观人数超过了 3 777 万人，直播间的销售额更是突破了 3.6 亿元。米粉节期间，小米全渠道的总支付金额已达 46.1 亿元，相比 2020 年增长了 59%。同年，小米智能家居产品的销量超过了 116 万台。

讨论：

1. 小米品牌社区的特点是什么？

2. 小米是如何维护和利用它的品牌社区进行营销的？这对其他企业有何借鉴意义？

第九章　社会阶层

学习目标

- 社会阶层
- 如何衡量社会阶层
- 社会阶层结构
- 社会阶层对购买决策的影响

引　例

2016年，郝景芳的短篇小说《北京折叠》获得最佳中短篇雨果奖。在《北京折叠》中，城市被折叠成三层空间，第一空间只有500万人，他们享用24小时的时间，而第二、第三空间分别为2 500万和5 000万人，分别按2∶1的比例共享另外的24小时，三个空间的人各自生存，不经允许不能擅自跨越空间边界。小说的故事主线一句话就可以概括，生活在第三空间的老刀为了获得额外的收入，跨越层层障碍和风险替第二空间的秦天去向第一空间的女主角送情书。这个设定看起来是荒诞的，而且这本小说本身就是科幻小说，但是看过小说的人不禁思考，现实中这种设定是否存在呢？

第一节　社会阶层概述

一、社会阶层变化

《北京折叠》在一定程度上折射了社会分层（social stratification）——人为的社会分类过程。同自然界中很多动物组织类似，人类社会也存在等级秩序。社会阶层（social class）被用来描述人的整体社会地位。人们所处的等级或者社会地位是他们拥有的被其他社会成员所希望拥有和看中的特征的总和，受教育程度、职业、财产、收入水平等都会影响他们的社会地位评价。

社会地位的取得可能是承继的，也可能是后天努力获得的。在《北京折叠》中，主人公老刀出生在第三空间，活了50年从未离开过这个空间。他从事垃圾处理的工作，收入是第二空间金融咨询公司实习生秦天的十分之一。同样出身第三空间的老葛通过自己的努力成为第一空间某支持部门的主任，负责后勤保障等工作。老刀和老葛从社会地位上来看分别代表了先赋地位（ascribed status）和成就地位（achieved status），无论是先天获得的资源还是后天努力获得的奖赏，社会资源在不同群体中的分配不是平均的，引例提到的世界对三个空间时间分配的设定就明显地表示出了社会阶层的不平等。

社会阶层能够发生变化吗？答案是肯定的，老葛就是个典型的例子。在现实生活中，每个社会都存在不同程度的阶层流动——社会流动（social mobility），即个体从一个阶层到另一个阶层的变化过程。

社会流动可能是水平的，也就是在同阶层内变动位置，也可能是向上流动或者向下流动的。“人往高处走”是一句人生格言，也是社会现实。上层社会的人数较少，生育率低于中下层，逻辑上看向上流动是合理的。但是，金字塔尖是众多人竞争的位置，因此，越往上竞争越激烈，需要的资源和付出的努力也越多，因此爬升也就越困难。向下流动却很常见，美国社会在 2008 年金融危机之后，一批原来生活不错的中产阶层入不敷出，面临失业，最终变成走上街头的“99%”（见图 9–1）。新冠肺炎疫情发生之后，美国的贫富差距进一步加大，中产阶层继续分化。

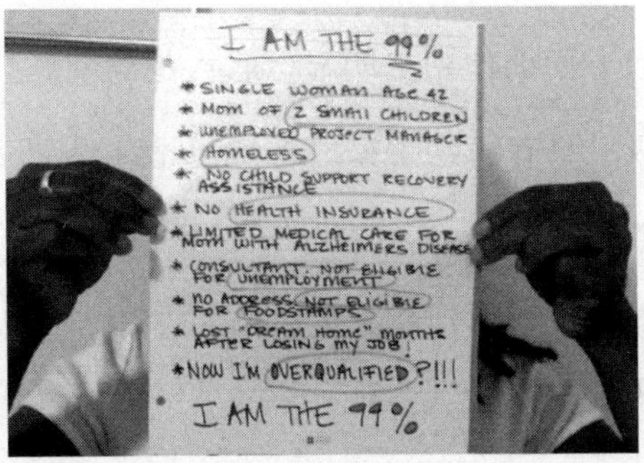

图 9–1　美国失业人员

需要注意的是，社会阶层具有流动性才能保持整个社会的活力。在中国，由于经济活力和政治稳定，社会流动性保持在良性状态。年轻人依然存在明显的上升空间和通道，他们能够迅速地创新，让社会不断进步。如果整个社会的流动性发生了问题，就会导致严重的问题：消费停滞，人才匮乏，经济下滑，活力不再。

二、社会阶层的衡量

衡量人们处在哪一个社会阶层最主要的指标是职业声望、收入和受教育程度。

（1）职业声望（occupational prestige）在不同国家的差别不大，

在相当长的时间内是稳定的。《北京折叠》中，老刀的职业是垃圾处理工，在几乎所有国家，垃圾处理工都处在社会的底层。另一些人，如大学教授、职业经理人等，在社会生活中处于比较高的位置，受到其他人的尊敬。职业与人们的生活方式、价值观等有密切关系，在测量社会阶层的时候是一个重要的变量。营销人员对于职业声望的应用体现在他们的专家影响力上，在上一章我们曾经指出，营养师、医生的身份让奶粉广告更有吸引力和可信度。

（2）收入是另一个衡量人们社会阶层的变量，它在反映人群购买力和市场潜力方面的作用更明显。收入的绝对数值并不一定决定社会地位的等级，只有满足了家庭标准舒适生活之后剩余的可支配的钱（可支配收入，discretionary income）才会对社会阶层形成一定的影响，这种影响主要体现在人们拥有多少财富、财富从哪里来以及如何花钱上。

（3）受教育程度是另一个衡量社会阶层的影响因素。2022 年，中国有 1 015 万毕业生，升学人数绝对数量的上升让就业竞争更加激烈，此时，在哪所大学受教育会变得更重要。这种现象并不是中国独有的，美国的常春藤学校，英国的名校牛津、剑桥，始终是全世界优秀学子向往的学府。好的学校拥有的社会影响力远远超过一般学校，因此，在这些学校受过教育的人在进入职场的时候会拥有更多的机会。

除此以外，还有一些因素会对人们所处的社会阶层发生作用，如品位、格调、价值观和行为方式。在《格调》一书中，作者保罗·福塞尔在开篇就提到不同等级的人衡量等级的标准存在差异。“底层的人乐意相信财富的作用；中层的人们承认金钱的相关性，但受教育程度和职业同样重要；而接近上层的人们认为品位、价值观、生活格调和行为方式更加重要。”在中国，人们追求的人生境界为“富贵雅达”：“富”代表着经济资源，“贵”代表着社会中的位置，“雅”代表着人的品位，“达”代表着自我实现。用这几个字可以将消费者区分开来，只拥有经济资源的人通常被称为“土豪”“暴发户”，他们的消费以名牌为主，用品牌来彰显自身的价值，弥补其他方面的不足。有一定社会影响力，在社会中的权力位置比较高的人通常比前者低调，他们的消费会转向低调但仍然带有品牌价值的产品。具有较高品位的人则更在意所消费产品的意义，或追求环保，或崇尚自然，他们偏爱具有一定意义的产品，不一定是知名品牌，但要有文化含量或者能够显示出文化底蕴。而成就非凡，关注社会公益、扶助弱小的“达人”则更多地消费绿色环保产品，对品牌的认识也超越其他几类人。“富贵雅达”不是割裂的，它们可以同时存在，同时达到四个境界的人显然处于社会的高端阶层。

三、社会阶层结构

同一社会阶层的人具有比较相似的生活方式和行为模式，因此，了解各个阶层的相对特征对于营销人员来说是有意义的，因为可以参照他们的典型特征来设计营销刺激。

（一）美国的社会阶层结构

划分美国的社会阶层有不同的标准，其中，科尔曼-雷恩沃特社会等级分类法比较符合美国社会阶层的实际情况。该划分体系将美国社会阶层分成了七个层次[①]：

---

① 霍金斯，马瑟思博．消费者行为学［M］．10版．符国群，译．北京：机械工业出版社，2017：82.

<table>
<tr><td>①上上层：继承财富的“资本社会”</td><td rowspan="3">上层</td></tr>
<tr><td>②下上层：职业上取得成功的社会新贵</td></tr>
<tr><td>③上中层：有大学文凭的职业经理人</td></tr>
<tr><td>④中产阶级：收入一般的白领工人及其蓝领朋友</td><td rowspan="2">中层</td></tr>
<tr><td>⑤工人阶级：收入一般的蓝领工人</td></tr>
<tr><td>⑥上下层：有工作但不接受社会救济</td><td rowspan="2">下层</td></tr>
<tr><td>⑦下下层：靠社会救济生活</td></tr>
</table>

福塞尔对美国社会的结构划分引入了品位、价值观、行为方式等因素，据此他将美国社会分成了九个层次①：

<table>
<tr><td>①看不见的顶层：继承遗产的“老贵族”，看不见的阶层</td><td rowspan="3">上层</td></tr>
<tr><td>②上层：既富有又看得见的阶层，但是对思想和精神生活毫不关心</td></tr>
<tr><td>③中上层：有钱、有趣味、喜欢游戏人生的阶层</td></tr>
<tr><td>④中产阶级：谨小慎微、了无生气的阶层</td><td rowspan="4">中层</td></tr>
<tr><td>⑤上层贫民：蓝领，凭手艺吃饭的“专业人士”</td></tr>
<tr><td>⑥中层贫民：在工作中失去自由的阶层，经常受老板斥责而对生活心存怨恨</td></tr>
<tr><td>⑦下层贫民：没有明天的阶层、非法移民大军，过一天算一天</td></tr>
<tr><td>⑧赤贫阶层：无家可归、流落街头的阶层</td><td rowspan="2">下层</td></tr>
<tr><td>⑨看不见的底层：在慈善机构和管教所度过一生的阶层</td></tr>
</table>

① 福塞尔．格调：社会等级与生活品味［M］．梁丽真，乐涛，石涛，译．北京：北京联合出版有限责任公司，2017：21.

不论是科尔曼-雷恩沃特的七分法还是福塞尔的九分法，美国社会都比较清晰地呈现出上、中、下三个层次。从消费的角度来看，处于不同阶层的人们所购买的产品和服务差异很大。最上层人群生活舒适，房屋位置会选择在特定区域，如纽约的曼哈顿上东或是长岛，选择有机食品，关注健康；中产阶级希望能够更进一步，他们努力学习，考取各种证书，跑步健身，维持身材；下层人群则得过且过，吃垃圾食品，肥胖人数远超上两个阶层。

（二）中国的社会阶层结构

中国的社会阶层划分没有详细的标准，民间有各种各样的阶层代名词用来指代特定人群，如“富二代”、新中产阶层、工薪阶层、白领等。《全球财富报告》显示，中国中产阶层的人数为1.09亿，位居全球第一。虽然中国中产阶层所掌握的财富总量已超过美国和日本，但富裕程度和人口占比均低于发达国家，在财富分配结构上依然呈“金字塔”形。

福布斯2010年对中国中产阶层的定义为人均年收入1万~6万美元，而且能否拿出收入的三分之一作为自由支配收入进行消费。中国国家统计局认为年收入在5万元到42万元之间，就属于中产阶级。由于可支配收入呈现出地域差异，因此，在不同级别的城市，中产阶层的定位也有一定差别。在三四线城市，家庭年收入在20万人民币的话可以过非常舒适的生活，但是在一线城市却比较难达到这一水平。

中国的中产阶层与其他国家相比，在消费领域存在自身特点：偏好品牌产品及其原产地、喜欢旅游并发布在朋友圈（例如，去非洲看动物迁徙、去西藏洗涤心灵……）、去奥特莱斯购买打折奢侈品、热爱健身（健步走、瑜伽或马拉松）、爱好文艺（去剧场看话剧）、认为红酒比白酒更有品位、积极投身绿色公益等。亚洲人对社会地位高度敏感，因此需要用上面这些消费来塑造自身的形象，这与美国消费者存在明显的文化差异。

（三）亚洲其他国家的社会阶层结构

日本和印度的社会阶层结构与中国存在明显不同，与美国也有很大差异。

日本是等级观念比较强的国家，行为模式遵从长幼尊卑。社会阶层结构呈橄榄形，中间阶层的人数非常多，占总人口的近60%。日本消费者在经济繁荣时期也比较偏爱奢侈品，这与中国比较相似。但长期的经济衰退让日本消费者担忧未来，因此，他们更多地转向设计师品牌。虽然设计师品牌在福塞尔的书中被作为讽刺中产阶层的典型例子，但是设计师品牌确实因为具有个人独特的文化特征而符合广大日本中产阶层的需求。

印度是亚洲的另一个大国，经济发展也非常快，国际高端奢侈品牌在印度非常受欢迎。但是印度本身的等级制度森严，种姓制度把各层级区隔开来，能够接触到高端奢侈品牌的人在印度社会中处于高种姓地位，人生逆转的剧情也许只发生在《贫民窟的百万富翁》这类电影中。

第二节　社会阶层与消费

你喜欢喝葡萄酒吗？喜欢喝旧世界（欧洲）的酒还是新世界（美国、智利、澳洲）的酒？是波尔多还是勃艮第产区？葡萄品种喜欢赤霞珠还是梅洛？霞多丽还是雷司令？……

进口葡萄酒已经成为中国人消费升级的一个代表，各大电商平台早在几年前就开始了布局进口葡萄酒，海外直采和酒类自营方式成为各零售渠道进口葡萄酒品质的保证。近年来，中国消费者对葡萄酒的消费增长每年都能够达到20%以上，葡萄酒成为“80后”“90后”消费者的新宠。无论是佐餐、放松、时尚派对还是商务场合，各种社交活动都会饮用葡萄酒。“东膳西酿”成为一种流行趋势，葡萄酒成为人们精致生活方式的一种体现。

一、社会阶层与生活方式

社会阶层对消费者的购买活动发挥着重要的作用。在福塞尔的《格调》一书中，一个例子鲜明地反映了不同社会阶层家庭的生活差异，尽管两个家庭的收入相差无几。两个在美国郊区毗邻而居的家庭，其中一家丈夫是汽车修理厂的机修工，是典型的蓝领，被称为“蓝先生”；另外一家的丈夫是出版社雇员，是一位白领，被称为“白先生”。两家的生活状态是这样的：

蓝先生购置了一座干净漂亮的“牧场小屋”，白先生买下一座破烂的旧屋，并自己动手重新装修了一番。蓝夫人在当地商店尤其是住家附近的购物中心采购，并觉得它们棒极了，“多么方便啊”。而白夫人去城里的店铺买她的衣物。蓝先生饮酒，但宁愿偷偷摸摸，并通常是星期六晚上，窗帘紧闭。白先生一家也饮酒，很开放，常常在自家的后院里喝。蓝先生夫妇常冲着对方大喊大叫，声音穿过他们的每一个房间，或传遍他们那块地皮的每一个角落，但他们并不觉得有什么不妥。白先生一家总是控制着自己的音量，有时声音小到互相听不清楚……蓝先生家中见不到哪怕一本书，而白先生家的起居室里有无数堆放得满满的书架①。

在蓝先生和白先生的例子中，家庭生活方式与二人的职业、受教育程度以及品位关系更明显，而与收入的关系不大。两个家庭的生活没有相似之处，很明显，两个家庭花钱和度过闲暇时间的方式差别很大——他们的生活方式存在巨大差异。

回到葡萄酒的消费上，随着中国新一轮的消费升级，中国中产阶层消费者对进口葡萄酒的需求迅速增加。越来越多的消费者不再满足于简单的吃喝玩乐，而是想要自己的饮食在健康、美味、品质优良的同时又有品位。这些消费者对葡萄酒的知识日渐丰富，关注产区、等级、葡萄的品种、灌装时间以及保质期等（见图 9-2）；他们讲究吃西餐的时候“红酒配红肉，白酒配白肉”，但是在吃中餐的时候也很乐意享用，“东膳西酿”变成潮流；他们在庆祝的时候开香槟，在结婚典礼上搭配西式蛋糕……红酒文化渗入到部分中产阶层家庭，成为他们的生活方式。

图 9-2　葡萄酒塞子及醒酒器

① 福塞尔．格调：社会等级与生活品味［M］．梁丽真，乐涛，石涛，译．北京：北京联合出版有限责任公司，2017：22.

从中美两国例子我们可以看出，社会阶层对人们生活方式的影响应受到营销人员的重视。因为社会阶层的划分依赖于人口统计变量，收入、职业、受教育程度等因素长时间影响着人们的社会地位。对于群体来说，在同一社会或经济环境下的人会遵循类似的消费模式，营销人员可以根据相关的人口统计变量来衡量如何准确定位目标消费者，并采取相应的营销活动。例如在北京，代理优质葡萄酒的企业更愿意进入山姆会员店，因为那里聚集着北京大量中产以上家庭的日常消费。

二、社会阶层对购买决策的影响

不同社会阶层的消费者对于营销信息的解码形式是不一样的。对于处在相对底层的消费者来说，简单、明了的营销信息更有作用，人们看到打折、返利的促销信息以及产品能够带来的直接利益会怦然心动并付诸行动。洗衣液的广告很明显针对的是工薪阶层的女性消费者，她们想要的洗衣液是能够迅速洗掉顽固污渍，解决问题并且物美价廉的产品，因此，营销人员将这些画面直接展示在电视屏幕上，让家庭主妇的形象贯穿始终。

对于另外一些阶层相对比较高的消费者来说，品位可能是他们追求的重点。在奔驰车的广告中，空间、未来、科技用抽象的表达方式阐释，消费者在欣赏广告的同时仿佛在观看一部有内涵的影片。“心所向，持以恒”，中文广告语意境深远，这种表达方式需要一定的知识储备和对未来、对时间、对世界的深度理解，广告结尾的“The best or nothing”展示了奔驰品牌的超凡个性。

上面两种产品利益的表达方式选择了两种不同的编码形式，即有限码（restricted codes）和复杂码（elaborated codes）。有限码注重内容和能够给消费者带来的实惠，复杂码则关注品牌个性及象征意义。两种编码的差异很大，因此针对的人群也有所不同。对于普通大众消费者来说，他们更容易接纳有限码的信息，也更感兴趣，但是，这些消费者的忠诚度不高，在竞争对手采用同样方法进行营销刺激的时候他们很容易转向对方；而对于另一些消费者来说，复杂码带给他们的更多的是思考和判断，一旦认同复杂码传递的信息，这些消费者会形成比较强的品牌忠诚。

理论前沿

社会阶层与绿色消费

社会阶层一直以来是社会学家关注的焦点，社交圈子文化导致的“差序格局”观念使得社会阶层关系更加复杂，且随着社会流动性的增强逐渐演变成以地缘、学缘、业缘为纽带的老乡圈、战友圈、同学圈、同事圈等关系形态，社会阶层的关系圈子也逐渐出现阶层固化的趋向。

此外，社会阶层是心理学研究的一个新的前沿领域，大量研究表明，社会阶层对人们的心理和行为产生影响。基于社会认知视角的社会阶层理论认为：低社会阶层者拥有较少的社会资源并感知到较低的社会地位，长时间形成一种情境主义（contextualism）；而高社会阶层者拥有较多的社会资源和较高的社会地位，长期以来形成唯我主义（solipsism）。

相关学者对社会阶层与绿色消费之间关系的研究以最优特性理论为基础，发现社会阶层对绿色消费的影响呈曲线形：与上层和下层相比，中产阶级更倾向于绿色消费。中产阶级有同化和分化的双重动机，同时，绿色消费具有同化和分化的双重功能。中产阶级认为绿色消费是一种同化与差异化并存的过程，这满足了他们的双重动机并增强了他们的绿色消费倾向。

>>> 本章小结 >>>

本章主要探讨了下面几个问题。

1. 社会阶层变化

社会阶层被用来描述人的整体社会地位。社会地位的取得可能是承继的，也可能是后天努力获得的。在现实生活中，每个社会都存在不同程度的阶层流动——社会流动，即个体从一个阶层到另一个阶层的变化过程。社会流动可能是水平的，也就是在同阶层内变动位置，也可能是向上流动或者向下流动。

2. 如何衡量社会阶层

衡量人们处在哪一个社会阶层最主要的指标是职业声望、收入和受教育程度。职业声望在不同国家的差别不大，在相当长的时间内是稳定的。收入在反映人群购买力和市场潜力方面的作用更明显。受教育程度是另一个衡量社会阶层的影响因素，当代社会中在哪所大学受教育变得更重要。

3. 社会阶层结构

对美国的社会阶层划分有不同的标准，其中，科尔曼-雷恩沃特的社会等级分类法将美国社会阶层分成了七个层次。福塞尔引入了品位、价值观、行为方式等因素，据此将美国社会阶层分成了九个层次。

中国的社会阶层划分没有详细的标准，民间有各种各样的阶层代名词用来指代特定人群。日本是等级观念比较强的国家，行为模式遵从长幼尊卑；社会阶层结构呈橄榄形，中间阶层的人数非常多，占总人口的近60%。印度的等级制度森严，通过种姓制度把各层级区隔开来。

4. 社会阶层对购买决策的影响

不同社会阶层的消费者对于营销信息的解码形式是不一样的。对于处在相对底层的消费者来说，简单、明了的营销信息更有作用；对于另外一些阶层相对比较高的消费者来说，品位可能是他们追求的重点。不同阶层产品信息传递的方式不同，有限码注重内容和能够给消费者带来的实惠，复杂码则关注品牌个性及象征意义。

案例分析

东膳西酿——葡萄酒与中国美食

“葡萄美酒夜光杯，欲饮琵琶马上催。醉卧沙场君莫笑，古来征战几人回。”盛唐时期王翰的这首《凉州词》作为千古绝唱载入了中国乃至世界葡萄酒文化史。

葡萄酒在中国有两千多年的文化传承，它起始于汉魏，灿烂于盛唐，鼎盛于元朝，转折于清末，到当今已经发展成为深受普通大众喜爱的酒精饮品。

我国早在汉朝时期就开始种植葡萄并酿造葡萄酒，司马迁在《史记》中首次记载了葡萄酒的信息（《史记·大宛列传》），西域自古以来就是我国葡萄酒的主要产地。栽培葡萄的技术先引入新疆，经甘肃河西走廊至陕西西安，其后传于华北、东北及其他地区。到了唐朝，我国进入葡萄酒酿造史上辉煌的时期，葡萄酒的酿造从宫廷走向民间，在内地也开始有较大的影响力。

元朝是我国古代社会葡萄酒业和葡萄酒文化的鼎盛时期。元朝统治者对葡萄酒非常喜爱，规定祭祀太庙必须用葡萄酒，并且还在山西太原、江苏南京开辟葡萄园，元世祖更是在宫中建造葡萄酒室。清朝康熙皇帝也是一位热衷于饮用葡萄酒的皇帝，他有每天喝一杯葡萄酒的习惯，一直到去世。

我国的葡萄酒生产虽有悠久的历史，也曾有过辉煌的鼎盛时期，但由于朝代更迭，战乱不断，最终并没有形成像法国、意大利、西班牙那样繁荣的葡萄酒产业。

到清末时，由于国力衰败，我国的葡萄酒发展进入了转折点，葡萄酒文化和葡萄酒业也颓废败落。直到 1892 年，爱国华侨实业家张弼士创办了中国第一家葡萄酿酒公司即张裕葡萄酿酒公司，建立了第一个近代新型葡萄酒厂。之后，相继建立了一些葡萄酒厂，虽然规模不大，但我国葡萄酒工业的雏形已经形成。但是，由于一些特殊的原因，国内葡萄酒行业一直处于落后状态，产能、质量、口感均逊色于进口酒。由于存放不易，在很长一段时间里一般家庭很少选择饮用葡萄酒佐餐。中国消费者没有品酒的习惯，葡萄酒一直被当成一种奢侈品来对待。

随着中国经济的飞速发展，消费升级呈现出明显的势头。中国新兴中产阶层开始越来越多地接触葡萄酒，并逐渐将西方葡萄酒文化与东方美食结合在一起。东膳西酿在近年来开始流行。

讨论：

1. 葡萄酒的主要消费人群有哪些特点？处于什么阶层？

2. 对于国产葡萄酒企业来说如何与西方酒企竞争？可采用哪些营销策略？

第十章　亚　文　化

学习目标

- 亚文化及其分类
- 文化适应
- 年龄群体及其划分
- 青少年市场
- 银发市场

引　例

视频网站优酷有一档综艺节目《这就是街舞》，从 2017 年开始到 2022 年已经做了 5 年。这档节目将街舞这种舞蹈形式带到人们的眼前，并且得到广大观众的喜爱。

街舞在 20 世纪 70 年代成为嘻哈文化（Hip-Hop Culture）的一部分，与涂鸦（Graffiti 或 Writing）、打碟（DJ）、说唱（MC）这些同时代产生的黑人地下文化被称为嘻哈四大元素，在几十年间借助大众传媒在全世界迅速传播。街舞中斗舞（battle）是普遍存在的，斗舞的时候不但要技术娴熟，还要在气势上压倒对方，甚至双方剑拔弩张、水火不容。但实际上，街舞的核心精神是 Peace & Love，在尊重对手的基础上全力以赴地展现和平与爱，battle 是这种展现的形式。在中国，喜欢街舞的人群并不占主流，但是这档节目让街舞这种舞蹈形式以及文化开始为大众所关注。

第一节　亚文化概述

不同的群体构成了不同的亚文化（subculture）。在同一亚文化群体中，成员具有与其他成员相区别的共同信仰和经历。唱嘻哈的人群大都喜欢黑人文化的自由、奔放，用快速表达的语言来宣泄自己的情感，他们穿着休闲、戴着棒球帽，在街头可以随着音乐节奏斗舞、对抗。这样的文化与主流文化相差甚远，但它在一定程度上反映了现实中存在的矛盾和问题。

汉服之美——小众爱好撑起百亿产业

在 TikTok、Instagram 等海外社交平台上，汉服的一抹亮色惊艳全球。汉服不仅拉近了中国年轻人与传统文化的距离，通过海外社交媒体、短视频平台的传播，也吸引了大批“歪果仁”的关注。2020 年至 2022 年，全球汉服社区的数量增长了 46%，其中“00 后”“95 后”的年轻人占到了 70%。TikTok“汉服”话题下各种美轮美奂的短视频，生动地展现了当代中国人日常生活中，传统服饰与现代时尚的交汇融合。

近年来，汉服产业不断发展壮大，从小众爱好开始形成百亿规模的产业。2017 至 2021 年，汉服相关企业年注册增速达 16. 7%。某汉服品牌不仅在 2021 年淘宝十大畅销品牌排行榜上名列前茅，还获得了过亿元人民币 A 轮融资。

不同的人，因为生活的地理区域和信仰不同，生活习惯差异巨大，形成了众多的亚文化群体。每个人可能从属于多个亚文化，划分标准可以根据成员的年龄、种族、民族背景、居住区域，甚至可以细化到生活方式或者审美偏好。在亚洲，“宅”构成了一种以生活方式来划分的亚文化。宅男宅女们不愿意与外界沟通，沉迷于个人的兴趣爱好，喜欢生活在让自己觉得安全的地方。不修边幅（因为不用出门），娱乐主要是上网、打游戏、看动漫等，日常生活可以靠外卖、快递来维持。与“宅”文化相对应的消费主要是网络消费，包括动漫及周边产品、游戏电竞产品、音乐视频产品、图书文化产品等。另外，因为“宅一族”与社会沟通不够紧密，他们更喜欢网购这种消费形式。在中国，这些消费者带动了电商、外卖、物流等行业的迅速发展，甚至已经超过宅文化的发源地日本和美国了！

第二节 民族亚文化和区域亚文化

一、民族亚文化

民族亚文化（ethnic subculture）是按照消费者的民族所划分的群体，他们共享民族基因，具有独特性。在单一民族社会，民族文化与主流文化是一致的，如日本、蒙古等国家，居民认为相互间具有统一的文化联系。在多民族社会，如中国、美国，包括外来移民日趋增多的欧洲，多个族群共生，相互融合又相对独立，消费者保持着自身的文化认同，不被主流文化所吞噬。在美国，嘻哈文化是典型的黑人文化的代表，而唐人街春节时的舞龙舞狮表演则延续了华裔的文化传统。

在对民族细分市场进行营销活动时，需要考虑各民族的差异及其独特的消费需求。例如，在美国，亚裔喜欢唱卡拉OK，而其他族裔的美国人则对K歌不感兴趣，因此，如果要投资KTV的话就需要考虑亚裔集中居住的区域，否则恐怕很难维持下去，对于其他族裔来说同样如此。不过，美国的族裔区分非常复杂，一些人同时拥有几个族裔的血统，因此，他们会有多重身份认同。此时，抛开族裔的概念来营销产品也许更有效。

中国也是个多民族国家，各民族的民族特征和消费需求也存在一定的差异。虽然各民族在不断融合，但是基本的民族生活要求依然需要遵守。在进行跨地区跨民族营销时，营销者首要考虑的就是民族文化的特征以及禁忌。同时，在旅游开发比较成熟的民族地区，民族特色以及民俗文化也可以作为产品向参观旅游者展示，例如，印象系列的实景演出——印象丽江、印象刘三姐等，将西南少数民族特色与山水景观结合在一起，形成了独特的民族文化旅游产品。

二、区域亚文化

（一）文化适应

在多民族国家中，各个民族之间在生活区域上会存在流动性，当一个民族、族裔、国家的人进入到另一个文化环境时，适应新环境的过程被称为文化适应（acculturation）。在文化适应的过程中，融入当地文化的人成为主流文化的一分子，而抗拒这个过程的人会远离主流文化。在唐人街的例子中，第一代华人移民多半集中居住在特定区域，生活方式依然延续着原有的模式。而第二代第三代移民则逐渐融入主流社会，他们甚至已经不会用汉语表达，思维方式也与主流群体保持一致。很明显，第一代华人移民的文化适应性比较差，而第二代、第三代华人已经成为主流文化的一员。

Amish 社区——世外桃源还是故步自封

在北美大陆，有一个群体很特殊，他们仿佛从 19 世纪穿越而来，与主流社会格格不入，这个群体被称为 Amish（阿米什人）。Amish 群体主要是德国和瑞士移民的后裔，基督新教教徒，以拒绝汽车、电力等现代设施，过着简朴生活而闻名。他们不从军、不接受社会福利或任何形式的政府帮助，许多人也不买保险。他们的出行主要依靠马车，生活以农耕为主，用手工艺产品与外界进行交换。他们独立于美国主流社会之外，宗教教义对他们的影响很大。

唐人街是部分适应主流文化的产物，而 Amish 社区则是几乎完全与美国主流文化相隔离的区域。在文化适应的过程中，移民们逐渐被同化，接受主流文化认可的产品、习惯和价值观，但同时还要保留对源文化的继承。他们形成特定的消费和居住区域，与来自同样地区的人交往，最终与主流文化相融合。这个文化适应过程不止体现在一个国家的移民群体上，同样体现在国家内部不同区域的人口流动上。中国的大中城市中将人群分成土著、新移民、外来务工者等，这些人同样经历着漫长的文化适应过程。

（二）区域消费差异

地理区域是区分人群生活方式的重要方式，不同区域的消费者具有特定的亚文化特征。在中国，按照地理区划可以将全国划分为华东、华北、华中、华南、西南、西北和东北七个地区，每个地区的消费差异明显。以日常饮食为例，东北地区大部分消费者主食为米麦杂粮，蔬菜种类不多，口味重油偏咸，一般不吃宵夜；而华南地区如广州，各式新鲜蔬菜种类齐全，水产品比较多，并且有吃早茶和宵夜的习惯……

在区域消费差异中，除了饮食习惯不同之外，各个城市也具有独特的文化特征。易中天的《读城记》详细描述了北京、上海、广州、深圳以及武汉、成都和厦门的城市个性。在这些城市个性的背后，反映了每个城市的消费文化：北京大气、醇和；上海雅致、开阔；广州生猛、鲜活；成都悠闲、洒脱；深圳开放、兼容。

《读城记》对北上广的对比非常有趣，对生活在当地的人的描述也比较生动深刻，同样作为移民城市，同样属于中国的一线城市，北京、上海和广州体现出非常明显的区域亚文化特征。

北京城与上海滩，有着不同的文化品格。北京文化是兼容的。官方体制文化、知识分子文化和民间民俗文化处于一种多层共生状态，各拿各的号，各吹各的调。各类圈子，和平共处，相安无事，井水不犯河水，并无统一的社区性。如果说有什么共同之处，那就是北京才有的“大气”：大雅、大俗、大派头……即便不过一碗老豆腐，二两烧刀子，也会慢慢地喝，细细地品，一点一滴都咂了下去。那神情，那气度，那派头，有如面对一桌满汉全席……他们更看重的不是那酒那菜那茶水本身，而是饮酒喝茶时的悠然自得和清淡典雅，是那份心境和情趣。

上海文化则是消融的。各色人等自由发展，公平竞争，但最终却把他们统一于上海的社区性。精英分子同样难免因此而有些“海派作风”，中小市民却也会因此而多少有些体面和雅致……柔柔的外国轻音乐，有一点异国情调，但不先锋；暖暖的几口咖啡香，也有一点异国情调，但不刺激。领台小姐谦恭而不媚俗，男女客人体面而不骄人。点菜的时候，男人稍微派头一下，女人稍微矜持一下，配合得恰到好处，也都不过分。“这就是上海的气息”，而这个气息就叫作“雅致”……结果，上海人无论职业阶层、社会角色如何，都会多少有些“上海味”。因为他们都生活在这个高度社会化和高度一体化的上海滩上。他们的生活方式大体相仿，他们的价值观念和审美取向当然也就难免大体一致……

广州是一个不知疲倦、没有夜晚的城市。一年四季，一天二十四小时，都保持着旺盛的生命活力。无论你在什么时候（白天还是晚上）、从什么方位（空中还是陆地）进入广州，都立即能触摸到它跳动的脉搏，感受到它的勃勃生机。这种“生猛鲜活”是有感染力的……这个城市是二十四小时不睡觉的，既忙于“捏食”和“炒更”，也忙于吃饭和饮茶……不过，广州人忙则忙矣，却仍能忙里偷闲，饮茶茶肆，赏花花城……实际上，即便广州普通民众的生活，也相当随意和注重个性。广州菜肴、点心、粥面品种之多，堪称中国之冠。除岭南物产丰富、粤人注重饮食外，要求“吃出个性来”，也是原因之一……①

虽然随着中国经济的发展，各大城市都有来自不同区域的移民，但是每个城市的历史孕育了它们独特的文化，生活在这些城市的人们在文化适应的过程中逐渐熟悉并且融合到城市文化中，消费行为

① 易中天，读城记［M］. 上海：上海文艺出版社，2006.

也随之发生改变。

第三节 年龄亚文化

一、年龄群体及其划分

消费者的年龄是市场细分的重要变量，年龄认同让消费者归属于不同的世代。同龄人会对类似的产品感兴趣，因此，营销人员可以通过年龄来判断不同代际的消费者偏好，从而采取相应的营销刺激活动。

年龄群体（age cohort）是由具有相似经历的年龄相仿的人构成的群体。他们经历相似，有共同的偶像，价值观相似，怀旧的对象甚至也是一样的，中国“80后”群体对“李雷和韩梅梅”的怀旧情感在“70后”那里是得不到共鸣的。

（一）美国的年龄群体

美国的年龄群体大体可以分为7代：

①战争的一代：20世纪初期出生的人群。

②沉默的一代：两次世界大战之间出生的人群。

③战争婴儿一代：第二次世界大战期间出生的人群。

④婴儿潮一代：1946—1964年出生的人群。

⑤X世代：1965—1985年出生的人群。

⑥Y世代：1986—2002年出生的人群。

⑦Z世代：2003年及以后出生的人群。

前三个年龄群体为老年人群体，即便是第二次世界大战结束时出生的人也已经近80岁了。他们处于老年生命周期阶段，相对于年轻人来说，他们非常保守，注重人身安全和财务状况。身体健康的老人会选择享受生活，出门旅行，购买稳健型的股票。身体出现问题的老人财务能力也受到限制，他们多半选择居住在社区或养老院，他们需要家政服务和医疗保健产品，简单便捷的生活方式是这些老人的首选。

婴儿潮一代的美国人经历了经济繁荣的20世纪五六十年代，但也经历了从繁荣走向低谷的时期，披头士对他们的影响非常大。这一代人更加自我，个人主义，经济上比较乐观，善于质疑，不迷信权威，比其他年龄代更关注当下。这一代人受教育程度比较高，收入相对来说比较好，而且夫妻双方都工作。这一代人早期出生者已经退休，开始享受生活，对度假、高级餐厅等需求增加。不过，经历了2008年金融危机之后，这一代人的生活也受到一定的冲击。

X世代的美国人目前处于中年阶段，这一代人所处的经济环境弱于上一代，他们开始降低预期。因为工资和工作机会有限，这一代人离开父母原生家庭的时间比较晚，很多成年之后也会跟父母同住。这一代人面临世界范围的环境恶化、恐怖主义、地方冲突，他们责怪婴儿潮一代带来的物质主义和自我中心主义，因此比较愤世嫉俗。这一代人受教育水平很高，更有进取心，女性受教育者增多，他们对广告和购物比较熟悉，没有耐心，营销人员并不容易打动他们。但是这一代人的消费能力比较强，对房产、汽车、家庭用具和儿童产品的需求比较高。这一代人晚期出生的相对来说更加独立，他们充满自信、依赖自己、表达方式感性、对周围事物保持好奇心。他们更喜欢定制产品，品牌名称非常重要。

Y世代的美国人已经成年，他们或者已经开始工作，或者已经步入中年。这一代人痴迷互联网，喜欢专门为他们设计的产品，对时髦服装的需求很大。他们有自己的个人主页，生活方式是将自己的照片放在社交媒体上与其他人互动，Facebook、Twitter、Youtube、Instagram 等社交媒体几乎覆盖了他们的全部生活，因此针对这一代人的营销刺激需要通过网络进行。

Z 世代的美国人被称为千禧一代，他们既包括未成年人，也包括一部分刚刚步入成年的群体。他们是企业主要争取的目标市场，营销人员早就开始以这一代人作为目标进行营销，以培养未来的忠诚客户。他们是数字原住民，Tiktok、Youtube 是他们寻找偶像的常用社交媒体，通过这些社交媒体，Z 世代的消费者实现与品牌的双向沟通。

（二）中国的年龄群体

与美国的代际划分比较类似，中国人的年龄群体也被分为几个阶段，但是不同于美国的是，中国人的代际跨度相对来说比较短，大约为 10 年，因此，都是以“××后”来标明他们的出生时间。

①“50 后”：50 年代出生，体验老年生活。

②“60 后”：经历过上山下乡，一部分是知青，已经退休。

③“70 后”“80 后”：中坚力量，生活比较稳定，子女步入青春期。

④“90 后”：一部分刚刚大学毕业步入职场，一部分开始步入中年，处于事业上升期。

⑤“00 后”：大多数处于读书阶段，少部分刚刚步入职场。

⑥“10 后”：儿童和青少年，一部分开始进入青春期。

与美国的老年群体相似，中国的“50 后”消费者已经步入老年生活，他们对于健康的关注度比较高。与美国不同的是，中国的老年人大部分在身体健康的时候会花时间帮助子女照看孩子，这一阶段与子女住在一起的情况比较常见。如果身体状况欠佳，子女会选择雇佣看护或者保姆来照顾老人。中国老人选择养老院养老的比例不高，具体原因在银发市场部分会详细阐述。

“60后”绝大多数也已经步入退休年龄，他们的人生经历比较丰富，经历过贫穷也体验过改革开放带来的无限机会，因此，他们对人生的态度比较豁达。年轻时上山下乡的生活对于他们来说是青春的印记，因此特别怀念，知青风格的农家乐、餐馆就是这一时代烙印的体现。

“70后”和“80后”已经人到中年，处于事业的稳定期，子女处于青春期到刚刚就业阶段，父母处于老年阶段，因此生活压力也比较重。“70后”“80后”的受教育程度整体上要比“60后”学历高，他们在成长期已经开始接触到外面的世界。他们经历了中国改革开放发展最快的时期，开始有表现自我的趋势但不明显。他们对子女的教育特别关注，因为“70后”“80后”的子女大多数是独生子女，所以家庭整体收入可以比较宽裕地用在孩子教育上。

与“70后”相比，“80后”的大学普及率大幅提升，但也因此竞争更激烈。“80后”进入职场后处于世界经济发展逐渐衰退的时期，就业压力逐年增加。他们与世界的接触更加紧密，出国留学的比例远超“70后”。“80后”的自我意识比较强，与美国的Y世代晚期的消费者相比比较类似，品牌意识强，物质主义开始显露出来。

“90后”处于事业上升期。“90后”群体的自我意识更加明显，他们从小生活在四个老人的呵护之下，因此比较娇生惯养。他们早熟，崇尚品牌、时尚，花钱大手大脚。他们沉迷于网络世界，交流喜欢用表情符号，社交媒体是他们交流的场所。游戏、网络剧、脱口秀、cosplay 等是“90 后”热爱的娱乐，网购是他们日常消费的主要方式。他们追星、成立粉丝团体维护偶像人气，直播成为他们吸引其他人的注意的利器，甚至成为一些人谋生的手段。

“00 后”“10 后”与美国的 Z 世代相似，既包括刚进入成年的年轻人，也包括儿童和青少年群体。他们目前大多数人还处于读书阶段，但是他们对于家庭决策的影响力是显而易见的，他们是网络原住民，衣食住行的各种活动几乎完全依赖网络和各种 App。

（三）跨世代营销

虽然不同年龄阶段的消费者经历不同，偏好也存在典型差异，但是，绝对年龄的划分可能过于偏激。一些人的心理年龄与他们的实际年龄会存在差异，认知年龄或心理年龄可能在某些产品营销过程中更有区分价值，如健身产品的营销对象。

还有一些产品是可以在不同代际通用的，“我家的热水器已经用了 50 年”，A. O. 史密斯热水器的广告语提到了时间跨度，广告画面也从黑白延续到彩色，意味着产品使用可以跨越几代人。这实际上是一种跨世代营销——用吸引老一代的策略来吸引新一代消费者，一些国货化妆品的重新兴起也是利用代际传承这种策略来进行营销的。

二、青少年市场与银发市场

（一）青少年市场

青少年市场是一个特别巨大的市场，就全球范围来看，超过 1 000 亿美元的消费来自这个群体。青春期的时间大约从 9 岁一直延续到 18 岁，在此期间，身体心理都发生很大变化，从儿童过渡到成年人。这一时期的青少年开始注重外表，对异性暗自关注，并且迫切希望自己变成大人，他们的需求也随着这些变化而展开。

由于对自我的不确定性，个性和归属需要都变得格外重要。青少年需要用特定产品来表明自己的身份，如运动鞋和棒球帽，他们通过模仿成人但又否定成人来表现自我。品牌对于青少年极为重要，因为这是他们与成人世界联系的标志。耐克、苹果、麦当劳、可口可乐、安踏、李宁……知名品牌让他们觉得自己已经是成年人；但同时，他们不循规蹈矩，重视体验，因此尚未成熟的品牌也能得到青少年的关注。

青少年在进入青春期之后，心理发生了一定变化，他们既需要与群体融合，但又希望表现自我，因此出现了相互冲突的心理主题：

（1）自由与归属：既渴望自由但又需要依靠。

（2）反抗与顺从：反抗社会规范但又需要被社会接纳。

（3）理想主义与实用主义：成人是伪君子，但还要与现实世界融合。

（4）自恋与爱恋：对自己的外表着迷，也喜欢与喜欢的人交往。

在这些相互冲突的心理的作用下，青少年对产品的选择也呈现出冲突的特点。例如，在中国的中学里，学生们上课时需要穿校服，这些校服是统一的。但为了表现自我和个性，他们开始在配饰上做文章。耐克的运动鞋、I love NY 棒球帽等，这些都是城市男孩的最爱。

由于青少年群体的消费能力巨大，厂商对这些未来的消费者特别关注。它们甚至从儿童就开始培养自己的忠诚客户，运动品牌厂商如耐克、阿迪达斯等都做了相应的布局。中国国产运动品牌对青少年市场的开发比较缓慢，效果也不如国际品牌，除了安踏进入儿童高端市场外，其他运动品牌表现欠佳。

（二）银发市场

2020 年，中国 65 岁以上人口已经占总人口比例的 13.5%，中国老龄化速度加快。人口老龄化带来了一系列问题，但也存在一定的机遇。老年人口的迅速增加使得这一部分人的消费需求开始被关注，养老、医疗、保健、家政、旅游等市场具有巨大的潜力。

老年人与青少年及其他年龄段的消费者相比，具有独特的特点。

1. 经济状况稳定

在美国，年长者控制着可自由支配收入的 50%以上，银发市场（grey market）是一个稳定而又巨大的市场。在中国，老年人随着退休金、养老金制度的完善，经济状况相比年轻时甚至更稳定。而医疗水平的改善和生活水平的提升让中国老年人的平均寿命不断延长，这也让老年市场的需求快速增长。

2. 价值观发生变化

从中国的传统价值观来看，中国的老年人依然秉承着儒家思想为代表的文化价值观。他们关注家庭，强调家族纽带。礼品消费仍然是老年人很重要的一项消费，逢年过节，相互关照，血缘和宗亲关系凭借礼尚往来得以维系。他们克己为家，善待家人，对自己的子女、孙子女全心奉献，以利他取向与家人相处。他们相信权威，相信官方的信息源，因此对权威媒体的广告、专家的指引深信不疑。正是因为遵从中国的传统文化价值观，中国大多数老年人的晚年生活选择与子女共度。家庭对于他们来说是一个安全的地方，相反，养老院则充满未知。与欧美国家相比，中国老人去养老院等专业机构生活的比例还比较低，不过这种情况随着老人观念的更新以及社会安养机构的发展也开始慢慢发生变化。

尽管传统价值观依然发挥作用，但是中国老年人的价值观随着社会经济的高速发展也在不断更新，“与时俱进”是一部分老年人的观念。对于老年人来说，这意味着他们能够跟得上潮流，能够与年轻人一起享受社会发展带来的福利。与上一辈老年人不同，当代中国老年群体的消费观念发生了巨大变化。他们期望参加更多的社会活动，尽量不与社会脱节，对时尚和科技产品同样充满兴趣。他们对服装服饰的要求也比较高，希望有符合自己年龄但又美丽充满活力的产品。为了保持旺盛的生命力，他们参加群体健身活动（如广场舞、健步走等），统一服装，风雨无阻。

3. 由储蓄转向消费

随着经济状况的稳定，子女脱离父母形成新的家庭，老年人的生活不再节衣缩食，而是更加关注让自己的日子健康舒适。尽管中国人的观念中储蓄仍然是一项重要的项目，但是很多老年人已经开始转变观念，开始由储蓄转向合理的消费。老年人希望自己身体维持健康状态，至少不为子女添麻烦，因此，他们对健康的投资比年轻时更重视。他们选购保健品，也开始关注日常生活消费品品质的提升，他们结伴出行，体验年轻时没有时间体验的美景和美食……

总体来说，中国老年人的消费特征既符合传统价值观又具有下面的特性：

（1）求实性消费：商品的实用性、服务的可靠性、价格的合理性。

（2）习惯性消费：怀旧。

（3）方便性消费：便利要求。

（4）补偿性消费：弥补年轻时的缺憾。

（5）服务性消费：生活能力上的不足，需要家政、医疗等服务。

（6）自我性与利他性消费：子女独立的老人需要表现自我，子女不独立的老人关注家庭。

（7）情趣性消费：习惯的固化，或为适应生理条件变化而参与的休闲活动。

在中国，银发市场还没有得到充分重视。保健品行业是最早关注老年消费群体的行业，但是由于传销、欺骗等行为让一些老年人害怕购买。老年服装服饰产业、家政服务产业、老年旅游产业、医疗卫生、养老服务等都还有很大的市场空间。营销人员可以根据中国老年消费者的特点，重点开发相关产品并予以适当的营销刺激，“夕阳”产业大有可为。

理论前沿

品牌打造民族认同

Beverland 等人（2021）利用文化品牌研究考察了品牌是如何塑造国家身份的。该研究参考了品牌如何使流离失所的新西兰白人（白人）在全球化和土著身份主张复苏的背景下塑造出一种“我们”的感觉，通过使用人种学数据，开发了一个流程模型，说明品牌如何通过“我们”来创造民族认同。研究发现，市场参与者通过四个阶段部署品牌来创造和更新对“我们”的看法：重新化、集中、分裂和视野扩张。

>>> 本章小结 >>>

本章主要探讨了下面几个问题。

1. 亚文化及其分类

不同的群体构成了不同的亚文化。在同一亚文化群体中，成员具有与其他成员相区别的共同信仰和经历。不同的人，因为生活的地理区域和信仰不同，生活习惯差异巨大，形成了众多的亚文化群体。每个人可能从属于多个亚文化，划分标准可以根据成员的年龄、种族、民族背景、居住区域，甚至可以细化到生活方式或者审美偏好。

2. 文化适应

在多民族国家中，各个民族之间在生活区域上会存在流动性，当一个民族、族裔、国家的人进入到另一个文化环境时，适应新环境的过程被称为文化适应。

3. 年龄群体及其划分

年龄群体是由具有相似经历的年龄相仿的人构成的群体。美国的年龄群体大体可以分为 7 代：战争的一代、沉默的一代、战争婴儿一代、婴儿潮一代、X 世代、Y 世代和 Z 世代；中国人的年龄群体也被分为几个阶段，代际跨度相对来说比较短，大约为 10 年，以“××后”来标明他们的出生时间，包括“50 后”“60 后”“70 后”“80 后”“90 后”和“00 后”“10 后”。

4. 青少年市场

由于对自我的不确定性，个性和归属需要都变得格外重要。青少年需要用特定产品来表明自己的身份，青少年既需要与群体融合，但又希望表现自我，因此出现了相互冲突的心理主题：自由与归属、反抗与顺从、理想主义与实用主义以及自恋与爱恋。在这些相互冲突的心理的作用下，青少年对产品的选择也呈现出冲突的特点。

5. 银发市场

老年人口的迅速增加使得银发群体的消费需求开始被关注，养老、医疗、保健、家政、旅游等市场具有巨大的潜力。老年人的特点是经济状况稳定、价值观发生变化、由储蓄转向消费。

延伸阅读

美国不同种族的 MBA 含金量一样吗？

商学院一直是吸引全世界各个族裔学生的地方，因为拿到 MBA 学位意味着可以获得更高的报酬。但从彭博调查的 100 多个商学院的 12 700 位校友那里传回的数据让很多人吃惊，因为在这组数据中，毕业 5~8 年的非洲裔、拉丁裔和印第安裔 MBA 在刚毕业的时候薪水和白人及亚裔几乎相同，中位数大约为 10.5 万美元。到了 2015 年，少数族裔的毕业生薪水中位数为 15 万美元，但美国白人和亚裔毕业生已经达到 17.2 万美元。白人和亚裔占受访总人数的 89%，而非洲裔、拉丁裔和印第安裔毕业生仅占 11%。

与男性相比，女性的薪水更低，有色族裔女性尤其明显。在离开商学院 6~8 年后，少数族裔女性毕业生的薪水中位数仅为 13.2 万美元，而白人和亚裔男性为 18.1 万美元，两者相差近 4.9 万美元。

在最顶尖的商学院，不同族裔的收入差距大得惊人。哈佛大学尤其严重，少数族裔刚毕业时的薪资水平只比白人和亚裔同学低5 000美元，但是，6~8年之后，这一差距扩大到9.8万美元。其他顶级MBA项目也存在类似的收入差距。在哥伦比亚大学商学院，少数族裔群体的薪水比白人和亚裔低8万美元；宾夕法尼亚大学沃顿商学院的差距是6.5万美元。

哈佛商学院、哥伦比亚大学和沃顿商学院之所以存在种族收入差距，一定程度上是因为它们的大部分毕业生进入了金融行业，而数据表明，金融行业的薪资水平是最不平等的。从事金融行业的有色族裔MBA毕业生的薪水中位数比亚裔同事低了4.9万美元。在咨询行业，这一差距是4.1万美元。在房地产、制造业和政府部门这三大领域，有色族裔的薪资水平高于白人和亚裔。但MBA毕业生没有选择进入这些行业。2015年毕业的MBA只有约8%进入这几个行业，高达44%的毕业生进入了金融和咨询行业。

这些数据表明，即使在拥有学历且都从事高收入行业的MBA毕业生中，不同种族之间也存在收入差异。

资料来源：KITROEFF. 不同的种族，不同的MBA含金量［J］. 商业周刊，2016（24）：66.

案例分析一

“太空跑者”——航天科技为中国新生代领航

2022年，中国空间站的问天实验舱、梦天实验舱都将完成发射，并与天和核心舱对接，中国空间站或将完成在轨建造。这一年的中国航天将被载入史册!

在这个中国航天大年，航天 IP 也成为众多品牌联名的选择。在第七个“中国航天日”，安踏儿童联合中国航天·神舟传媒共同推出了“太空跑者”航天联名款专业跑步装备——“水冷科技 2.0 中国航天特别款”。该款产品以航天员在空间站内的“太空跑”为灵感，结合星云等航天创意元素，用品牌魅力彰显中国制造，用产品品质致敬大国重器，以航天科技为中国新生代引航。

近年来，各大运动服饰品牌掀起了新一轮的科技竞赛。以安踏儿童为例，在专注运动科技的 14 年中，近年来设计的产品不断引入水冷科技、热返科技等新科技，将新一代材料引入到童装、童鞋产品线中。此前，安踏儿童推出的航天联名款热返羽绒服产品就采用了“热返科技覆膜”技术，将航天服的热返原理应用于羽绒服内里面料中，通过反射人体热能减少热量流失，有效提高服装保暖性能。此款热返羽绒服还加入了类似航天员面罩设计元素的升级版滑雪眼镜，在运动过程中保护儿童视力。

在中国航天井喷式发展的新时代，航天已经成为一种新的时尚演绎形式，并成为当下最热门的新国潮题材之一。航天科技赋予了设计全新的科技元素，表达出科技、进取、逐梦等现代元素。这些新科技一方面提升了儿童运动产品的性能，保护了儿童运动的安全；另一方面，对于中国新生代儿童来说，航天科技与运动装备的结合意味着先进、时尚、领先于世界，从而在孩子们心中形成了良好的国产品牌形象。以安踏儿童为代表的品牌，在逐渐改变外界对于儿童运动产品线缺少顶尖科技的传统认知，并且以精益求精的科技成果表达着中国民族品牌的使命感和自豪感。

讨论：

1. 安踏儿童为什么使用中国航天作为联名？

2. 企业如何争取新生代儿童消费者？

案例分析

老年人的新需求——技术改变生活

老龄社会离我们越来越近，发达国家的生育率持续走低，发展中国家有一天也会步这些国家的后尘，未来，养老产业可能缺乏有效劳动力，老人怎样能够保持安稳的生活状态而不至于孤单绝望呢？

技术正在改变人们的生活，老年人的生活方式也在随之改变。在加州，一项远程监控机器人项目已经在社区中测试，老人可以通过这个智能机器人控制的视频电话与家人保持联系。

在老年消费者中，一批先行者成为最早测试这种新技术的人。越来越多的技术被应用于养老产业，家庭助手、机械肢体、药物治疗仪、可穿戴设备等等已经逐渐进入老年人的生活并成为他们不可或缺的生活助力。而虚拟现实技术更是让老年人获得了新的体验，让他们在家里也能感受到沙滩、阳光和小鱼的触摸。对于老年人来说，年龄不再成为障碍，身体的病痛也不再成为羁绊，技术让他们能够每天徜徉在想象的生活空间。居家养老或者专业养老机构都可以配备这些产品，老年人可以不再害怕养老院的与世隔绝，因为他们随时随地都在与外界沟通，体验愉悦的生活状态。

技术改变了老人们的生活方式，更关键的是，技术抚慰了老人们的内心！

讨论：

1. 对于老年消费者，他们需要的产品和服务有哪些？

2. 技术能否真正让老年消费者获得新生？你怎么看这个问题？

第十一章　文　　化

学习目标

- 文化及其层面
- 文化差异
- 非语言沟通差异
- 文化的层次
- 文化的传播

引　例

2022 年春晚舞台上的舞蹈诗剧《只此青绿》片段在播出后迅速上了热搜，赢得了全国观众的喜爱与热评。该舞剧取材于宋代天才画家王希孟的传世名画《千里江山图》，通过“展卷、问篆、唱丝、寻石、习笔、淬墨、入画”七个篇章，以“展卷人”的视角将画家的创作历程用舞蹈的形式表现出来。2021 年 8 月，《只此青绿》在国家大剧院首次“展卷”，后在上海、苏州、广州、深圳等 16 个城市演出 50 余场，所到之处皆一票难求。

《千里江山图》是中国十大传世名画之一，画作为 11.915

米长卷，烟波浩渺、层峦叠嶂，渔村水榭、草舍楼台，被古人评价为“自可独步千载，殆众星之孤月耳”。该画卷的自然景色描绘得细致真实，与人的活动也结合得更加紧密，展现了丰富的人与自然和谐相处的生活场景。画作以青、绿为主色，选择石青、石绿等矿物颜料和植物汁液进行勾勒，矿物、植物颜色的融合使用将中国画色彩的表现力发挥到极致，同时也让画作传承千年色彩不衰。

无名无款，只此一卷，青绿千载，山河无垠。

第一节　文化与文化差异

八月十五吃月饼，正月十五赏花灯。在中国，不同的节日会有不同的仪式，在每个传统节日背后都包含着特定的故事，嫦娥奔月、屈子投江，人们千百年来不断地延续着传统，虽然形式上会有一些变化，但基本内核没有发生变化，这也是中华文化能够传承的秘密。中国的空间实验室被称为天宫，探月工程叫作嫦娥工程，月球车叫作玉兔，火星探测车叫作祝融号……这些被应用于现代空间探测的设备与工程的名称都与中国传统文化典故相联系，书写着宇宙空间探索的当代神话。

一、文　　化

文化与社会成员密切相关，在一个社会中，文化（culture）是整个社会成员共有的意义、仪式、规范和传统的集合。文化几乎包含了影响个体行为和思想过程的每一个事物，文化影响着消费者的偏好、决策方式以及对世界的认知模式。

文化是人们用来观察产品的“透镜”，但很多时候人们并没有意识到他们戴着“有色眼镜”。葡萄酒的产地被分为旧世界和新世界，旧世界以法国为代表，新世界以美国、澳大利亚为代表。当消费者购买葡萄酒时，都先会观察其产地。旧世界的酒回味绵长，历史悠久；而新世界的酒则热情奔放但缺乏厚重，这是消费者根据新旧世界葡萄酒的生产工艺以及酿造方式而形成的认知。但是，实际上，单从口感上来看，新世界的酒未必如人们所认为的比不上旧世界的酒，美国的纳帕溪谷产地的葡萄酒就曾在美法顶级酒盲品中打败过法国。消费者的判断来自“手工酿造比工业化生产更高级”的文化认知，他们的偏好与判断受到了文化的影响而不自知。

当环境与文化期望发生矛盾时，人们才会发现文化的意义。文化的潜在维度会对产品和服务的跨文化交流产生重大影响，这对于营销人员来说至关重要。在引入中国文化元素希望获得中国消费者的认同时，如果将中国元素以西方认知呈现出来，这对中国消费者来说是无法接受的。2018 年，D&G（杜嘉班纳）品牌在社交媒体上发布的“起筷吃饭”广告引起了广大网友的争议。该广告中旁白所用的“中式发音”、傲慢的语气以及模特用筷子的奇怪姿势，均被质疑存在歧视中国传统文化。事件发生后影响巨大，该品牌在中国的代言人取消合作，电商平台商品下架，中国模特罢演 D&G 大秀……

文化可以分成三个层面：器物、制度和价值观。

（1）器物层面：表层的，直观的实物，如长城、故宫、书法作品等。

（2）制度层面：通过表层实物来展现内在心理，如经济制度、考试制度等。

（3）价值观层面：内在的，深层的行为和思考方式，如信仰、艺术、宗教、道德等。

文化的三个层面由表及里，由浅入深，相互牵动、制约和渗透，使得文化得以传承下去。从消费的角度来看，文化的影响也可以从这三个层面表现出来。在中国人的饮食文化中，筷子是最常用的工具。从器物层面上讲，筷子本身一头圆一头方，要两根一起使用。从制度层面上讲，拿筷子要成“双”，使用筷子时要从上往下夹菜，不可翻着夹，且使用筷子有诸多禁忌。从价值观层面讲，筷子圆头象征天，方头象征地，对应天圆地方，这是中国人对世界的基本认知；两根筷子一起使用，一分为二又合二为一，将太极和阴阳的理念融合进来，形成人和自然的统一。正是因为筷子承载的文化意义，使得它可以作为礼品送给亲朋好友以及国际友人。

二、文化差异

不同文化背景下人们的价值观存在明显的差异。例如，筷子是东亚地区人们的主要饮食用具，承载着东方农耕文化；而刀叉则是欧洲和大多数西方世界的饮食用具，文化背景则是游猎文化。两种文化延续下来，人们的价值观、行为方式大不相同。在进行跨文化营销时，营销人员需要深入了解不同文化之间的差异，以免触犯禁忌。

霍夫斯泰德的文化维度方法（Hofstede's Model of Culture Dimensions）被广泛地应用于跨文化研究，该方法从五个基本维度对文化差异进行了比较。

（一）权力距离（power distance）

权力距离表明一个社会能够接受组织的权利在各成员之间不平等分配的程度，也就是成员形成人际关系时能够感知到的权力差距。不同国家权力的意义不完全相同，有的文化比较重视权威、地位、资历，如中国、日本、韩国、阿拉伯地区的国家等，而有的国家则不那么看中权力而是看中个人能力的发挥，如美国。

（二）不确定性规避（uncertainty avoidance）

不确定性规避是指组织或群体在面对不确定时所感受到的威胁以及试图通过制定安全规则和其他手段来避免不确定性的程度。有的文化把不确定性视为大敌，采取各种措施来尽量避免；而有的文化则坦然接受这些不确定。不确定性规避比较高的文化会制定一系列行为规范来减少不确定，这些国家的人们比较忙碌，精细、守时、创新性相对差一些，但执行力强，如中国、日本、法国等国家。而不确定性规避比较低的文化对反常行为和意见比较宽容，规章制度比较少，相对宽容，能够容忍各种思想，但缺乏执行能力，如瑞典、丹麦等国家。

（三）个人主义/集体主义（individualism/collectivism）

个人主义/集体主义用来衡量某一社会总体上是关注个人的利益还是关注集体的利益。个人主义倾向的社会中人与人之间的关系是松散的，而集体主义社会则关注族群内的关系，个人需要对群体保持忠诚和服从。

（四）男性气质/女性气质（masculinity/femininity）

男性气质/女性气质的文化表明对一个社会以男性角色和女性角色描绘的清晰程度。男性气质文化指社会中两性的性别角色差别清楚，男性自信、坚强、注重物质成就，女性则谦逊、温柔、关注生活质量；而女性气质文化指社会中两性的性别角色互相重叠，男性与女性都可能表现得谦逊、恭顺并关注生活质量。一个社会的男性化倾向越明显，男性气质越突出，如日本，反之则表现为女性气质突出，如瑞典。

（五）时间取向（time orientation）

时间取向表明一个社会的决策是受传统和过去发生事情的影响程度大还是受现在或将来的影响程度大。长期取向的文化强调坚韧不拔、节俭、珍惜将来，而短期取向的文化则强调个人的稳定、面子、尊重传统、珍惜过去和现在。

根据霍夫斯泰德的五个维度为中国打分，结果如表 11-1 所示。

表 11-1　霍夫斯泰德的五维评分表

排名	维度				
	权力距离	个人主义	男性化	不确定性规避	长期取向
分数	80	20	66	30	100
排名	12~14	56~61	11~13	68~69	1

资料来源：霍夫斯泰德．文化与组织：心里软件的力量［M］.2 版．北京：中国人民大学出版社，2010.

很明显，中国文化是长期取向的文化，人民隐忍、节俭、坚韧不拔，这也是中华文明延续五千年并持续包容创新的基石；中国的权力距离和男性气质处于上游位置，等级性比较强，男女的性别角色差异也相对清晰；中国人不喜欢不确定性，因此在意未雨绸缪，偏好储蓄以应对不时之需；个人主义得分较低，排名处于中后，是一个集体主义文化国家，但是并不处于极端位置。中国的年轻一代已经开始崇尚自我，并不排斥获取个人利益。

从五个维度对不同社会进行比较，能区分出不同文化背景下人们的价值观，也因此能够对跨文化交流者形成帮助。在跨文化营销的过程中，文化差异比较是必须要完成的一项任务，营销人员掌握了不同文化的差异才能设计出更适应目标市场的营销刺激。可口可乐的贺岁广告就是充分了解中国人的过年文化，将春节的喜庆气氛与可口可乐产品融合在一起的产物。

三、非语言沟通差异

在进行跨文化交流时，语言差异显而易见。英语是世界通用的语言，但一些单词在非英语母语国家可能很难找到对应的词汇，因此，品牌的翻译是一个面临文化挑战的问题。Coca-Cola 在中国被翻译成可口可乐，品牌名称得到了升华，一款既可口又能将快乐带给消费者的碳酸饮料怎能不让人印象深刻!

除了语言之外，在跨文化交流中还存在非语言沟通系统。在这个系统里，每一个部分都与某种特定文化不可分割。营销人员需要考虑语言沟通之外的这些非语言沟通模块，设计迎合目标市场的营销刺激。非语言沟通系统包括以下几个方面。

（一）时间

不同文化背景下，消费者对时间的认知是不同的。在美国、加拿大、欧洲的大部分国家以及澳大利亚，人们对时间的认知是固定的、线性的、不可逃避的。时间可以被分成小段进行计划和安排，人在特定时间一般只做一件事，这种时间观念被称为单向时间观。另一些文化的人们对时间的认识是灵活与弹性的，拉丁美洲人和亚洲人倾向于将时间视为连续的，更少受制于安排。他们认为可以同时介入多项活动，人与人之间的关系有优先，这种时间观念被称为多向时间观。

在单向时间观的文化中，时间概念比较明确，因此，设定截止日期对于销售和竞赛来说更加有效；而多向时间观的文化则相反，节省时间的理念并没有明显的吸引作用，即便是方便食品，也不能只靠方便来定位，例如在亚洲，方便面的广告通常突出的是产品的美味而不是方便。

不同文化对于时间的具体范围也有不同理解。在美国、日本和中国，5 分钟就是 5 分钟，但在中东地区，如在埃及，5 分钟可能意味着半小时或不确定。因此，在进行跨文化交流时，要先了解清楚当地文化对于时间的概念，这是很有必要的。

（二）空间

人们如何使用空间以及赋予空间何种意义，在不同文化中是不同的。在美国，“大”就是好，因此在酒店中可以看到 king size 和 queen size 的大床房，这一点与日本的酒店存在明显差异。除此以外，空间概念还被应用到人与人的距离上。北欧地区对个人空间的要求比较高，而在拉美国家则不太注意空间距离。在进行人员推销或者谈判时，对于北欧客人，可以保持一定的距离，而对于拉美客人，则需要拉近距离，这种文化差异需要销售人员有较高的文化素养来判断什么是适当距离。

（三）象征

颜色和符号的象征意义在不同国家也存在差异。中国人的婚礼讲究仪式，新娘的礼服除婚纱是白色之外，其他均艳丽色彩。新房布置以红色为主，代表喜庆，意味着结婚之后的日子红红火火。但是在欧美国家，新娘的服装以白色为主，婚礼仪式也相对比较简单。

（四）礼仪

礼仪是社交场合沟通的行为方式，在一种文化下常见的行为可能在另一种文化下意味着失礼。随着中国经济的迅速发展，中国大量消费者赴海外旅游。一个常见的现象是中国游客喜欢聚集在一起聊天，并且说话声音非常大。这种行为在中国国内是普遍的而且符合大多数人的习惯，人们认为气氛热烈，大家都很开心。但是在美国以及欧洲地区这是不礼貌的表现，当地文化中人与人之间的交流会考虑到是否会影响到其他人，因此多数人会保持低声讲电话和小声说话的习惯。在跨文化交流的过程中，需要教育消费者不同文化存在的差异，并且尽量遵守当地的规范，“出国旅行文明当先”之类的公益广告就是一个很好的示范。

第二节　文化的层次

一、符号、英雄、仪式和价值观

在同一个文化的成员之间，文化的意义主要是通过符号、英雄和仪式来表达和沟通的，文化的基本意义一般与其成员共有的价值观相关。霍夫施泰德认为，符号（symbols）、英雄（heroes）、仪式（ritual）和价值观（values）这四个词将文化的层次概括得很清楚，就好像洋葱的几层皮一样：符号是文化的最表层，价值观为最深层，中间层则为英雄和礼仪。

（一）符号

符号是指带有一种只有本文化成员才认识的特定意义的言词、姿势、图片和物体。符号会不断地产生和消亡，并且经常被其他文化所模仿，因此被放在文化的最外层。语言、工具、服饰、图腾等都属于符号。网络时代，互联网词汇和表情包成为网络流行文化的典型符号。这些符号的产生和消亡非常迅速，年度网络流行语如“破防”“躺平”“YYDS”等随着时间流逝将迅速被新的词汇替代。

（二）英雄

英雄是指一个文化中具有该文化引以为豪的特点，因而成为行为榜样的人物。英雄可以是活着或死去的，也可以是真实或虚构的人物。蝙蝠侠、孙悟空、霍金、杨利伟等都可以看作是一种文化中的英雄人物。当代流行文化中对孙悟空的再创作形成了多部文艺作品，《大话西游》《悟空传》《西游记》等脍炙人口的影视作品和《悟空》等音乐作品都引发了人们的思考与热爱。

（三）仪式

仪式是一种集体活动，它们可能是多余的，但仪式的存在有助于维护文化的统一性。宗教仪式、商业和政治集会、婚礼、葬礼、问候别人、向别人表示尊敬的方式都是仪式。中国传统节日的各种活动将仪式的作用发挥得比较明显，例如，端午节要吃粽子、赛龙舟，中秋节要吃月饼赏月等。仪式的存在为商家带来商机，因此，营销者开始利用各种节日来引导消费需求，电商企业创造的“6.18”“双十一”“双十二”就是典型的人造购物狂欢节。

（四）价值观

价值观是文化的核心，是人们遵从的基本信念和价值取向。关于价值观的分析详见第六章。

汉式婚礼——传统文化的回归

在西式婚礼流行了很多年后，越来越多的年轻人选择让自己的婚礼仪式回到传统，汉式婚礼不断受到礼遇。新人从拍婚纱照就开始设计自己的婚礼形式，着汉服，配礼乐，写文案，穿插着各种中国传统礼仪。一场汉式婚礼承载着新婚夫妇对中国传统文化的热爱和年少的梦想——执子之手，与子偕老！

汉式婚礼目前分为周制、唐制和明制三种。周制婚礼秉承周代礼制，着周制婚服，庄重古典；唐制婚礼沿袭了周礼，气势宏大，形式活泼；明制婚礼则承袭明代礼仪，凤冠霞帔，华美多姿。

二、神圣消费与世俗消费

消费者活动可以有类别划分，其中一个很重要的划分标准就是神圣和世俗的二元对立。神圣消费（sacred consumption）包括从日常生活分离出来的客体和事件，人们以某种程度的尊重与敬畏态度对待这些客体和事件。世俗消费（profane consumption）则包括日常的客体和事件，它们不具备特殊性。

普通的事物可以变得神圣。在特定的文化团体中，平常的事件、人物和客体具备了神圣的意义，这个过程被称为“神圣化（sacralization）”。名人用过的物品具备了神圣化的特质，因为名人使用过、触摸过，对于粉丝来说就成为与众不同的物品，具有不同于普通物品的价值。在电影或电视剧热播期间，制作方会利用这种粉丝心理将主创人员使用过的服装、道具进行拍卖，拍卖价值远超物品本身的价值。

神圣消费可以在众多消费领域得到体验，例如，地点、人物和事件都可以成为神圣消费的对象。

（一）神圣地点

一些地方因为发生了特殊的事件或者代表着一段历史而成为人们崇拜的对象，这些地点可能具有宗教意义、神秘意义、象征意义或神圣意味。美国的自由女神像、法国的埃菲尔铁塔、中国的天安门广场等地点本身具备神圣特质，因而吸引着成千上万的人向往和膜拜。

一些世俗场所也具有神圣特质，好莱坞的星光大道、环球影城中的哈利波特城堡以及迪士尼乐园等就是世俗神圣化的代表。人们去寻找自己喜爱的明星的脚印，去跟杜莎夫人蜡像馆中的蜡人明星合影，去坐飞天扫帚体验哈利波特的魔法世界……消费变成了“朝圣”。

（二）名人崇拜

名人因为他们与众不同而成为崇拜的对象，人们渴望与名人接触，获得签名、合影、拥有名人曾经使用过的物品，遵从名人的生活方式等，粉丝让名人崇拜发展到极致。戴安娜王妃直到今日依然拥有超高话题，而在橘子洲头，无数游人与青年毛泽东的雕像合影留念，感怀与畅想历史的波澜壮阔和伟人的豪情壮志。

（三）神圣事件

一些体育活动和旅行活动对很多人来说是神圣的。一些参赛队伍会在比赛前祈祷，观众们疯狂地崇拜体育明星……这使得竞技体育变成神圣事件，如奥运会、世界杯等。而旅行是一些人逃避现实世界的一种方式，旅行者不断寻找心中理想世界的模样，并且将购买旅游纪念品作为对神圣体验的回忆载体。实际上，纪念品行业销售的就是神圣回忆，甚至在旅行中购买的明信片、冰箱贴、钥匙链等，每一件物品都承载着旅游者曾经的心情与体验，并且在未来成为打开记忆的开关。

神圣与世俗之间可以相互转化，一些世俗的事物可以神圣化，而另一些原本神圣的仪式也会变得世俗化（desacralization），甚至宗教节日也包含其中。圣诞节在西方世界本来是一个重要的宗教节日，但是在全世界范围内，除了宗教仪式被保留之外，更多地变成了人们游玩和购物的日子。

三、文化的传播

(一) 文化的生产系统

消费者的偏好不是凭空产生的，而是在大众传播以及营销者创造的想象世界的影响下形成的，并且处于不断地演化进程中。“流行”创造需求！不论是真人秀、新款服装还是文创产品，每个产品都需要不同的参与者参与到流行的制造过程中来。文化生产系统（culture production system，CPS）的结构决定了哪些产品可以脱颖而出，这个系统包括创造、营销文化产品的个人和组织的集合。

文化生产系统包括三个子系统：

(1) 创意子系统：产生新的符号和产品。

(2) 管理子系统：挑选、形成有形产品，大量生产、管理新符号和产品的分销。

(3) 传播子系统：充实新产品的内涵，并为新产品提供一套传递给消费者的符号特征。

以北京冬奥的吉祥物冰墩墩和雪容融为例，吉祥物的制作过程包括：①产品形象的主创人员（创意子系统）；②吉祥物的管理方，包括北京奥组委和国际奥委会（管理子系统）；③吉祥物的信息发行方，如官方媒体（传播子系统）。通过这三个子系统完成冬奥吉祥物的形象制作和推广发行。

(二) 创新的传播

一些创新产品和服务如果成功，就会开始流行。消费者认可的新的产品和服务都属于创新（innovation），如电子平衡车、无人驾驶汽车和无人配送方式等。消费者不会一下子接受这些创新，开始时只有少数人会尝试新事物，之后，才会有越来越多的消费者决定使用新产品。中国的二维码支付方式属于典型的创新金融服务，从开始推出时的少量人使用到现在的人们可以不用带钱包出门，实现无现金交易经历了几年的推广时间。

在创新产品的传播过程中，接受创新的人群存在明显的差异。一些人能够快速地接受新产品，而另外一些人则非常非常缓慢，甚至到产品快退出市场了才开始采纳。不同消费者接受创新的比例和阶段如图 11-1 所示。

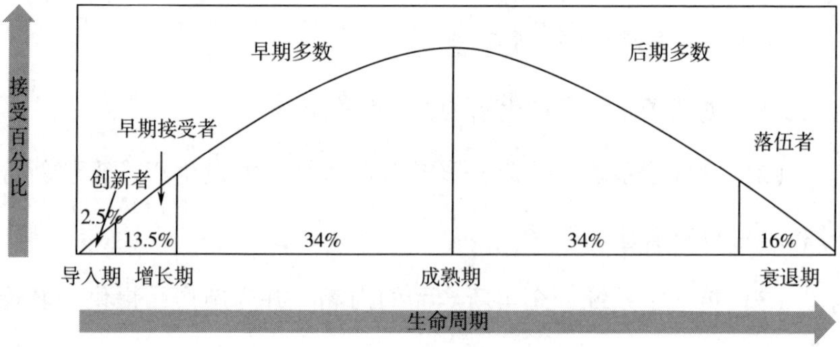

图 11-1　创新接受者

资料来源：所罗门，卢泰宏，杨晓燕．消费者行为学［M］. 12 版．杨晓燕，郝佳，胡晓红，等译．北京：中国人民大学出版社，2018：379.

国潮兴起与文化自信

2018 年，中国品牌李宁登陆纽约时装周，以“悟道”为主题，将中国传统文化与现代运动潮流相结合，传达“自省、自悟、自创”的精神，直接推动了国潮的大热。到 2022 年，国潮产品在服装、化妆品、文创产品、玩具、汽车等产业均有亮眼表现，一系列国货品牌如中国李宁、安踏、花西子、故宫文创、泡泡玛特、比亚迪等迅速占领市场，成为“95后”“00后”更偏爱的时尚产品。

国潮的兴起离不开中国崛起背后的文化自信。“95后”“00后”的成长伴随着中国国力的增强，他们的民族自豪感和文化认同感与日俱增。越来越多的年轻人拥有文化自信、保持文化自觉、滋养文化内涵、挖掘文化价值，他们相信潮流可以土生土长，时尚也能风起本土！

创新者和早期接受者是营销人员寻找的对象，他们能够在新产品进入市场的初期就尝试使用，富有冒险精神，愿意传播产品信息，成为意见领袖。尽管这些消费者愿意使用新产品并将信息传递给其他消费者，但新产品要想成功传播还需要具备一定条件：

（1）可兼容性：创新应与消费者的生活方式兼容。

（2）可试用性：可以试用的产品会降低使用风险。

（3）低复杂性：产品应当低复杂性。

（4）可观察性：容易观察的创新更可能流行。

（5）相对优势：产品能提供相对优势。

第三节 跨文化营销

经济的全球化让世界变得越来越小，不同文化背景下的消费者可以拥有相似的价值观和消费行为，文化的全球化开始形成趋势，并且在不同领域发展蔓延着。韩剧的流行让韩国旅游业得到极大的促进，宝莱坞的电影也在输出着印度的歌舞文化。随着中国的崛起，中国文化的元素也在不断向外辐射。全球各地的青少年消费者热衷于运动品牌，喜欢嘻哈音乐和碳酸饮料，这种趋同化的原因在于全球化的大众传媒。电影、音乐、游戏、网络，让这些青少年消费者在行为举止、生活方式、态度乃至价值观方面形成共同的特质，明星的代言则让消费者迅速接受他们代言的品牌。

跨国公司要在全球市场上同时竞争，那么到底采取什么样的产品扩散策略呢？是全球统一用一种模式还是在不同的文化下分别设计各自的营销方案？没有标准答案，要看公司自身的管理和营销能力适应哪一种策略。

标准化策略让全球市场采用相同的营销方法，可以获得规模效益。宝洁公司在不同国家的营销就采用了这样的方法，在类似的细分市场里共享相同的观点和风格。虽然营销成本有所降低，但是标准化策略有时候却不尽如人意。由于不同文化存在审美差异，一些产品需要考虑到目标文化的特殊偏好。

本地化策略则是强调不同文化存在差异，每个国家都有自己的特征，针对特定文化需要设计相应的产品和服务。迪士尼乐园在香港园区的建设过程中就充分吸取了欧洲迪士尼的教训，设计注重符合中国传统文化。例如，按照风水专家的意见修改大门的角度，电梯中没有第 4 层的按钮等。

完全的标准化或本地化策略是不存在的，实际上，跨国公司的营销多数采取二者相结合的策略。类似于可口可乐这样的大公司，已经在全球建立起统一形象，但是在不同地区的营销过程中，产品形象的表达方式仍然有差异。在中国，可口可乐用过年回家、团圆美满的表达方式传递产品信息，而这种表达在其他地区则未必奏效，因为过年是中国的传统文化。

理论前沿

权力距离的调节作用

消费者既可以选择用户设计的产品，也可以选择设计师设计的产品。但是，对这种偏好产生调节作用的因素还没有被很好地理解。研究人员将权力距离信念（PDB）视为调节变量，低 PDB 消费者更喜欢用户设计的产品，而不是设计师设计的产品，因为他们更认同用户驱动的公司。相比之下，高 PDB 消费者更喜欢设计师设计的产品而不是用户设计的产品，因为他们对设计师驱动的公司的信任度更高。检验国家和个体层面的权力距离信仰为 PDB 及其潜在机制的调节作用提供了一致的支持。此外，研究证明，在低复杂度的产品中，更有可能存在设计哲学与 PDB 之间的交互。

>>> 本章小结 >>>

本章主要探讨了下面几个问题。

1. 文化及其层面

文化是整个社会成员共有的意义、仪式、规范和传统的集合。文化可以分成三个层面：器物、制度和价值观。文化的三个层面由表及里，由浅入深，相互牵动、制约和渗透，使得文化得以传承下去。

2. 文化差异

不同文化背景下人们的价值观存在明显的差异，霍夫斯泰德的文化维度方法被广泛地应用于跨文化研究，该方法在五个基本维度上对文化差异进行了比较：权力距离、不确定性规避、个人主义/集体主义、男性气质/女性气质和时间取向。

3. 非语言沟通差异

除了语言之外，在跨文化交流中还存在非语言沟通系统。在这个系统里，每一个部分都与某种特定文化不可分割。营销人员需要考虑语言沟通之外的这些非语言沟通模块，设计迎合目标市场的营销刺激。非语言沟通系统包括时间、空间、象征和礼仪。

4. 文化的层次

霍夫斯泰德认为，符号、英雄、仪式和价值观四个词将文化的层次概括得很清楚，就好像洋葱的几层皮一样，符号是文化的最表层，价值观为文化的最深层，中间层则为英雄和礼仪。符号是指带有一种只有本文化成员才认识的特定意义的言词、姿势、图片和物体；英雄是指一个文化中具有该文化引以为豪的特点，因而成为行为榜样的人物；仪式是一种集体活动，它们可能是多余的，但仪式的存在有助于维护文化的统一性；价值观是文化的核心，是人们遵从的基本信念和价值取向。

5. 文化的传播

文化生产系统的结构决定了哪些产品可以脱颖而出，这个系统包括创造、营销文化产品的个人和组织的集合。文化生产系统包括三个子系统：创意子系统、管理子系统、传播子系统。创新产品或服务如果是成功的话，就会开始流行。在创新产品的传播过程中，接受创新的人群存在明显的差异。一些人能够快速地接受新产品，而另外一些人则非常非常缓慢，甚至到产品快退出市场了才开始采纳。

延伸阅读

中国的殡葬文化

殡葬文化是广义文化的一个分支，专指人在自然生命终结及终结后回归自然时举行的系列活动所体现的文化品位。殡葬由出殡和埋葬两部分组成，“殡”一般指逝者下葬前的各种悼念仪式及活动，“葬”则指逝者入葬过程及后继的一系列祭祀活动（郑晓江，2012）。

中国传统的生死观念有三点：一是阴间与阳间并立的观念。中国古代百姓往往认为，人死后可以在阴间过与阳间差不多甚至更好的生活，正是这种镜像观念使中国人追求厚葬厚祭的殡葬方式。二是“形”与“神”，或“身体”与“魂魄”有对应的关系。古人坚信，人死后在某种条件下是可以复活的，但前提是尸体与魂魄在分离之后再次实现合二为一，这种观念导致了逝后立即招魂之“殡”的方式和下葬时广泛采用的尸体防腐技术及深掩土内的丧葬方式。三是孝道观，中国人为报答父母的养育之恩，追求物化的坟墓以供祭祀之用，所以，中国古代皆尽财尽力尽时去营造大墓大坟，甚至倾家荡产也在所不惜（郭林，2013）。虽然通过厚葬来表达“孝”的观念和行为是传统丧葬的主题，但这种厚葬现象，由于人们经济条件的改善和长期以来形成的攀比心理，使丧葬的费用大大地增加（陈华文，2005）。

中国文化传统中殡葬方面的花费非常多，在“殡”方面，主要包括宴请费、告别室租金、遗体冷藏费、接运费、遗体化妆整容费、火化费、骨灰盒费等，不同地区会因习俗而有不同的消费。在“葬”方面，主要是指安葬方式的消费，葬法不同，消费也就不同。最普遍的是公墓；还有塔陵公墓、骨灰堂和骨灰墙等安葬方式；另外，还有“绿色殡葬”，包含树葬、草坪葬、花坛葬等，鼓励倡导不保留骨灰的殡葬方式。

案例分析

茶与咖啡的文化属性

茶是中国最古老的饮料，已有几千年的历史。中国有专门的《茶经》，这是一本阐述茶文化的书，记录了茶叶生产的历史、源流、现状、生产技术以及饮茶技艺和茶道原理。千百年来，人们采茶、炒茶、烹茶、饮茶，茶道在人与人之间搭起桥梁，形成中国特有的茶文化。近年来，除了原茶冲泡之外，茶饮料越来越受到消费者的青睐。茶饮料主打“绿色健康”“清新自然”“时尚便捷”，体现了饮料市场的趋势。

在中国，茶饮料的主要消费群体是年轻人，包括 15~34 岁的消费人群。青少年是茶饮料的重度消费者，随着年龄的增长，消费茶饮料的人数在递减，但是喝原茶冲泡的人却开始增加。喝茶（包括茶饮料）的女性消费者要多于男性，但整体上看差异不大。正是由于茶的口味清香淡雅，有营养保健功能并且能够消暑解渴，消费者更愿意选择茶或茶饮料作为健康生活方式的代表。

除了茶之外，咖啡在 20 世纪 90 年代进入中国家庭。喝咖啡作为西方生活方式的一部分，人们对此充满好奇。根据伦敦国际咖啡组织的统计，与全球平均 2%的增速相比，中国的咖啡消费正在以每年 15%的惊人速度增长，有望成为世界上最具潜力的咖啡消费大国，中国咖啡行业的发展空间巨大。不过，中国的咖啡市场还处于萌芽阶段。咖啡人均年消费量仅为 9 杯（2020 年数据），而世界主要国家咖啡平均人均年消费量为 449 杯，从绝对数量上看，远不及西方国家。

咖啡作为一种口味独特的饮品，深受青年消费者的喜爱，中年和青年人是咖啡产品的主要消费群体。新兴消费阶层（如年轻白领、学生）对咖啡有很大的兴趣，但他们属于消费较不稳定人群，没有构成持久的消费能力。而且水、果汁、茶饮料的低价冲击，让这些消费者只是偶尔选择品尝咖啡。咖啡的稳定消费者是以中年男性知识阶层为主，但他们的品牌忠诚度较高，对新品牌的选择机会较小，这些中年男性更青睐于精品现磨咖啡。

另一些消费者虽然不喜欢咖啡，但是喜欢咖啡厅的氛围和环境。他们会在咖啡馆里消费一些其他附属产品，以连锁咖啡馆为例，就年龄而言，25~39 岁的消费者去连锁咖啡专卖店消费的积极性远高于其他年龄段。从男女消费比例来看，男性远高于女性，到连锁咖啡专卖店消费的男性消费者中，每周至少会去一次的比率占了近五成，远高于女性（三成五）。不过，美式咖啡店星巴克也销售茶品，包括印度红茶、意大利风味花草茶以及中国的白茶和绿茶，茶品的零售价格低于咖啡。

讨论：

1. 茶和咖啡分别针对哪些消费者？如何进行细分？

2. 茶文化与咖啡文化是否可以和谐共生？如何理解星巴克选择进入茶饮料市场？

作为决策者的消费者

在面临决策时，消费者会受到场景、情境、时间、营销人员等因素的影响，在进行个体决策、家庭决策和组织决策时，消费者会表现出不同的特点。

第十二章 个体决策

学习目标

- 消费决策过程
- 消费决策的观点
- 消费决策的类型和原则
- 购买的不同阶段的影响因素

引 例

智能手机发展到现在已经非常成熟了，随着竞争的加剧，手机厂商不再玩价格战，而是注重创新与“黑科技”的差异化，消费者市场被更加细分了！

2018 年 10 月，柔宇科技在北京国家会议中心举办的全球新品发布会上发布了全球首款折叠屏智能手机 FlexPai，智能手机走向柔性折叠时代。2019 年 2 月，华为发布了旗下首款 5G 可折叠手机 Mate X，最大可以 180 度对折，这是横屏折叠手机的代表机型。随后，努比亚和维信诺联合发布了全球首款柔性屏腕机努比亚 α，这是一款可以戴在手腕上的柔性屏手机。2021 年，三星和华为分别推出 Galaxy Z Flip3 和 P50 Pocket,

这两款手机则是竖屏翻盖折叠的代表机型，将手机折叠后的尺寸大大缩小。各大手机厂商纷纷在折叠方式上下功夫，外折、内折、横屏折叠、竖屏折叠、纯柔性屏……消费者可选择的空间大大增加。不过，品类的增加也让提升了消费者决策的难度，如果是你，会选择哪一种折叠屏手机呢？

第一节　个体决策过程

一、消费决策过程

为什么人们在消费过程中需要做出决策？因为他们有多种选择！手机产品的迅速更新换代让消费者眼花缭乱，他们在性价比、黑科技、高颜值、高品位中不断做出选择，最终购买一台最适合自己的手机。

消费者个体决策过程（The Buyer Decision Process）是指消费者谨慎地评价某一产品、品牌或服务的属性并进行选择、购买能满足某一特定需要的产品的过程。个体的决策主要靠价值观、知识、经验和个人所掌握的情报信息去确定。消费者在购买一台手机的过程中会经历几个阶段，这些阶段实际上是对存在问题的反应。消费者发现自己需要一台新手机，旧手机或者无法使用，或者跟不上潮流了，这就是决策的第一步：问题识别。第二步，在问题识别之后，消费者需要进行相关信息的搜索，搜索途径包括网络、媒体以及其他口碑传播途径，在搜索的过程中确定备选方案。第三步，针对几种备选方案进行评估。各备选方案有何优缺点？性价比如何？自己更喜欢哪一款？是否能够支付得起？需不需要等待？第四步，人们需要在符合自己要求的产品中最后确定购买最适合自己的那一款手机。第五步，消费者会对自己选择的产品和整个购物过程进行评价，并进行群体范围内的口碑传播。

整个消费者决策过程如图 12-1 所示。

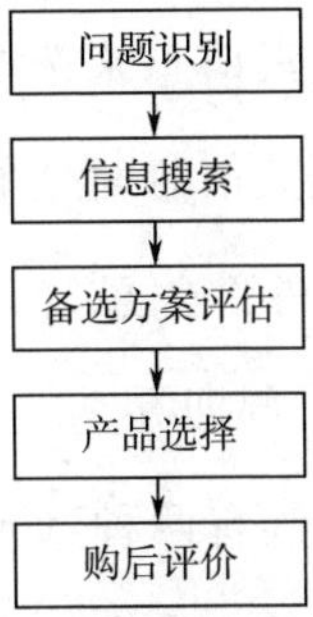

图 12-1 消费者决策过程

二、消费决策步骤

消费决策是一个系统的决策过程，包括问题识别、信息搜索、备选方案评估和产品选择等环节。消费者并不是突然做出一系列行为的，往往要经过几个阶段或步骤才会完成整个过程。

（一）问题识别

问题识别是消费决策的第一步。当人们认识到现实状态与理想状态之间存在差异时，问题识别（problem recognition）就出现了。消费者需要确定他们的理想状态和现实状态之间的差别到底是如何表现的，如果理想状态是快乐而充实，实际状态是繁忙而焦虑，此时就产生了问题，人们会通过一定的方式来解决这个问题，也就是后续的决策过程。

这一过程是否继续下去取决于两个问题：

（1）理想状态与现实状态之间差距的大小：差距过小不会引起问题。

（2）该问题的相对重要性：问题不重要也不会引起下一步的信息搜索。

（二）信息搜索

当确认理想状态与现实状态之间的差距很重要并且达到一定程度之后，消费者就会开始搜索信息来选择解决问题的办法。当消费者利用自己长期记忆中的相关信息时他们在进行内部搜寻，而内部搜寻无果的话，他们会转向外部信息（公开信息、个人来源、公众来源、产品经验等），形成外部搜寻。

消费者在搜寻信息的时候有两种选择：一种是尽可能寻找最优决策，另一种是只寻找一个基本满意的方案，后者能够减少做决策过程中的成本。两种不同的决策类型对于营销者来说有重要的意义，那些最优决策者在做决策之前会尽可能多地搜集信息，而那些满意决策者对产品的要求只要达到心理最低标准要求就可以了，因此不会花费大量时间进行信息搜寻。

（三）备选方案评估

在一次购买决策中，消费者需要耗费大量时间和精力在备选方案的选择上。消费者在进行信息搜寻时，首先会形成包含一定品牌数量的考虑域（consideration set），接下来，考虑域中能够被列入进一步比较范畴的品牌形成激活域（evoked set），而不会进一步考虑的品牌则构成了排除域（inept set），考虑域中还有一些消费者既无恶意也无好感的品牌，被称为惰性域（inert set）。对于营销者来说，尽可能把自己的产品引入消费者的激活域是他们的主要任务，手机行业中各品牌铺天盖地的广告就是为了让消费者对他们“激活”。

（四）产品选择

当消费者完成了信息搜索和备选方案评估后，他们就要从中做出选择。消费者运用的消费者决策规则很多，有的非常简单、迅速，有的则需要大量的精力和认知。

进行有效的产品选择需要制定评估标准。评估标准是判断彼此竞争的备选品牌的价值尺度。在比较备选品牌的过程中，消费者可以根据任何标准进行选择。那些能够实际区分备选方案的属性称为决定性属性，如空调的省电性、静音性和外观。营销者在了解了消费者的需求后，可以引导甚至创造产品的一些决定性属性。

三、消费决策的观点

对消费决策的研究有不同的观点，虽然出发点不同，但结果却是殊途同归。

（一）人群类型假设

将人按不同类型进行假设来分析他们的消费决策特征，这种识别方法将人分为四种：经济人（economic man）、被动人（passive man）、认知人（cognitive man）和情绪人（emotional man）。

1. 经济人

经济人假设的观点认为消费者的购买决策是完全的理性决策。这一观点来自西方经济学，为了判断供给与需求的关系，将消费者和厂商的行为做了特殊设定。不过，这种假设并不符合现实情况，在现实中，消费者在做决策时通常要受到各种因素的影响，并且由于信息的不对称，他们无法做到完全理性地决策。因此，经济人假设是不现实的。

2. 被动人

被动人假设的观点认为消费者会受到营销者促销活动的支配，他们是冲动的、非理性的购买者。这种观点在一定程度上也不符合实际情况，因为消费者拥有自己的思考和判断，在面对营销刺激的时候并不会如此被动。AIDA 模型（Attention，Interest，Desire，Action）是针对被动消费者所设计的营销手段。营销者使用各种方法刺激消费者，让自己的产品能够引起他们的注意并产生兴趣，形成购买欲望，最终实施购买行为，企业的广告、软文、交互活动等都可以达到这个目的。

3. 认知人

认知人假设的观点认为消费者是一个会思考的问题解决者，这是最符合现实的一种观点。这种观点关注消费者寻找、评价有关信息的过程，消费者被看作是一个信息处理系统。由于时间和资源的有限性，消费者不可能在决策中考虑到每个因素的影响，他们经常会满足于一种“看起来不差”的解决方案，这被称为有限理性（bounded rationality）。认知人假设基本符合有限理性原则，决策过程中强调的是“足够信息、满意决策”。

4. 情绪人

情绪人假设的观点认为消费者往往会做出情绪性的购买。许多女性在心情不好时会选择去购物、吃甜食，但这些往往并不是真正出自她们的需要而做出的决策。有研究表明，消费者的大多数购买决策是建立在高兴、快乐等情绪的基础之上的，因此，创造舒适、快乐的购物环境能够让人更容易做出购买决策，第四章关于动机和情绪的讨论也说明了这个问题。

总的来说，人们易于做出带有感情的而不是完全理智的购买决定，他们运用理智让购买决定合理化，但是是因为喜欢才会发生真正的购买行为。

理查德·塞勒——教你做一个“不理性的人”

2017年的诺贝尔经济学奖发给了美国学者，芝加哥大学布斯商学院教授理查德·塞勒（Richard Thaler）。作为行为经济学的开创者之一，塞勒的学说偏离了数学化的经济学风格，回归亚当·斯密的古典传统，通过实际观察找出偏离“理性假设”的行为和心理模式，让非理性的人过上更好的生活。

在塞勒的研究中，“禀赋效应”最为常见，他发展了“心理账户”理论，解释了人们如何在心中创建不同账户来简化决策。例如，如果某人某个月的工资奖金意外多了1 000块钱，他不一定因此多消费；但是如果这个月多了1 000块钱外快，花掉会更理所当然些。

在塞勒的研究中，他提倡“助推”，即一方面保障人们的自由，另一方面政策设计者可以往特定方向轻推。助推可以帮助人们更好地自控，来存下养老金和完成其他事情。

（二）决策过程观点

另一种识别消费决策特征的观点是按消费者在决策过程的表现分为：理性观点（rational perspective）、行为影响观点（behavioral influence perspective）和经验主义观点（experiential perspective）。

1. 理性观点

理性观点认为消费决策是消费者深思熟虑的结果，消费者通过明确问题—收集信息—找出备选方案—选择最终方案这一过程进行决策。根据这一观点，人们会理性地获取信息，与自身已有的对产品的认识进行综合，衡量每个备选对象的优劣，然后做出最令人满意的决定。因为消费者会尽可能多地收集信息，营销者会根据这一特点认真研究他们决策过程的每一步，以便设计出强调不同属性的产品，促销策略也可以根据消费者进行量身定制，从而通过最有效的方法传递最有吸引力的信息。

在实际生活中，某些商品的购买过程确实遵循了决策步骤，但对大多数产品的购买而言却未必完全符合。消费者未必会在每一次购物过程中都从头到尾地执行这个复杂而精细的过程，有些购买行为看起来一点也不理性。例如，消费者在超市等待付款时从收银台旁的架子上取下巧克力或口香糖，这种购买并不是预先决定的，可能只是出于当时的冲动，或者为了获得更大的促销实惠。

2. 行为影响观点

行为影响观点是指消费者的决策是对环境信号的反应。消费者的某些决策是在低介入的情况下做出的，就像在超市看到某个产品限时低价时，就会冲动性地购买这个产品。在行为影响观点假设下，管理者和营销者必须重点评估那些会影响目标消费群的环境因素，比如造型奇特、新颖的产品包装而不是产品的细节。

3. 经验主义观点

经验主义观点强调产品和服务的形式或整体性。这种观点认为，消费者的决策是一个整体性过程，有情感因素的卷入。在这种观点的假设下，消费者对某一产品做出购买决策时是带有情感的，比如购买和收藏印有偶像照片的产品，这些购买决策都带有情感印记。

四、消费决策的类型和原则

消费者的决策过程随着他们的介入程度越来越复杂，当介入程度比较低的时候，消费者的决策体现为常规反应，他们一般会做出习惯性决策（habitual decision making）。当消费者的介入程度比较高的时候，决策过程变成了扩展型的问题解决（extended problem solving），人们需要尽量收集更多的信息，对备选方案进行详细的评估，并考察品牌的差异。处在二者中间的决策被称为有限型问题解决（limited problem solving），通常人们会利用简单的规则进行决策。

（一）习惯性决策原则

当消费者进行常规购买时，通常会发生习惯性决策。在这种决策过程中，消费者需要考虑的属性比较稳定，并且会尽量将决策简化。启发法是常用的一种简单的决策规则。“贵的就是好”“赠品不值钱”“大包装比小包装更划算”等规则会让消费者进行快速决策，这些规则实际上就是人们的市场信念。人们会去大型超市购物，因为假设那里的商品会比便利店便宜，不过实际上却未必如此。表 12-1 列出了一些常见的市场信念。

表 12-1 一般市场信念

品　牌	所有品牌基本上是一样的 标准产品就是标以另一品牌标签并以低价出售的名牌产品 销量最大的品牌肯定是最好的品牌 拿不定主意时，全国性品牌总是最安全的选择
商　店	专卖店是让你熟悉最好的品牌的地方，一旦确认你要什么，在折扣店会更便宜 橱窗陈列可以反映一家商店的特色 专卖店的销售人员比其他商店的销售人员更具有专业知识 大型商店的价格比小型商店更有吸引力 地区性商店能提供最好的服务 一个商店的商品中有一种价值很高，那么这个商店其他商品的价值可能也很高 大型百货商店的信用及退货条件最为优厚 刚开业的商店价格总是比较吸引人

续表

价格/折扣/大降价	大降价是专门用来卖掉滞销商品的 常年有大降价活动的商店并不会让人真省钱 在特定的商店里，高价通常代表高质
广告及促销	使用硬性推销广告的产品质量低 附赠的样品不值钱 优惠券可以帮消费者省钱 当你买了大做广告的商品时，你是在为品牌而不是高质量付钱
产品/包装	大包装产品的单价通常要比小包装产品的单价低 新产品刚推出时价格高，随着时间推移价格会趋于下降 当你不能确定需要产品来做什么时，将它作为对新功能的一种额外投资是个不错的想法，因为未来可能用得着它 一般而言，人工合成的产品质量要比天然材料制成的质量差 产品刚上市时最好别买，因为制造商总需要时间来改进产品

资料来源：所罗门，卢泰宏，杨晓燕．消费者行为学［M］. 12 版．杨晓燕，郝佳，胡晓红，等译．北京：中国人民大学出版社，2018：242.

表 12-1 的常见市场信念并不完全正确，“高质高价”这种信念是有道理的，但是，“物美价廉”的商品也同样存在。

原产地是另一个能够让消费者减少决策时间的属性，特定产品和特定国家或地区被绑定在一起，消费者依赖这一信息进行选择。阳澄湖大闸蟹就是一个典型的地理标识产品，每年秋冬季节，来自全国各地的消费者费尽心思要买到产自阳澄湖的螃蟹，因此价格也是水涨船高。实际上，整个太湖水域的大闸蟹味道可能在普通消费者那里根本分辨不出差别，但价格却呈现出明显差异。原产地信息对于不熟悉产品的消费者具有极大作用，但对那些行家来说，他们会忽略这些信息，而是更多地关注产品的其他关键属性。

（二）补偿性与非补偿性决策原则

在高介入的情境下，消费者遵循补偿性原则（compensatory

rule）做出决策。补偿性原则允许产品的不足由其他优势的层面弥补，因此消费者在选择的时候会认真考虑备选方案的优缺点。营销者通常会尽可能多地列出产品相对于竞品的优势属性，让消费者在信息不对称的情况下根据这些属性进行选择。实际上，消费者的大多数决策不会如此理性，因为他们会引入情感因素进行决策，此时，一般使用非补偿性原则（noncompensatory rule）。非补偿性原则让消费者在决策时设定锚点，只要备选方案在某个标准上达不到锚点，他们就会转向竞品。在有限性问题解决和情感性决策中，非补偿性原则占主导地位（见表 12-2）。

表 12-2　有限型问题解决与扩展型问题解决的特征

决策过程	有限型问题解决	扩展型问题解决
动机	低风险、低介入	高风险、高介入
信息搜索	极少搜索： 被动地处理信息 可能在商店里做出决策	广泛搜索： 主动地处理信息 在去商店前参考了多方面的信息
备选品牌评估	信念薄弱 只使用最主要的标准 认为备选品牌基本相同 使用非补偿性策略	信念强烈 使用多种标准 认为备选品牌有显著差异 使用补偿性策略
购　买	购物时间有限，可能偏爱自助服务 选择经常受店内陈列的影响	如有需要会去很多商店 通常希望与店内工作人员交流

资料来源：所罗门，卢泰宏，杨晓燕．消费者行为学［M］. 10 版．杨晓燕，郝佳，胡晓红，等译．北京：中国人民大学出版社，2014：190.

第二节　个体购买过程

从购买的三个阶段来看，消费者会受到许多因素的影响：购买前消费者会受到情境因素的影响；购买时会被店铺本身的一些因素所影响；而购买后他们会形成满意度评价。除此以外，对于一些商品，还存在使用后的处置问题。图 12-2 展示了购买的不同阶段涉及的相关问题。

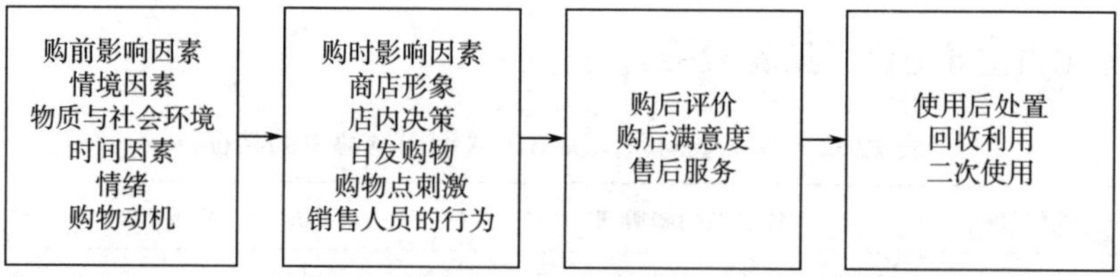

图 12-2　购买的不同阶段

一、购买前的影响因素

在消费者决定购买之前，他们会受到各种情境的影响。消费者在不同的情境之下可能会有不一样的行为发生，特定的情境会产生特定的行为特征。在演唱会的现场，观众们举起双手，与歌手一起吟唱，但是在其他场合他们却可能不会有这样的举动出现，人们的行为会因为情境的变化而发生改变。

（一）消费情境的类型

消费情境主要有四种：传播情境、购买情境、使用情境和处置情境。

1. 传播情境

传播情境实际上就是消费者接收信息时的情境。独处和聚会时人们接收信息的能力是不同的，营销者试图将广告放在合适的情境中来获取有效的关注，不过这并不容易。在大型体育比赛举办期间，一些聚会的场合是营销者播放广告的合适地点，如酒吧。植入式广告受到消费者的抵制，广告商改变了植入的方式，从原来的植入到文化产品中改为在文化产品播放的间隙以小剧场的形式植入。合适的传播情境会让广告信息得到充分暴露。

2. 购买情境

购买时消费者也会受到各种情境的影响，时间、广告、店铺橱窗展示、是否存在友人等都会对他们的行为发生作用，营销者需要设计合理的购物流程，选择适当的橱窗设计等吸引消费者进入店铺。

3. 使用情境

不同情境下人们会选择使用不同的商品。聚会时女士多半会打扮得光鲜亮丽，但郊游时着装一般会比较休闲，营销者需要考虑自己的产品适合消费者的哪些使用场合，从而设计出更适合他们的产品。

4. 处置情境

产品的包装需要处理，一些产品在使用后如果不能二次利用，也需要妥善处置，因此，营销者需要设计适当的包装以及回收渠道，既能够吸引消费者的注意，也具备方便的处置的条件。

（二）消费情境的维度

消费情境可以被具体区分为不同的维度，主要包括物质和社会环境、时间、情绪以及购买动机等。

1. 物质和社会环境

消费者的物质与社会环境会影响他们使用产品的动机及对产品的评价。物质环境如店铺的气味、装修风格、温度、拥挤状态、音乐等，都会明显地影响消费。除了物质环境，群体或社会背景也会对许多消费者的购买决策产生显著影响。当有他人在场时，人们会出现积极消费的情况，特别是在有漂亮女性在场的场合，男性会更愿意争夺付款的机会。此外，顾客类型也会影响消费者对产品的评价，本地人去得多的餐馆一定是比较地道的，而旅游区的餐馆则主要是游客。

2. 时间

不同消费者对时间的感知是不同的，特别是不同文化背景下的消费者时间观差异很大。当人们没有足够的时间时，他们会选择特定的购物场合和购物方式，便利店就是为了迎合人们节省时间的需求而设立的。网上购物大大缩短了人们购物的时间，也因此获得众多消费者的欢迎。除此以外，自助设施、机器识别技术的发展也让人们能够更快地完成购买行为。

心理时间是法国的柏格桑提出的概念，他把心理时间称为主观时间，是过去、现在和将来的互相渗透。“快乐的时间总是很短暂”“课堂上的十分钟像是一个小时”所表现的就是心理时间。为了减少人们感知的心理时间，在一些排队比较久的地方，如游乐场，排队的方式会呈现出蛇形而非直线形，虽然排队的实际时间并没有缩短，但人们的感知是不同的。

3. 情绪

消费者的情绪会对他所要买的商品产生巨大影响，购物者对消费环境的反应是否积极取决于两个因素：愉悦程度和唤醒水平。在这两个因素下人们会形成不同的情绪反应。特定的情绪是愉悦程度和唤醒水平的结合物，消费者在情绪好时会对商品做出更多积极的评价。

4. 购买动机

购买动机也是购买前的一个影响因素。人们为什么去逛商场?有的消费者是具有消费目标而去购物，有的消费者去商场主要去享受餐饮、娱乐（电影院、KTV）一体的休闲过程，还有的消费者可能没有任何目的，只是去商场闲逛。一个赶时间想要快点找到要买东西的地方的人，会发现环境中嘈杂的音乐、明亮丰富的灯光色彩和复杂的商店布局让人分心，然而去闲逛的人会享受商店里的这种感官刺激。

二、购买时的影响因素

在购买时，消费者主要关注的是购物体验。在这个过程中，商店的形象、店面布置、橱窗陈列、销售人员的行为等都会影响到消费者的决策。

零售业在不断创新购物体验以吸引消费者到店购物。商店形象在零售业是非常重要的一个部分，不论是实体店还是网店，好的店面从颜色、气味、声音、层级等各个方面营造良好的氛围，吸引消费者入场。

零售业经常会设计购物环境来刺激消费者，在刺激的过程中消费者会形成自发购物。自发购物存在两种形式：一种是本来没有需求的消费者在看到某个商品的时候所做的临时决定，被称为非计划购买（unplanned buying）；另一种则是面对营销刺激时激发的不可控制的欲望所导致的购买，被称为冲动购买（impulse buying）。超市中巧克力、口香糖之类的小巧易冲动购买的商品会被摆放在靠近收银台的位置，而日用品的位置则远离收银台。适当的商品陈列会增加消费者的冲动购买行为，而购买点刺激（point-of-purchase stimuli,

POP）则更可能将商品的吸引力放大。精心设计的商品摆放、免费品尝、手机接收优惠券等都会大大提升消费者的购买机会。

销售人员在消费者购物过程中的作用无可替代，即便是最有经验的消费者，也需要现场销售人员的指引。优秀的销售人员通常更了解顾客的特点和偏好，他们知道什么时候出现在消费者身边最合适，给他们最适合的建议，这些知识和技能有助于销售人员的业绩提升，也会让消费者形成满意的态度。

三、购买后的评价

人们购买产品后对产品的整体感受，也称之为消费者满意/不满意（consumer satisfaction/dissatisfaction，CS/D），会对人们以后的购买行为产生重要影响。从长期和动态的角度来看，消费者的满意/不满意是在变化着的，而且受到各种因素的影响，包括情境、备选方案，甚至人们的情绪。尽管如此，满意度评价仍然是企业关注的重要指标。大样本数据的满意度评价能够让企业改进产品和服务，提升质量和价值。

售后服务是提升顾客满意度的重要手段，如果消费者买回去的产品出现了问题，及时并且能解决问题的售后服务会给消费者带来信任感，从而为企业留住忠诚顾客。

四、使用后的处置

产品使用之后需要有合适的处置，否则可能造成环境污染等严重的社会问题。出于对保护环境和处理便利性的考虑，无论是塑料袋还是大型旧家电，处理简单易行已成为产品的关键属性。正是由于对产品的这一需求，消费者对不会污染环境的可持续产品的需求为企业创造了一个新市场和新机遇。

在废旧物品处理的选择上，现有的使用后处置方法有回收和二次使用等。

第一，回收利用，或称循环再造，一般通过废品收购渠道完成。严格意义上来说，材料的回收利用是用来重新生产同样材料，如用旧的打印纸生产新的打印纸。然而，这样的生产成本往往会比使用原材料生产更高，因此，被回收利用的材料或产品被用来制作成其他不同的产品，最大限度地重复利用资源。比如，旧的报纸被回收利用后可以被做成硬纸板继续使用，垃圾分类也成为一个新的环保产业在推进可持续消费。

第二，二次使用是指用旧的产品仍然可以继续使用，比如看过的旧书、过时的衣服等，可以去旧书交流市场和二手拍卖网站处置这些物品，或者整理、清洗完毕捐赠给贫困地区。可以二次使用的物品可能本身没有什么问题，只是因为物品过时或者消费者不再使用才被处理掉。手机、电脑之类的电子产品更新换代较快，追求使用新产品新技术的消费者对这些产品的更换较为频繁。一些电子产品还没达到使用寿命就已经被废弃了，这类电子产品的处置可以送到专业的回收站进行回收或者进行二手转卖。一些高端奢侈品也存在二手处理的方式，中古店、二手店在奢侈品交易过程中非常流行。

理论前沿

价格促销与消费者捐赠

价格促销可以增加消费者的感知资源，进而增加消费者的捐赠行为。研究人员结合现场和实验数据的七项研究为这一主张及其感知资源的内在机制提供了一致的支持。此外，研究者还发现，当消费者专注于花费（而非储蓄）的金钱数量，感到预算超支以及无法即时感到节省金钱时，价格促销对消费者捐赠行为的积极影响会减弱。而当募捐发生在价格促销之后（vs. 延迟）时，这种效应更强。这项研究记录了价格促销的新的行为结果，并揭示了价格促销可以产生积极的社会影响并为更美好的世界做出贡献的机制。

>>> 本章小结 >>>

本章主要探讨了下面几个问题。

1. 消费者决策过程

个体的决策主要靠价值观、知识、经验和个人所掌握的情报信息去确定。消费者的决策过程包括几个阶段：第一步，问题识别；第二步，信息搜索；第三步，对备选方案进行评估；第四步，产品选择；第五步，选择后进行评价。

2. 消费决策的观点

对消费决策的研究包括不同的观点，虽然研究出发点不同，但结果却是殊途同归。第一种方法是将人分成不同类型进行假设来分析他们的特征，这种方法将人分为四种：经济人、被动人、认知人和情绪人。关于消费决策的另一组观点是理性观点、行为影响观点和经验主义观点。总的来说，人们易于做出带有感情的而不是完全理智的购买决定，他们运用理智让购买决定合理化，但是他们往往是因为喜欢某些商品才会真正购买。

3. 消费决策的类型和原则

消费者的决策过程随着他们的介入程度的加深而变得越来越复杂，当介入程度比较低的时候，消费者的决策体现为常规反应，他们一般会做出习惯性决策。当消费者的介入程度比较高的时候，决策过程变成了扩展型的问题解决，人们需要尽量收集更多的信息，对备选方案进行详细的评估，以及考察品牌的差异。处在二者中间的决策被称为有限型问题解决，通常人们会利用简单的规则进行决策。

4. 购买的不同阶段的影响因素

从购买的三个阶段来看，消费者会受到许多因素的影响：购买前消费者会受到情境因素的影响；购买时会被店铺环境的一些因素所影响；而购买后他们会形成满意度评价。除此以外，对于一些商品，还存在使用后的处置问题。

案例分析

二手、中古与 Vintage——潮流产品的循环消费

二手市场是人们将闲置不用的物品集中起来进行交换或交易的场所，人们用自己觉得没用的东西交换别人一些等价的闲置物品来再次利用。这种交换不但可以省钱，消费者还可以淘到很多喜欢又买不到的东西。近年来，中国的二手市场开始繁荣，各个档次的二手商品交易平台不断发展，形成了循环经济的一个重要组成部分。

在二手商品交易中，一些商品因为具有较高价值或者包含具有年代感的潮流元素，市面上不再生产和销售而成为中古品。“中古”一词来源于日本，是二手奢侈品的代名词。日本有非常多大大小小的中古买手店以及拍卖行，完善的行业标准加上对假货的严格管制，日本中古市场越来越成熟，中古文化与氛围也越来越浓厚。不过，中古品为二手商品，本身具有一定的瑕疵和使用痕迹，不具备循环消费理念的消费者大多不能接受。在中国，除网络二手交易平台之外，一线城市的实体中古店已经形成相当规模，二手奢侈品的交易在近年来逐渐活跃。

二手市场中的一部分精品特别是服装服饰被称为古着（Vintage），通常指1940年以后至1980年以前保存良好的时代精品。Vintage发源并繁衍于廉价的二手商店，却并不代表陈旧，它体现的是一种成熟的、恒久不变的经典魅力，“复古”更能代表Vintage的含义。古着店在中国也有不短的历史，而且具有典型的中国特色。在北京，知名古着店不下十家，分布在北京的三里屯、鼓楼、宋庄等时尚场所和文艺集散地，不少古着店因其独特的风格成为网红打卡地和文艺沙龙。

Vintage起源于欧洲，发扬于日本，流行于全世界。从时尚潮流的轮回到循环再利用的重生，环保理念与循环消费被引入到Vintage的文化内涵中。二手产品已经不只是被使用过的产品，它也可以成为不同时代发展的见证。

讨论：

1. 二手商品为什么会得到消费者的关注？哪些商品更容易在二手交易平台上成交？

2. 你认为二手奢侈品店和古着店有何区别？如何进行差别定位和营销？

第十三章　家庭决策和组织决策

学习目标

- 家庭决策中的成员角色
- 家庭类型
- 家庭生命周期
- 家庭决策的特点
- 组织决策的类型和特征

引　例

城市街头有很多流浪猫和流浪狗，它们有的被人定时喂养，悠闲度日；有的被人追打，惶惶不可终日。与流浪猫狗相对应的是另一群动物，它们生活在人类的家庭中，被人类精心呵护，有主食和零食吃，有漂亮衣服穿，定时洗澡修容，定期医院免疫，甚至跟随主人畅游世界！它们被称为"宠物"。

宠物不只是猫猫狗狗，还有其他的一些动物，如两栖类、爬行类、鱼类、鸟类等。不同的人喜欢不同类型的动物。猫和狗是最为普遍的作为宠物的动物，而且愿意跟人类亲近。一些家庭对家中养的宠物猫狗感情颇深，不只是把它们当动物看待，而是作为家庭成员的一分子了。有的主人会为猫狗定做生日蛋糕，购买漂亮的主题服装，去专业的摄影工作室为萌宠制作影像资料。当宠物生病时，主人会带它们去宠物医院看病，不惜花费高昂的医疗费用以求它们能渡过艰难时期。如果宠物发生不幸，主人还会寻找合适的地方将宠物下葬，甚至会召开宠物追悼会！

第一节　家庭决策

一、家庭和家庭决策

家庭是婚姻、血缘和收养关系基础上产生的社会单位。社会的基本单元是家庭，而消费中很大一部分是以家庭消费的形式出现的。大到价值比较高的商品，如房子和车，小到外出就餐，都可能是家庭成员集体决策的结果，因此，家庭决策比个体决策更复杂，目标也可能与个体决策存在明显差异。家庭决策需要家庭成员的妥协，是一个博弈的动态过程，最终，决策者在确保整体利益的前提下做出满意决策。

消费者的购买活动一般以家庭为单位，流行的研究观点认为，家庭决策通常不是家庭的集体决策，而是家庭中的某一成员最后拍板。不过，最近的研究观点表明，家庭决策过程中每个成员都可能参与决策过程，因而出现冲突、协商、分工、妥协的现象。

不同的家庭成员对购买商品具有不同的实际影响力，在一般家庭做出购买决策的过程中，通常家庭成员扮演着五种主要角色：

(1) 提议者——促使家庭其他成员对商品发生兴趣的人；

（2）影响者——提供商品信息和购买建议，影响挑选商品或服务的人；

（3）决策者——有权单独或与家庭其他成员一起做出买与不买决定的人；

（4）购买者——购买商品的人；

（5）使用者——使用所购商品或服务的人。

家庭成员中谁充当什么角色会随着家庭结构和所买商品的不同而变化。

二、家庭的类型及其消费偏好

传统的家庭模式分为三类：核心家庭、主干家庭和扩大家庭。

在中国，核心家庭通常由父母和一个或两个孩子组成。核心家庭的特点是人数少、结构简单，家庭内只有一个权力和活动中心，家庭成员间容易沟通、相处。核心家庭是我国主要的家庭类型。

主干家庭又称直系家庭，由两代或两代以上夫妻组成，每代最多不超过一对夫妻且中间无断代。主干家庭的特点是家庭内不仅有一个主要的权力和活动中心，还有一个次中心存在。在我国，主干家庭曾经是最主要的家庭类型，但随着社会发展，这种家庭类型已不再占主导地位。

扩大家庭由核心家庭或主干家庭加上其他旁系亲属组成。扩大家庭曾经是中国人的梦想，人们常常用“子孙满堂”来表述长辈的成功与幸福。但有人指出，中国传统社会是以大家庭为主其实是一种误解，人们确实是以大家庭为理想，但并未普遍存在过所谓的“四世同堂”。历史上，大家庭存在于世族门阀之中，这样的人毕竟是少数；绝大多数平民是以核心家庭或者主干家庭为主的小家庭。

现代的家庭模式不止这三种，还包括几种非传统的家庭模式：单身家庭、单亲家庭、重组家庭、丁克家庭等，很明显，现代家庭表现出多元的特质和发展方向。

家庭类型的不同会影响家庭的消费模式和消费决策的制定。传统夫妻（首婚）与非传统夫妻（再婚和同居）在住房等大宗消费决策方面会呈现出巨大的差异，丁克家庭不会考虑婴幼儿用品（除非用于送人），而重组家庭的购买决策制定要比单亲家庭复杂得多。在研究家庭消费时，家庭类型是一个必不可少的考虑因素。

根据江林、李志兰（2013）的研究，不同结构家庭的消费意愿会呈现不同的特点。单身家庭比较关注时尚，思想开放，崇尚娱乐和休闲，一般经济上没有负担，购买力比较强，因此在服

装、美容保健、文化娱乐、旅游、电子产品方面都表现出较强的消费意愿，对高档产品、奢侈品的购买意愿也较高，如有必要非常愿意进行借贷消费。夫妇二人家庭只有夫妻二人组成，一般而言负担较轻，有较多的可支配收入，注重享受和生活的品质，愿意购买和更新许多家用产品，因此在食品、居住、美容保健、医疗、旅游、人情方面的消费支出意愿较高，借贷消费意愿也比较高。核心家庭在食品、居住、交通通信、人情、家用电器方面的支出意愿最高，在服装、美容保健、电子产品、奢侈品和汽车方面的购买意愿也较高，这类家庭中，夫妻双方一般都会工作，储蓄积累压力较小；另一方面，独生子女政策大大提升了孩子在家庭中的地位，他们愿意为孩子创造最好的物质条件。但这类家庭在文化娱乐方面支出意愿较低，可能是由于工作和家务占时较多，闲暇时间较少。主干家

庭的医疗支出意愿最高，但在服装、美容保健、文化娱乐、旅游、电子产品等方面的支出意愿是最低的，并且借贷消费意愿、购买汽车以及奢侈品的意愿都是最低的。这可能是因为主干家庭的老人较多，在医疗方面的支出较高，并且由于这类家庭教育储蓄和赡养老人的负担较大，财务压力比较重，因而养成了勤俭和精打细算的习惯。单亲家庭由于经济来源单一，非常容易面临经济困难，因此会呈现消费量的缩减和消费意愿的降低。但是，这类家庭在服装、美容保健、旅游、电子产品方面的支出意愿是最高的，对高档产品、奢侈品和汽车的支出意愿也最高，在交通通信、家用电器方面的支出意愿也较高，借贷消费倾向也很强，并愿意尽早进行消费，这可能是因为家庭残缺引起的心理紧张、不满而导致的补偿性消费行为。

三、家庭生命周期

家庭生命周期是指多数家庭从结婚、子女出生到子女独立与终老凋谢的全过程，家庭人数的变化是划分家庭生命周期不同阶段最重要的标志。一般来说，家庭生命周期可分为形成期、成长期、成熟期和衰老期。不同世代的家庭，其生命周期会出现交集，比如自己的家庭处于成长期时，父母的家庭可能已经进入了成熟期。家庭处于生命周期的不同阶段，其资产、负债状况会有很大不同，理财需求和理财重点也会随之出现差异。因此，了解一个家庭正处于哪个生命周期阶段，对于营销者理解家庭消费和营销策略的制定具有重要意义。

家庭生命周期可以分为单身、新婚、满巢一、满巢二、空巢和丧偶独居 6 个阶段，如表 13-1 所示。

表 13-1　家庭生命周期的各阶段

阶段	起始	结束
单身	出生	结婚
新婚	结婚	第一个孩子出生
满巢一	第一个孩子出生	最后一个孩子出生
满巢二	第一个孩子离开父母亲	最后一个孩子离开父母亲
空巢	最后一个孩子离开父母亲	配偶一方死亡
丧偶独居	配偶一方死亡	配偶另一方死亡

家庭生命周期对消费的影响体现在两方面：一是消费在家庭生命周期的各个阶段呈现出 U 形曲线形态。早期，收入主要被用于消费；中期，为了应对子女的教育和防老，一部分收入被用来储蓄，消费占比下降；晚期，家庭收入又被用于消费，消费占比再次攀升。二是家庭生命周期的不同阶段，家庭所消费的对象呈结构性变化。没有孩子的家庭夫妻更可能外出旅行，而孩子比较小或没有离开父母独立生活时，家庭的一大部分收入要被应用于满足孩子需要的产品，如教育。

虽然家庭生命周期的概念来源于西方学者，不过对中国家庭来说也同样适用。只是在分析中国家庭的消费决策时需要考虑中国家庭的独特性，例如，中国家庭普遍存在着父母在财务上支持刚独立子女，帮助子女照顾孙子女，以及在父母年迈时子女反哺的现象，这在西方世界并不普遍。根据家庭生命周期的不同以及中国家庭的特点，营销者应该制定不同的营销策略，有针对性地服务处于不同生命周期阶段的家庭。

四、家庭决策的特点

家庭决策的制定过程类似于公司会议，需要经过讨论最终形成妥协。在家庭决策制定过程中，由某一成员发现或提出购买需求，然后家庭成员进行讨论，决定是否购买、谁购买、谁使用。当然，并不是每一个家庭决策都会经过完整的制定过程，可能只涉及其中的几个步骤。几乎每一种生活情境下，在购买过程中家庭成员都承担着不同的角色。

与个人决策相比，家庭决策具有以下几个特点：

（1）参与者众多，属于群体决策，如旅游、外出就餐。

（2）一些家庭决策属于“代理决策”，如食品或婴幼儿产品。

（3）决策过程中会涉及情感和关系，如纪念日的消费。

（4）个体的“自我”依附于“我们”，如装修。

（5）家庭中一些购买是组合式的，如宠物用品。

家庭决策一般有两种类型：意见一致和折中购买。

当家庭成员对需要购买的物品意见一致时，他们会形成组织合力来解决问题。当家庭成员的偏好存在明显差异时，决策过程就比较复杂了。这个时候，讨价还价、强制、妥协和权力会被运用到讨论过程中，以便达成一致。有时候家庭成员之间甚至可能发生冲突，父母不让孩子玩游戏时，如果方法不当，很容易造成孩子的强烈反抗，这种时候很有可能发生“家庭战争”。

五、夫妻角色的影响

家庭决策大部分是由夫妻中一方主导或者双方共同协商做出的。一方主导的决策被称为自主决策（autonomic decision），共同制定的决策则被称为联合决策（syncretic decisions）。有研究表明，中国家庭中由女性主导的决策主要在家庭日用品、食品、家具和服装等领域，而男性则在住宅、汽车、理财等领域居于主导地位；联合决策体现在外出就餐、旅游以及室内装修等方面。

AA 制家庭——你能接受吗？

AA 制原指各人平摊费用的形式，一般用于聚会、旅游等共同消费共同结账的场合，近年来，AA 制出现在家庭生活中，在处理日常花费问题时也采取了平均分摊的方式，这一趋势在大城市悄然兴起。

“80 后”对 AA 制家庭的接受度比较高，他们认为这种形式比较简单，公平合理。特别是对于异地生活的夫妻来说，双方经济相对独立，可以接受各花各的这种形式。不过，对于年龄偏长的家庭来说，AA 制显得太没有人情味，婚姻关系变得过度理性了，不利于婚姻的维系。

在夫妻双方收入较高、稳定并且收入差距不大的情况下，AA 制形式家庭在决策时可能更有效率，而且夫妻关系并不一定受到影响，反而可能会起到促进作用。但是在收入较低或差距很大时，AA 制的利弊会表现得更明显。

在中国传统文化中，“男主外，女主内”“嫁汉嫁汉，穿衣吃饭”仍然是绝大多数人信奉的观念。虽然 AA 制可以让一部分女性的自立表现出来，但是文化的影响让 AA 制家庭备受争议。

婚姻中到底是经济重要还是感情重要，这是个见仁见智的话题。不管怎样，AA 制家庭的出现以及人们对这种形式家庭的接纳，正是社会发展的产物。未来会如何发展，还要看家庭成员的努力和对婚姻的期望。

营销者需要识别出谁是家庭的决策者，以便决定营销刺激主要针对夫妻中的哪一方或者是否应当同时接触夫妻双方。一般而言，以下四个因素会决定家庭决策是由双方共同制定还是由其中一方制定的：

（1）性别角色的刻板印象：家庭中男女的角色分配决定了夫妻双方各自承担的责任。

（2）配偶资源：向家庭贡献更多资源的配偶拥有更大的影响力。

（3）经验：拥有更多购买经验的一方会更经常地制定决策。

（4）社会经济地位：中产阶级家庭比上层和下层阶级要做更多的联合决策。

六、儿童的作用

儿童是培养中的消费者，作为家庭的一员，有时候父母会考虑到或者被迫听从儿童的想法进行家庭购买。汽车儿童安全座椅就是利用家长对儿童安全的考虑而设计的，同样的设计还有一些餐厅中会配备儿童椅，帮助家长将很小的婴儿固定在一个安全空间中。

儿童市场由三个市场构成：基本市场、影响市场和未来市场。

（1）基本市场：儿童自己的需要，包括玩具、服装、游戏等。

（2）影响市场：在一些家庭决策制定过程中，父母会受到儿童的影响而做出让步，儿童的影响多半会施加给母亲，因为母亲与儿童的互动会超过父亲。在母亲不肯购买儿童想要的玩具或服装时，他们会大哭，或者讨好，甚至与母亲达成交易。

（3）未来市场：儿童长大后的市场，如果在儿童阶段就形成忠诚购买，这种忠诚度会在一定程度上得到延续，例如，运动品牌在童装市场的布局为他们占领青少年市场乃至成人市场都有巨大帮助。

儿童的影响力存在社会文化差异，相比美国而言，以色列的儿童购买影响力更大。而单亲家庭的儿童在外出就餐的选择上更能影响父母的决策。

儿童关于品牌和产品的知识来源于哪儿？父母是一个重要的观察学习对象。父母会将自己的消费价值观灌输给孩子，在一定程度上，父母也会决定孩子在多大程度上接触广告和媒体。文化差异存在于父母对子女在消费技能上的训练，中国的父母会比较早地教孩子认识钱，但是对于电视和其他媒体上传播的广告信息却多半不会解释给孩子听，这与美国家庭的教育方式有所不同。

营销者利用这种信息将成人产品包装成儿童版，鼓励儿童进行模仿。这种对产品偏好的传承有助于让消费者建立品牌忠诚，这种代际间的影响得到了研究者的证明。

广告对儿童的影响是潜移默化的，营销者旨在鼓励儿童形成终身的习惯。毫无疑问，电视和网络广告对儿童的消费认知是有影响的，在观看了儿童参与真人秀节目之后，许多儿童要求父母带着自己出门旅行，甚至模仿明星子女的衣着和行为。这种媒体的影响力是巨大的，虽然一些成年人认为节目其实反映的是家庭亲子的过程，明星与子女之间的互动很有看点，也有一定的教育作用；但是从另一方面来看，普通家庭的孩子会进行社会比较，如果不进行正确的引导的话，留在孩子们记忆中的可能只剩下明星子女的奢侈行头和“公主”“王子”做派了，这对儿童的成长明显存在负面影响。

一些电视和网络广告对儿童的影响是正面的。“米老头”蛋黄煎饼是一款零食，以爱为主题，广告中孩子为了能让妈妈多睡一会，自己准备早餐，这种广告传递的正向价值观有利于儿童形成正确的世界观和价值观。很多洗衣粉、洗衣液的广告会突出妈妈洗衣服的辛苦，这也给儿童传递了一种要好好爱妈妈、爱家人的正能量。

第二节 组织决策

与家庭决策类似，组织也会做出许多购买决策，这些决策也具有群体决策的特点。不过，组织决策与家庭决策存在明显的不同，因为组织中的成员不具有家庭成员的亲缘关系，在决策时就不会涉及相互之间的情感。组织决策的过程相对个体决策来看比较复杂，参与者众多，决策过程涉及独特的组织文化和组织规范，因此具有一定的独特性。

组织决策的类型主要有三种：直接重购（straight rebuy）、修正性重购（modified rebuy）和新购（new task）。

第一，直接重购：与个体决策中的惯性决策相似，组织自动订购已经成熟的商品，不需要大量搜索信息。

第二，修正性重购：类似于个体决策中的有限型问题解决，组织需要对产品和服务进行一定的修正，经过少量信息搜索之后完成重购。

第三，新购：属于扩展型问题解决，组织需要收集大量信息以避免出现严重风险，采购中心一般会用来评估整个过程。

组织决策与个体决策存在明显的差异，因此，在理解组织决策的时候需要考虑它所具有的特征：

（1）组织购买涉及的人数众多，包括各种购买者、影响者以及使用者。

（2）组织购买需要了解产品信息以及相关的知识，而个体购买者一般不需掌握。

（3）组织购买经过多人讨论，并且多为专业人士，因此很少出现冲动购买。

（4）组织购买决策通常风险远超过个体决策。

（5）组织购买的金额比较大，因此对供应商具备议价的能力。

（6）组织购买过程中人员推销的作用远胜广告。

在电子商务时代，组织购买过程的复杂程度不断降低，风险性却不断提高。虽然在有资质和诚信的平台上完成交易能够节省大量成本，但也存在血本无归的可能性。随着互联网技术的不断改进和国家法律法规的进一步完善，组织购买决策会越来越规范，并且得到安全保障。

理论前沿

中国家庭消费行为与男女性别歧视

推动社会性别平等一直是现代社会发展的主要任务和追求目标。章志敏（2015）就性别角色态度对妇女家庭决策权所产生的影响进行了研究，研究结果表明，上海、浙江、福建三地在家庭决策中倾向于夫妻共同决定，但相比妇女，男性在关于家庭发展、财产等事务上拥有更多的话语权，同时也存在着城乡差别，相比于城镇地区，农村妇女在家庭决策权中的平等程度相对落后，男性执掌着更多的家庭决策权。

有其他学者的研究则考察了中国的男女性别歧视，这种歧视体现在父母代表孩子在不同市场的购买决定中。该研究使用从两家在线零售商处获得的丰富的、家庭特定数据集来比较男孩和女孩的服装支出。研究结果发现，性别不平等的模式在不同的地理市场存在系统性差异。与大都市相比，欠发达地区的男孩与女孩的相对支出差异更大，而且这种相对支出差异与一个地区的社会经济条件、教育水平和出生率密切相关。

>>> 本章小结 >>>

本章主要探讨了下面几个问题。

1. 家庭决策中成员的角色

不同的家庭成员对购买商品具有不同的实际影响力，在一般家庭做出购买决策的过程中，通常家庭成员扮演着五种主要角色：提议者、影响者、决策者、购买者、使用者。

2. 家庭类型

传统的家庭模式分为三类：核心家庭、主干家庭和扩大家庭。现代的家庭模式不止这三种，还包括几种非传统的家庭模式：单身家庭、单亲家庭、重组家庭、丁克家庭等。很明显，现代家庭表现出多元的特质和发展方向。

3. 家庭生命周期

家庭生命周期是用来描绘多数家庭从结婚、子女出生到子女独立与终老凋谢的全过程，家庭人数的变化是划分家庭生命周期不同阶段最重要的标志。一般来说，家庭生命周期可分为形成期、成长期、成熟期和衰老期。

4. 家庭决策的特点

与个人决策相比，家庭决策具有以下几个特点：参与者众多，属于群体决策；一些家庭决策属于“代理决策”；决策过程会涉及情感和关系；个体的“自我”依附于“我们”；家庭中一些购买是组合式的。

5. 组织决策的类型和特征

组织决策的类型主要有三种：直接重购、修正性重购和新购。

组织决策与个体决策存在明显的差异，因此，在理解组织决策的时候需要考虑它所具有的特征：组织购买涉及的人数众多，包括各种购买者、影响者以及使用者；组织购买需要了解产品信息以及相关的知识，而个体购买者一般不需掌握；组织购买经过多人讨论，并且多为专业人士，因此很少出现冲动购买；组织购买决策通常风险远超过个体决策；组织购买的金额比较大，因此对供应商具备议价的能力；组织购买过程中人员推销的作用远胜广告。

案例分析

寓教于乐——乐高积木与乐高教育

乐高积木是乐高的主线玩具产品，但乐高自己也没有想到，在中国最有价值、发展最快的业务不是它的玩具套装，而是课堂中的乐高教育。

乐高玩具和乐高教育是乐高的两个业务线，在丹麦和美国，乐高玩具是主导，而乐高教育是跟随玩具零售市场发展的。而在中国，情况完全相反。乐高玩具的销售跟在乐高教育后面，成为乐高教育的补充。

中国家庭对子女的教育投资是巨大的，而且越来越早，许多儿童在2~3岁的时候就已经开始开发他们的想象力了，乐高是一个极好的辅助工具。一开始，儿童们玩乐高积木，在经过一段时间的培训之后，他们甚至可以动手制作机器人。家长们对乐高教育培训班的态度发生了很大的转变，从一开始的怀疑浪费时间到后期的高度认可，乐高玩具正是随着这种态度的转变成为儿童智力开发的好帮手的。许多家庭会不断购买乐高玩具来提升孩子的创造力、想象力、辨别力，甚至可以让孩子的语言表达能力得到改善。

中国教育市场的庞大潜力让乐高教育得到了发展的机会，乐高将自己投入到以前从未涉足的中国小学校园。科学课、数学课、语文课都可以用到乐高的教具，不过这些与校园的合作需要有配套的产品设计以及对教师的培训，这些工作直到 2015 年才开始启动。实际上，2015 年乐高在中国的营业收入增速高达 40%，远超全球收入的总增长率 25%，这个增长速度让乐高在 2015 年成立了中国区总部。之前中国并不是乐高的重点市场，但是现在，中国已经成为与美洲、欧洲和亚太比肩的区域。

不过，乐高也面临着一定的挑战。除了乐高玩具存在假货之外，真正得到乐高授权的教育培训机构只有两家，其他所谓的“乐高班”都不属于乐高。这个市场太大了，如何管控成为一个大问题。

中国的孩子比美国的成年人都多，生育政策也已经放开，寓教于乐的乐高会继续保持高增长吗？

讨论：

1. 乐高在中国发展迅速，原因何在？

2. 对于乐高来说，主要的竞争对手是谁？如何在中国区市场维持领先地位？

案例分析

城镇家庭婚庆消费变迁

在中国，结婚典礼意味着新家庭的正式建立，因此婚礼是最重要的一场仪式。婚庆消费包括婚礼筹备、婚宴、家具家电等多个项目，每对新人的婚庆花销大约在 8 万～20 万人民币，这是一个庞大的消费市场。

中国的婚庆仪式经历了不同的发展阶段，从 20 世纪 70 年代简单的仪式到 21 世纪的奢华婚庆，不同世代的婚礼呈现出时代的烙印。

“50 后”的婚礼是非常简单的，家具多为手工制作，几乎没有什么家电，新房简单粉刷之后就可以入住。当时的婚宴排场不大，但是属于整个婚礼过程中最讲究的一项。自行车、收音机等现在看来再简单不过的东西是那个时代的“大件”商品，如果婚礼中有这些东西会显得很有面子。

20 世纪 90 年代，“60 后”的婚礼仪式开始有彩礼出现。珠宝首饰出现在新娘身上，一般是娘家提供。新房需要有装修装饰，不过不会很奢华，家具家电是必备的。这个时代的家电成为必需的“大件”，电视机、冰箱、洗衣机是主流的三大件。结婚礼服有了一定的设计感，一般为量身定做，面料要好，看起来体面。结婚最大的消费仍然是婚宴，与“50 后”的婚宴相比，排场大了许多，亲戚朋友、单位同事、领导、媒人等都会在婚宴中出现。

“70 后”的婚礼进入了新千年，这个时代开始流行婚纱照，在新房中会摆出新人的放大的婚纱照片作为装饰。婚礼中新娘的珠宝首饰由婆家购买，一般为“三金”。新房中家具家电的等级高于“60 后”，花费也大大增加。婚礼当天的服装不再定做，而是可以从婚纱店租用。如果老家在农村而在城市办婚礼的话，还需要负担乡下亲戚的住宿费用，或者有些家庭选择在老家举办正式婚宴，在城市举办小规模宴请。

“80 后”的婚礼中新娘的首饰换成了钻石，这项花销远超过一般的“三金”。新房装修以及家具家电提升了档次，不过这个时期家电产品的价格已经下降，实际上在这方面的花费并不比“70 后”多。汽车开始成为婚礼中的亮色，也是最有价值的消费。婚宴开始请专门的婚庆公司来策划，整个婚礼过程花费不菲。

21 世纪的第二个十年，“90 后”也结婚了。他们的婚礼中房子的开销是大头，新房加上装修要花数十万元。新人不再租用结婚典礼时的礼服和婚纱，而是选择自己选购并且保留。婚庆公司的婚礼形式多种多样，新人的选择也非常多，可以是西式婚礼，也可以是传统中式婚礼，近年来开始流行复古的汉唐婚礼。整个婚礼的消费已经远超前面几代人了！

尽管大众的婚礼形式如此，不过每个时代都有少数特立独行者存在。例如 20 世纪 70 年代和 80 年代的自行车婚礼、90 年代的旅行婚礼，21 世纪的裸婚等，集体婚礼贯穿着各个时代。也许下一个十年，人们的婚礼会变得科技化、绿色或者其他的什么形式，婚礼代表着时代的特征，也充满了消费机会。

讨论：

1. 不同年代的家庭婚礼消费有何特征？

2. 如何引导中国消费者进行适当的婚礼消费？

数字时代的消费者

数字时代的消费者与传统消费者存在很大差异，他们的生活依赖网络和社交媒体，消费活动多半在移动互联网的支撑下完成。实时、互动、虚拟是时代的特点，消费也因此而创新。

第十四章 社交媒体与网络口碑

学习目标

- 社交网络
- 社交媒体营销
- 网络口碑

引 例

科技改变了人们的生活方式！2019 年底新冠肺炎疫情以来，全球处于相对封闭的环境，云技术得到了极速发展。从生产生活到各行各业，原来面对面可以解决的事情现在需要通过网络完成，人们的衣食住行娱乐交友几乎都可以通过网络实现。21 世纪的第三个十年，人们开始生活在云端！

手机等科技产品的发布会早就步入社交媒体传播时代，全球消费者实时同步获取关于新产品的信息；抖音、快手、微视等将消费者引入短视频和直播领域，形成娱乐与电商的有机结合；传统电商、跨境电商与供应链整合，实现线上购物的全渠道云端服务……消费者足不出户可以完成并监督消费的所有流程，科技助力美好生活！

第一节　社交网络与社交媒体

一、社交网络

在小米的发布会上，雷军作为网络大 V，同时也是小米的老板，双重身份让网友特别关注；“小米手机”是公司的公众号，负责发布产品和营销信息，这两个微博账户以及关注他们的网友形成了社交网络的不同节点（nodes）。他们之间的关系不同，雷军和“小米手机”是公司同事以及上下属关系，与网友是虚拟朋友的关系，而网友互相转发信息并@的人则可能是他们的亲戚、朋友等。

社交网络的各个节点存在着互动（interactions），在交流和分享过程中，网络成员共同参与某些活动（观看发布会），或完成某些目标（转发抽奖信息）。在每一个节点，网络成员的信息、资源等被不断交换着，在分享的过程中形成了流量（flow）。这些信息被不断转发，因此流遍整个网络。

流量可以分为公域流量和私域流量，分别对应着公众网络和私人社交网络。近年来，公域流量与私域流量在消费领域的作用越来越强，引起了众多企业的关注。大量企业在各平台拥有自己的公众号发布信息，同时，它们也开始引流至私域实现精准营销。

社交网络不只有线上，线下人们之间的交流同样归属于这个网络，只是在互联网高度发展的社会，线上交流已经远超线下交流，因此，人们对社交媒体的关注度日益加强，面对面的人际交流反而在不断减弱。

二、社交媒体

社交媒体（Social Media）是一种在线媒体，具有广泛的参与性、公开性、交流性、对话性、社区性和连通性，人们可以在社交媒体平台上实时分享观点、经验和见解。社交媒体以 Web2.0 和移动应用技术为基础，制造媒体和用户间的双向对话，鼓励用户产生新内容，与传统媒体的最大区别在于广泛的参与性和社会公开性。社交媒体既包括公共媒体，如公众号，也包括自媒体，如网络大 V、抖主、UP 主等。社交媒体的开放性，使得信息呈病毒式传播，迅速传遍网络。这种传播方式既有好处也存在弊端，好处是传播速度特别快，受众也越来越多，并且相对传统媒体来看更加具有针对性；弊端则是一旦信息有误，其负面影响也是巨大的。

互联网为消费者搜索和购买商品提供了便捷的途径，也为消费者在购物之后通过社交媒体分享商品信息提供了一个受欢迎的渠道。由于大量消费者活跃在网上平台，社交媒体已经成为一种更重要并且更有影响力的工具，品牌可以通过这种渠道分享其产品信息和服务，并赢得新的客户。

社交媒体种类繁多，可按照功能和特点的不同进行分类。目前常见的社交媒体分类由美国人罗斯·邓恩（Ross Dunn）提出，根据功能性，具体分为社会关系网络（Social Networking Sites）、视频分享网络（Video Sharing Sites）、照片分享网络（Photo Sharing）、合作词条网络（Collaborative Directories）、新闻共享网络（News Sharing Sites）、内容推选媒体（Content Voting Sites）、商务关系网络（Business Networking Sites）以及社会化书签（Social Bookmarking Sites）。中国的社交媒体按照功能可分为社区类、即时通信类、移动直播类、视频录播类、娱乐类、婚恋类、微博类、职场社交类、旅游类和音频类，知识分享类作为后起之秀也迅速成长起来。

社交媒体传播的主要是内容，用户生成内容（User Generated Content，UGC）指互联网环境下普通大众提交的任何内容，并非网站专业人员创造，可以由用户原创，也可是用户从其他来源转载所得。在 Web2.0 时代，用户生成内容成为互联网的应用新方式，用户不只是在网络上下载信息，而且在下载的同时也会上传自己原创或二次创作的信息，形成个性化分享与推荐。

近年来，移动互联网的发展让移动 UGC 迅速替代了固网。对应这种发展趋势，互联网企业开发出相应的移动网络应用程序（App）。UGC 的产生、分享和传播主要以用户为主导，如常见的文字创作分享 App、好友社交 App、SNS 和知识分享 App、图片分享 App、视频分享 App、音频分享 App、综合信息分享 App、文件分享 App 等（见表 14-1）。移动 UGC 分享中的视频分享和社区网络是发展最快的，抖音、快手、小红书、微博等 App 成为用户手机中的装机必备。

表 14-1　用户生成内容的分类汇总

类型	简介	发布平台及实例
社交服务	以交流互动为目的的社交网络和即时通信	Facebook、微信等
文学创作	原创的文字作品，在原作品的基础上进行再创作，文学评论	一些专属网站或论坛，如晋江、天涯社区等
图片分享	由用户拍摄并上传，二次创作并可公开获得的图像资源	图片及一些专属网站，如 Flickr、全景网、视觉中国等
音频分享	用户录制、编辑并上传，可公开获得的数字音频资源	播客及一些专属网站，如喜马拉雅、荔枝等
视频分享	用户制作视频上传和分享，具有公开的弱关系型好友特征	视频分享网站，包括短视频和长视频，如抖音、快手、小红书、Youtube、Bilibili 等

续表

类型	简介	发布平台及实例
SNS 社区和知识分享	普及知识和为网友解决疑问	豆瓣、知乎、Quora、百度百科、Wikipedia 等
综合信息分享	聚合性的内容资源，如新闻内容、社交标签、大众评论和超链接	RSS 或一些专属网站，如大众点评、今日头条、微博等
文件分享	文件资源分享型网站，文件的格式多样、主题丰富	一些专属网站，如百度文库、豆丁网等

第二节　社交媒体营销

科技产品的云发布会是一场社交媒体营销。从主办方的微博公众号公告到发布过程中的各种营销活动，每一步都包括产品销售、公共关系、市场开发以及用户维护等内容，这是整合营销传播的典范。

社交媒体营销（Social Media Marketing）指企业或品牌利用社交媒体进行销售、公关、客户开拓和维护等活动的营销方式。具体划分为：微博营销、论坛营销、社交网站营销、虚拟社区营销、合作项目营销和媒体共享社群营销。社交媒体营销的核心是关系营销，是在社交媒体上与潜在客户和实际用户之间进行持续交流和沟通的互联网营销模式。

社交媒体营销具有以下特征：

（1）精准性：不管是通过大数据分析还是定位服务（Location Based Services，LBS），目标客户的信息和位置都更加精确；

（2）参与性：通过企业和用户的沟通和互动，缩短了企业和用户之间的距离，提高了用户的参与积极性；

（3）多样性：社交媒体种类繁多，功能各异，企业营销途径也因此变得丰富多样；

（4）传播性：社交媒体上的信息传播速度快，如果信息对用户有吸引力，很快会形成口碑营销，甚至病毒式传播；

（5）真实性：社交媒体上展现的往往是用户的真实体验或反馈，因而更能得到认可和信赖。

在社交媒体快速发展的今天，传统网络营销模式中的广告因为其单向性导致用户体验和信息反馈缺乏，往往效果不佳；而社交媒体营销由于更加关注用户的参与度和传播的精准性，更强调与用户的互动，广告的有效性更胜一筹。二者的区别见表 14-2。一些冷门商品在经过社交媒体的科普宣传和软文传播之后，能够迅速让目标市场关注并且取得实际的销售业绩。

表 14-2 社交媒体营销与传统网络营销的区别

	社交媒体营销	传统网络营销
信息传播方向	双向传播，更强的互动性	单向传播，一定程度的互动
营销效果感受	能够更精准地实现个性化、定制化营销	大都在延续传统营销手段
营销效果检测	检测手段更多，也更复杂，如客户流量、转化率等	已经采用了互联网调查的方式，但还没完全取得突破
广告定价方式	更多的计费方式，如点击量等	通常只以时间来计费
广告投放渠道	网络社区、微博平台、视频、社交网络等新兴社交媒体	已经开始关注互联网媒体，但仍以投放门户网站为主

深耕社交媒体——雅诗兰黛的数字化、年轻化转型

2017 年，借势电视剧《三生三世十里桃花》的热播，著名国际化妆品品牌雅诗兰黛让自己在网络上红了起来。在距离电视剧大结

局一周的时刻，雅诗兰黛宣布女主角杨幂作为该产品的亚太区代言人，这一消息瞬间点燃了网友们的热情，当天雅诗兰黛的微博转发量达到 22 万次。杨幂随后发声，宣布品牌代言，拥有 7000 多万粉丝的杨幂让她的粉丝们第一时间知道了这一消息并被迅速转发，雅诗兰黛迅速进入年轻人的视野。

自此开始，雅诗兰黛深耕社交媒体，在微信、微博、小红书、直播等领域进行精准营销，让品牌走向数字化和年轻化。在微信端，雅诗兰黛采用明星走入朋友圈的方式吸引用户关注，如 2019 年初为推广小棕瓶而刷爆朋友圈的“陈坤 2019 关键词：时刻年轻”，以及 7 月为推广经典产品 DW 粉底液，采用视频互动形式，通过“给杨幂擦眼泪”激发用户好奇心，邀请用户点击进入页面，均取得了良好的投放效果。

在微博端，采用引爆热议话题的方式推升品牌声量，不同于多数彩妆品牌在营销方面对口红产品进行直接展示，侧重宣传产品质地和色号，雅诗兰黛推出的口红微电影侧重故事性，主角都是职场女性，传递雅诗兰黛品牌尊重女性、支持女性、鼓励女性做自己主人公的品牌理念。

经过几年的努力，雅诗兰黛的品牌形象从古稀老人转向青春活力的 Z 世代，公司业绩也得到不断提升。在雅诗兰黛“数字化运营+产品结构年轻化”战略之下，集团的收入规模从 2009 年的 73 亿美元增长至 2021 年的 162.2 亿美元，年复合增速达 7%，企业焕发了勃勃生机。

社交媒体账户需要专门的人来进行运营和维护，运营是核心。对企业来说，使用社交媒体进行营销能够获得巨大的利益，但是需要从各个方面进行维护。首先，内容运营是核心载体，高质量的内容能够为客户提供最大化价值。其次，渠道运营是社交媒体营销的具体方式，自媒体和公共媒体分别扮演着不同的角色。自媒体着眼于关键话题的搜索，而公共媒体则关注客户关系的提升。渠道特性不同，决定了在传播信息的过程中采取的内容策略和互动策略存在差异，例如，相册注重图片属性，视频注重视听属性，微博注重媒体属性，微信注重沟通属性，QQ 注重交友属性等。各种不同类型的社交媒体共同为企业传播产品和品牌信息贡献力量。

第三节　网络口碑

在社交网络平台，消费者通过接收和传播信息形成了网络口碑（e-WOM）。口碑往往比从正式媒体获得的信息更具有真实性和可信度，因此，也发挥了巨大的传播作用。在文化产品的营销过程中，口碑既可以成就一部小成本的电影，也可以毁掉一部大成本的巨作。这在中国电影史上都是有迹可循的，2016 年的一部《湄公河行动》，在几乎没有官方宣传的情况下获得了国庆档最高票房，这完全是口碑的作用。

研究表明，消费者在购买决策的评估和购买阶段，主要就是依赖人际关系的口碑传播进行判断。产品信息越积极，消费者越容易形成购买行为。另外，尽管没有亲身体验，如果朋友或亲属给出使用心得的话，消费者还是愿意采纳的。实际上，群体中总是有很多人能够影响别人的态度和行为，这在群体影响和意见领袖的部分已经被充分讨论过。

在 Web2.0 时代，互联网生态发展到了社交媒体互动分享模式，消费者的行为发生了很大变化。人们更多在网上购物，在网络上搜寻信息，征求亲友甚至陌生网友的意见，让消费者的购买变成了以社区和互联网为基础，以网缘关系为纽带的圈层行为。在这个“网缘关系”中，人们对亲友的推荐、网友的意见相当信任，网络口碑已经成为人们消费决策的重要参照。

对于营销者来说，正面口碑的营销传播作用明显。不过，负面口碑的作用却可能更大。中国的俗语“好事不出门，坏事传千里”实际上就是说明坏消息的传播比好消息更快也更广泛。消费者对负面口碑的关注度显著高于正面口碑，而且，网络时代负面口碑的传播速度也更快。因此，企业需要在社交媒体上不断塑造正面口碑，形成正强化，刺激消费者对品牌形成良好的印象。同时，一旦出现负面新闻，企业需要迅速进行公关活动，阻断负面信息的传播，利用新的正面口碑覆盖负面信息，形成新的正向品牌传播。

理论前沿

直播中的情感与参与

随着社交媒体的兴起以及用户量的连年激增，越来越多的企业选择社交媒体作为营销的重要渠道。社交媒体营销与传统营销相比，在传播途径、传播方式、传播内容、可信度、传播面、影响周期、传播成本、控制度等方面有很大不同。

社交媒体时代流媒体直播为内容创作者（主播）提供了前所未有的机会，让他们能够实时地向消费者（观看者）交付内容。在直播中，观看者可以向主播赠送虚拟礼物（打赏），点赞并免费与之聊天。这些活动反映了观看者的内在情绪，并且很可能会受到主播情绪的影响。研究结果表明，快乐的主播会让观看者更快乐，并激发更多观看者活动，特别是打赏，主播则还以更多的微笑来回报观众的参与。该研究的进一步分析表明，只有直播活跃了一段时间后，这些效果才会显现出来，而且它们只在拥有更多经验、获得更多打赏或在过去的直播中更受欢迎的主播的直播中表现出来。

>>> 本章小结 >>>

本章主要探讨了下面几个问题。

1. 社交网络

社交网络是一组社会相关的节点被各种关系关联在一起形成的网络化社区。社交网络的各个节点之间存在着互动，在交流和分享过程中，网络成员共同参与着某些活动或完成某些目标。在每一个节点，网络成员的信息、资源等被不断交换着，在分享的过程中形成了流量。

2. 社交媒体营销

社交媒体是一种在线媒体，具有广泛的参与性、公开性、交流性、对话性、社区性和连通性，人们可以在社交媒体平台上实时分享观点、经验和见解。社交媒体既包括公共媒体，如公众号，也包括自媒体，如网络大 V 等。社交媒体的开放性使得信息呈病毒式传播，迅速传遍网络。

社交媒体营销指企业或品牌利用社交媒体进行销售、公关、客户开拓和维护等活动的营销方式。具体划分为：博客营销、论坛营销、社交网站营销、虚拟社区营销、合作项目营销和媒体共享社群营销。社交媒体营销的核心是关系营销，是在社交媒体上与潜在客户和实际用户之间进行持续交流和沟通的互联网营销模式。

3. 网络口碑

在社交网络平台，消费者通过接收和传播信息形成了网络口碑。口碑往往比从正式媒体获得的信息更具有真实性和可信度，因此，也发挥了巨大的传播作用。

消费者在购买决策的评估和购买阶段，主要依赖人际关系的口碑进行判断。产品信息越积极，消费者越容易形成购买行为。

案例分析

Snapchat——AR 引导下的新社交生活

Snapchat 是一款独特的社交媒体应用程序，最初是由斯坦福大学的两位学生开发的“阅后即焚”照片分享应用，用户可以拍照、录制视频、添加文字和图画，并且发送到好友列表中。Snapchat 最主要的功能就是所有照片都有一个 1~10 秒的生命期，用户拍了照片发给好友之后，照片会根据预先设定的时间自动销毁。而接收方如果试图截图的话，用户也将得到通知。2017 年，Snapchat 在纽交所上市。

AR 是增强现实技术，近十年在各个领域得到了迅速发展。在社交领域，AR 也已经大放异彩。早在 2018 年，Snapchat 就已经将 AR 强化相机体验以滤镜形式应用于 App，多年来形成了超 2.5 亿的 AR 滤镜日活用户，率先开辟了不同以往的绿色低碳的 AR 滤镜购物体验。许多时尚品牌在 Snapchat 上开辟了 AR 试穿滤镜，在 AR 在线商店里，用户可以在线逛街，试穿各种单品，以虚拟方式享受线下生活和乐趣。

AR 的应用不只限于购物场景，2019 年，Snapchat 推出 Landmarker 系列滤镜重现各国知名景点，足不出户便可“实地参观”美国国会大厦、白金汉宫、埃菲尔铁塔等经典地标。而打开 Snap Camera 功能，人们可以看到现代艺术家的新数字装置 AR 艺术作品和 AR 艺术特效。2022 年初，国际歌坛巨星詹妮弗·洛佩兹（Jennifer Lopez）的粉丝以各自的虚拟形象在 Snapchat 举办的全球首次超感官体验虚拟演唱会上，与偶像一起登台演出，狂欢尖叫。在 2022 年合作伙伴年度峰会上，Snap 宣布将与 Live Nation 开展合作，携手打造更多现场 AR 体验。

在类似 Snapchat 的社交媒体上，AR 正通过娱乐、购物、社交等维度逐渐渗透并影响着人们的行为方式，一种可见的、绿色的、有趣的生活方式正在悄然形成。

讨论：

1. 社交媒体的未来发展方向是什么？虚拟与现实的交界如何分割？

2. 如何利用社交媒体的发展趋势进行营销？企业需要做哪些准备？

第十五章　数字时代的新消费者

学习目标

- 数字时代的消费者特质
- 新的消费趋势
- 新的消费行为模型

引　例

2021年，元宇宙概念爆发，虚拟世界雏形开始形成。在元宇宙中，人们通过各种技术手段将现实世界镜像，在经济、政治、生活等方方面面形成平行世界的补充和叠加，虚拟人则成为连通现实世界与元宇宙世界的桥梁。

2001年，世界上首个虚拟主持人，来自英国的阿娜诺娃（Ananova）诞生。之后，全世界掀起了一股“虚拟形象”热。从动漫领域的初音未来，游戏领域的五杀摇滚乐队、红遍全球的KDA女团，到2021年由韩国推出的“真人+虚拟形象”8人女团aespa，虚拟主播的“就业”场景越来越广阔。

2018年，新华社发布全球首个AI合成主播“新小浩”，此后央视、各地卫视纷纷推出形象鲜明、侧重应用各不相同的虚拟主播。2021 年底，央视新闻 AI 手语主播正式亮相，她可以和人类正常交谈，在 2022 年冬奥会上，她全程进行了手语直播。在地方卫视层面，2022 年湖南卫视推出虚拟主持人小漾，江苏卫视打造了动漫形象舞台竞演节目《2060》，济南电视台也推出了虚拟主持人小沫儿等等，越来越多的电视台都开始启用虚拟主持人。

元宇宙世界正在向我们走来！

第一节　数字时代的消费者特质

互联网给人类消费形态的演进带来变革性的影响，在互联网不断渗透到人们生产生活各个方面的大背景下，中国新时代消费者的消费心理和消费行为也发生了巨大变化。生于 20 世纪 90 年代、21 世纪初的中国人（他们通常被称为“新生代”）正蓄势待发，成为消费市场的主导力量。新生代消费者的价值观和心理的变化催生了他们独有的消费特质和行为模式。

一、新生代消费者的个人特质

新生代年轻人的独特个性主要反映在以下几个方面。

（一）高度的安全感

作为独生子女，“90 后”“00 后”尽享物质上的舒适和长辈的全部关注。他们的父母比上几代人更有“财力”，孩子在成年后还能得到来自长辈的财务支持。随着中国经济的腾飞，这一代的年轻人有更多的底气去探索不同的生活道路、追求更大胆的梦想。

（二）强烈的自我意识

他们的世界里，没有唯一的权威，其成长环境允许有不同观点的存在。对他们而言，权威不是说出来的，服从权威也不是他们的风格。这个群体较为自我，不想被告知该做什么，不该做什么，必须把选择权交给他们。

（三）活在当下

在蜜罐里长大的新生代，并不满足于延迟的幸福。每天的当下时刻与明天的伟大梦想同等重要。他们的成功好像更容易一些，职业的选择范围在不断变大，且多取自非传统常规领域，如电子竞技运动、网络主播等。

（四）共享共生

生于网络时代的他们，三观在很大程度上由互联网世界塑造而成，他们已习惯如何过滤海量碎片化的数字信息。任何信息如果不能在第一时间吸引到他们，就不会再给他们留下任何印象，更不用说产生影响了。而一旦他们发现有趣的东西，就会想参与，并且会毫不犹豫地分享。

二、新生代消费者的消费行为

目前，成熟的新生代消费者（15~35 岁）在中国 15~70 岁人口中占比 35%，这一比例相比 10 年前（40%）呈下降趋势。新生代消费者的消费行为不同于老一代，他们追求与众不同、社会认可、自我幸福和文化自信。

（一）以追求与众不同为前提

新生代消费者不再满足于大众品牌，转而寻求足够独特、能够彰显自身不同的品牌。随着市场的持续发展，商品和服务日益更新，消费者需求基本得到满足，知名品牌不再是产品大卖的保证。新生代消费者转为关注独特的品牌，以彰显自身的不同。“90 后”消费者即便收入不高，也愿意购买品质上乘的商品。与上一代不同的是，他们可以接受借贷、白条等方式来买自己想要的品质商品，再通过工作分期付款。

小众品牌也增势迅猛，这些小品牌通常有自己主打的创新产品，能更好地满足特定消费群体的需求。更重要的是，它们的小众标签能帮助消费者实现标新立异的梦想。例如，一款小众品牌的骨瓷杯，在设计上突出创意，在杯盖和杯身分别印有不同星座的标识。这些星座标识反映了不同消费者的性格特征，简洁而不失典雅，个性又不俗气，因此深受年轻群体的喜爱。

（二）以赢得社会认可为导向

中国新生代在社交媒体上有表现自己的强烈欲望，频频晒出自己的生活点滴，是自我意识的一种体现。在“自我展示”这一明显的动机背后，隐藏着想要得到社会认同的渴望。新生代使用共享单车、公共交通出行和购买新能源汽车的比例很高，对他们来说绿色出行不仅方便、环保、省时、经济，更是一种潮流的象征，是广受社会推崇和认可的绿色生活方式。

（三）以实现自我幸福为归宿

如今，新生代价值观念发生了巨大变化，由原来通过谋求财富和地位来展现成功的传统想法转为追求内心幸福，“从为别人而活，到为自己而活”。生活水平的日益提高，让许多人不再执念于追求事业、财富和社会地位，转而选择更为轻松平衡的生活方式。这种心态的变化影响着他们的职业选择、交友及消费方式。有些人告别一线城市，向二三线城市回迁。自由职业、民宿、互联网+农业、新兴小型互联网企业成为热选职业，人们得以更好地安排自己的生活，花时间陪伴亲朋好友，培养各种爱好。在他们心目中，金钱上的富足比不上内心的满足感和身心的健康。此外，现代生活方式和西方价值观影响着中国新生代消费者的价值观，家庭责任和社会义务固然重要，但自我需求亦要被顾及。他们认为一个人只有先把自己照顾好，才能真正学会欣赏和感恩。

（四）以弘扬民族文化为己任

中国的新生代消费者经历了中国经济飞速发展的二十年，在此期间，虽然他们的价值观在一定程度上受到西方社会的影响，但随着中国大国崛起的趋势愈发明显，文化自信开始回归。“00后”消费者的文化自信远超上一代人，他们对国潮的推崇已经让西方社会感到惊讶。从李宁到安踏，从花西子到百雀羚，年轻的消费者逐渐抛弃国外大牌，转向国产品牌，这一趋势在各个领域都有体现。同时，年轻一代既具有良好的国际视野，又具备弘扬中国传统文化的责任心，在传播中国文化的同时让优秀品牌走向世界。

三、“未婚族”的消费行为

在具有以上消费特征的基础上，新生代中一类特殊的群体“未婚族”的消费行为值得关注。“未婚族”是一个独特的群体，他们的消费观念和行为不同于家庭消费者。快乐“未婚族”大多数都很享受他们的生活，一人吃饱全家不饿，可支配收入更加“可支配”。他们有强大的财力用于购买昂贵的衣服，享受高档的餐饮、美妙的假期和高端服务。他们的需要明显不同于有家庭的消费者：首先，他们购买的产品和服务主要是个人使用；其次，他们有充裕的休闲时间，可以把所有休闲时间投入到个人兴趣中；最后，他们中的一些人和父母一起居住，多数都不怎么会做家务，没有家庭义务的束缚，他们也不觉得需要提高自己的家政能力。然而，做“未婚族”并不意味着与外界隔离，大多数人仍然渴望有一天能够找到属于自己的另一半，他们非常珍视能够给自己带来更多社交互动的机会。最值得注意的是，“未婚族”越来越依赖“上门”服务，这类服务能使他们逃离自己不想做的日常杂务和家务，如家政保洁、上门洗车服务等。

四、老年群体的消费行为

2020年中国第七次人口普查数据显示，60岁以上人口占中国人口总量的18.7%，“60后”“70后”陆续步入退休行列。这一消费群体与年轻消费群体不同，主要体现在：虽然他们在物质稀缺的时代长大，但他们也是中国经济起飞的第一批受益者，彼时工作机会多、收入增长快、房价还很便宜、前景乐观。当他们退休时，不论是经济上、身体上还是心理上，他们都比前几代人更有自信。他们重新诠释“变老”的概念，由于他们的孩子延迟了组建家庭的时间，他们成为祖父母以及承受其重担的时间也随之推迟。

除此之外，更好的营养摄取和现代医疗护理使他们拥有健康的体魄，进一步激发了他们享受健康愉快的退休生活的渴望。新一代的银发消费者有着极高的消费能力，也有很强的消费意愿，是任何品牌都不应忽视的潜在“大客户”。他们比前几代消费者更见多识广，要求也更高，他们愿意为能真正满足需求的产品支付溢价。随着品位的日臻成熟，老年群体会认识到产品的品质和底蕴通常比花哨的外观更重要。企业应抓住新时代下老年群体的独特需求，为他们提供真正的价值，赢得他们的欢心，帮助他们在晚年活出更精彩的自己。

第二节　数字时代的消费新趋势

一、新的消费趋势

在互联网背景下，更富裕、更年轻、更具备网购经验的新兴消费力量蓄势待发，重塑了中国消费市场，这个庞大的消费群体对不同零售渠道产品的需求量都有所增加。与过去占主导地位的消费力量不同，新一代消费群体收入更高，品牌意识更强，对生活质量要求更高，这对中国的消费市场格局产生了深刻的影响。随着数字时代的发展，消费升级是整体的消费趋势，具体表现如下。

（一）服务成为经济增长的主要引擎

新生代消费者的崛起将带领中国消费者由过去的“购买商品”转向“享受服务”。过去的消费市场一直以商品购买为主导，然而随着消费者收入的提升，人们的需求发生了变化，从满足日常需求发展到改善生活品质。高端消费品的消费需求在逐年增加，各种快消品的渗透率也不断提升。餐饮、休闲娱乐、健身、兴趣培养、境外游、家政服务等（以改善个人及生活品质为目的的服务类消费）都在经济增长中不断提升着份额。

此外，网络渠道的快速发展进一步带动了服务市场的增长。网购已经成为中国人的主要购物方式，除了商品交易之外，随之而来的是各种附加服务需求的提升。例如，电商平台牵手企业提供的商品保修服务和退换货服务在近年来蓬勃发展，让消费者在网购商品的同时获得了良好的服务体验。除了网络购物之外，其他付费数字服务也开始崛起。消费者愿意为网络视频、游戏、在线直播等数字娱乐内容买单，也愿意为获取知识而付费。

（二）健康消费成为新常态

随着消费者健康意识的日益增强，健康消费已经成为人们的消费常态，主要表现在以下几个方面："吃得好"不再是大鱼大肉、过量摄取，取而代之的是健康科学的饮食，以及对食品质量和种类的更高标准，如有机食品、进口食品以及精致饮食，不健康的方便食品渐渐退出市场。健康不仅源于食物，也源于健康的生活方式和消费习惯，如参与运动、聘请专业健康老师进行指导等。从身体健康衍生到精神健康，人们对抑郁症和各种心理/精神问题有了更深刻的认识，开始参加冥想练习、瑜伽等活动改善心理状态。从食品、身体安全上升到对整体生活空间的考虑，如对空气、水和土壤的保护，对绿色消费的践行等。

（三）参与品牌互动

中国的消费者有较高的互联互通体验要求，他们不仅经常光顾实体店，也积极地在互联网上与品牌进行互动，从最初的产品搜索、采购到最终支付和购后的信息反馈，都有互动的体验存在。年轻一代成为消费市场主力军，与全球其他国家的年轻消费者相比，中国年轻消费者更具品牌意识，与品牌的情感联系更强。中国年轻消费者的另一大特征是他们对本土品牌的态度更为开放，甚至开始超越国际品牌。在中国市场上，新一代消费者不断成熟，他们接受本土替代产品的速度明显快于上一代消费者。同时，新一代消费者对于本国品牌的维护和传播更加依赖互联网技术的发展，在数字时代，消费者无时无刻不在传播品牌故事和品牌信息。

（四）移动购物成为主流

中国的消费者已稳步地迈入移动时代。根据第三方机构公布的数据，中国的移动用户在 2021 年底达近 12 亿人，40 岁以上用户增长率最高。随着下沉市场的开发，中国消费者正主导着全球向移动商务转型。线上移动消费端的大幅提升显示了中国消费者变得更成熟、更具影响力以及有着更旺盛的求知欲，消费者也更愿意消费，并希望通过不同渠道买到更多种类的产品。

(五) 数字消费蓬勃发展

在全世界，数字经济正逐渐改变各行各业。数字科技已融入衣食住行，数字化多元消费丰富了消费品种，拓宽了消费渠道，节约了消费成本，促进了消费品质迭代升级，使消费者有了更多更优的消费选择。在新冠肺炎疫情延宕反复的背景下，以网络购物、直播、视频、娱乐和数字文化、在线医疗等为代表的数字消费新业态、新模式持续发展，且在居民日常消费过程中的地位日益重要。未来，数字消费主要是向数字内容服务消费、传统消费数字化赋能和下沉市场数字消费潜力等方面拓展。消费者对在线文娱、在线医疗、智能网联汽车、可穿戴设备、智能健身器械等数字服务和产品的需求会进一步提升，新技术的发展将会涌现出更多智慧商店、智慧餐厅、无接触配送、情景式消费等新业态、新模式、新场景和新体验。

二、新的消费行为模型

随着互联网的普及，网络社会的不断发展，消费者的行为模式已经不能用原来的 AIDMA 模型①解释。2005 年，电通广告公司提出了新的消费者行为模型 AISAS，即 attention（关注）、interest（兴

① AIDMA 模型由美国广告学家刘易斯提出，认为消费者购买行为经过 5 个阶段：attention（关注）、interest（兴趣）、desire（购买欲望）、memory（记忆）和 action（购买行动）。消费过程由传统的营销刺激驱动，广告采取的是广播式。

趣）、search（搜索）、action（购买）和 share（分享）。这一模型认为，在社交经济时代，消费者从被动接收信息和营销刺激转向主动获取和主动认知，分享成为消费者行为中不可或缺的一部分。不过，这一模型随着互联网交互活动的日益增多也开始落伍了。

2011 年，DCCI 互联网数据中心提出了“数字时代的消费行为模型”——SICAS（见图 15-1），这一模型体现了 Web2. 0+移动互联时代消费者行为的新特点。在这一模型中，用户与品牌之间形成相互感知（sense），产生兴趣并形成互动（interest & interactive），建立连接和交互沟通（connect & communication），产生购买行动（action），最后将自己的购买体验进行分享（share）。SICAS 模型的关键点在于多维交互，是一个全景模型。该模型能够让企业更好地认识移动互联时代的消费者，因此也能够设计更适合这一时代消费者的营销活动。

图 15-1　数字时代的消费行为模型

资料来源：DCCI 互联网数据中心，http：//www. dcci. com. cn/report/view/cid/2/id/425. html.

世界正在加速进入 Web3.0 时代，数字经济蓬勃发展，数字消费的新特征也开始崭露头角。元宇宙、数字迭代、区块链、大数据等数字经济发展的产物在不断影响消费者的认知，数字产品、数字服务也在不断刷新消费者的体验，新的消费行为模型在酝酿之中，让我们拭目以待！

理论前沿

探索性购物

零售业的一个基本功能是将产品带入购物者的视野中，因为观看产品可以激活被遗忘的或新的需求。零售商因此采用了各种策略来吸引购物者探索产品种类和商店环境以刺激计划外的购买。购物者的注意力广度是指在处理视觉场景时，注意力集中在更广或更有限的区域。相关学者研究了注意力广度在计划外购买过程中的作用机制，发现注意力广度激活了购物者的探索性思维，这种思维刺激他们对购物环境进行视觉和物理探索，最终影响他们的产品选择和计划外的购买。该研究结果还表明，越冲动的买家越容易受到这些影响。

>>> 本章小结 >>>

本章主要探讨了下面几个问题。

1. 新生代消费者特质和行为模式

生于20世纪90年代、21世纪初的中国人（通常被称为“新生代”），他们的个人特质包括高度的安全感、强烈的自我意识、活在当下和共享共生，因此他们的消费行为也具有相应的特点：以追求与众不同为前提、以赢得社会认可为导向、以实现自我幸福为归宿、以弘扬民族文化为己任。

2. 新的消费趋势与新的消费行为模型

在互联网背景下，更富裕、更年轻、更具备网购经验的新兴消费力量蓄势待发，重塑了中国消费市场。这个庞大的新兴消费群体对不同零售渠道产品的需求量都有所增加。与过去占主导地位的消费力量不同，新一代消费群体收入更高，品牌意识更强，对生活质量要求更高，这对中国的消费市场格局产生深刻的影响。在这种影响下，消费趋势表现为服务成为经济增长的主要引擎、健康消费成为新常态、消费者乐于参与品牌互动、移动购物成为主流、数字消费蓬勃发展。在这种消费趋势下，新的消费行为模型出现了。2011年，DCCI互联网数据中心提出了“数字时代的消费行为模型”——SICAS，这一模型体现了Web2.0+移动互联时代消费者行为的新特点。未来，在数字经济不断发展的过程中，新的消费行为模型会逐渐形成。

案例分析

希音（SHEIN）凶猛——打造新一代快时尚品牌的跨境电商

希音是一家专注于女性服装的跨境电商，主要市场在海外，包括北美、东南亚、欧洲、中东等。近年来，希音增长动能强劲，在全球多家快时尚线下门店遭受严重打击的情况下，希音反而实现了逆势增长。有数据显示，2020 年，希音营收接近 100 亿美元，连续第八年营收实现超过 100%增长。2022 年，希音超过亚马逊成为全球下载量最高的购物 App，估值达到 1 000 亿美元，是全球估值排名第三的独角兽企业。

希音成立于 2008 年，总部在南京。2014 年，公司创建自主品牌 SHEIN 并推出网站和 App，进军跨境快时尚，主打女装。从 2016 年销售 10 亿元，到 2020 年销售 600 亿元，2021 年突破 1 000 亿元，希音让 ZARA、HM 等品牌毫无招架之力。

同为快时尚，希音的策略是将低价做到极致，每件女装的平均价格 12 美元，甚至有一些低于 10 美元。除了低价之外，希音的上新速度超级快，每日上新超 3 000 件，甚至最高的一天上新近 20 000 件，一天的上新数量达到 ZARA 一年的数量。在营销策略上，希音利用中国电商领域的算法推荐、主播宣传、社交引流等方式降维打击，迅速成为美国最大的快时尚零售商。超强的供应链体系和快捷的物流体系让希音的女装从下单到出货仅用 7 天，物流速度上从下单到交付希音仅用 10 天。竞品快时尚品牌 ZARA 的出货期则需要 15 天，物流速度至少要 1 个月以上。

2022年，新一轮中国企业扬帆出海，跨境电商Shopee、Lazada、SheIn、TikTok四家平台正将势力版图不断扩张至欧美、日韩和东南亚市场，在不同的细分赛道向各国本土电商巨鳄展开攻势且不落下风。

讨论：

1. 希音为什么能够打败亚马逊成为全球下载量最大的购物App？

2. 希音的核心竞争力是什么？如何保持？

参 考 文 献

［1］阿德勒．自卑与超越［M］．马晓娜，译．长春：吉林出版集团有限责任公司，2015：5

［2］居斯塔夫勒庞．乌合之众：群体心理研究［M］．胡小跃，译．杭州：浙江文艺出版社，2015：6.

［3］COON，MITTERER．心理学导论：思想与行为的认识之路［M］．13 版．北京：中国轻工业出版社，2014.

［4］福塞尔．格调：社会等级与生活品位［M］．梁丽珍，乐涛，石涛，译．北京：北京联合出版公司，2017.2

［5］迈尔斯．社会心理学［M］．11 版．侯玉波，乐国安，张智勇，等译．北京：人民邮电出版社，2016.

［6］霍金斯．消费者行为学［M］．12 版．符国群，译．北京：机械工业出版社，2014.

［7］恩里科特雷维桑．非理性消费：关于消费者行为决策的心理分析与应用［M］．甘亚平，甘兰，译．北京：人民邮电出版社，2017.4.

［8］霍妮．我们内心的冲突［M］．杨立华，译．北京：人民邮电出版社，2015.2

［9］格里格，津巴多．心理学与生活［M］．19 版．王垒，译．北京：人民邮电出版社，2016.

［10］所罗门，卢泰宏，杨晓燕．消费者行为学［M］．10 版．杨

晓燕，译．北京：中国人民大学出版社，2014.

［11］所罗门，卢秦宏，杨晓燕．消费者行为学［M］.12 版．杨晓燕，译．北京：中国人民大学出版社，2018.

［12］索威尔．美国种族简史［M］．沈宗美，译．北京：中信出版社，2015：5.

［13］荣格．荣格自传：梦、记忆和思考［M］．高鸣，译．南昌：江西人民出版社，2014.10.

［14］蔡厚德，张权，蔡琦，等．爱荷华博弈任务（IGT）与决策的认知神经机制［J］．心理科学进展，2012，20（9）：1401-1410.

［15］陈丹路．子女对家庭旅游决策行为的影响因素研究：以杭州市满巢期核心家庭为例［D］．杭州：浙江工商大学，2015.

［16］陈明亮，李敏乐．消费者在线购物从众为何如此普及：从冲突视角的一个神经学研究［J］．管理工程学报，2013，27（3）：183-188.

［17］陈增祥，何云，刘博群．怀旧弱化中国消费者对外国品牌的评价：物质主义的中介作用［J］．营销科学学报，2014（37）：113-127.

［18］单春玲，赵含宇．网络口碑对消费者态度的影响路径研究：基于矛盾态度视角［J］．软科学，2017，31（4）：108-111.

［19］董晓松，刘霞，姜旭平．空间溢出与文化距离：基于数字内容产品扩散的实证研究［J］．南开管理评论，2013，16（5）：100-109.

［20］付梅，汪强．跨期决策的神经机制：基于体素形态学和弥

散张量成像研究的证据［J］. 心理科学进展，2014，22（4）：659-667.

［21］傅慧芬，赖元薇. 消费电子品品牌社交媒体内容营销策略研究：基于联想、华为、HTC 和三星微信公众号的内容分析［J］. 管理评论，2016，10（4）：259-272.

［22］韩冰，王良燕，樊骅. 品牌关系与社会阶层对品牌评价的影响［J］. 管理科学，2016，29（3）：71-80.

［23］郝景芳. 孤独深处［M］. 南京：江苏凤凰文艺出版社，2016.

［24］何佳讯，丛俊滋. "仁和"与"时新"：中国市场中品牌个性评价的关键维度及差异分析：以一个低涉入品类为例［J］. 营销科学学报，2008（13）：81-92.

［25］黄敏学，王琦缘，肖邦明，等. 消费咨询网络中意见领袖的演化机制研究：预期线索与网络结构［J］. 管理世界，2015（7）：109-121.

［26］姜玲，王丽龄. 文化创意产业集聚效益分析：以北京市文化创意产业发展为例［J］. 中国软科学，2016（4）：176-183.

［27］李爱梅，李斌，许华，等. 心理账户的认知标签与情绪标签对消费决策行为的影响［J］. 心理学报，2014，46（7）：976-986.

［28］李晶. 消费者情绪营销的策略探究［J］. 市场论坛，2013（12）：61-63.

［29］李怡芳，曹睿. 中国社交媒体营销策略研究［J］. 经济研究导刊，2013，36（5）：92-93.

[30] 刘萍 . 网络口碑对消费者行为意愿的影响研究：以网络涉入为调节的中介模型 [J]. 消费经济，2015，6（7）：74-80.

[31] 青平，张莹，涂铭，等 . 网络意见领袖动员方式对网络集群行为参与的影响研究：基于产品伤害危机背景下的实验研究 [J]. 管理世界，2016（7）：109-120.

[32] 申云，贾晋 . 香烟社交、圈子文化与居民社会阶层认同 [J]. 经济学动态，2017（4）：53-63.

[33] 申云 . 农户家庭收入流动水平的结构差异及其影响因素分析：基于“远亲”与“近邻”的视角 [J]. 经济理论与经济管理，2016，36（6）：88-101.

[34] 盛峰，徐菁 . 神经营销：解密消费者的大脑 [J]. 营销科学学报，2013（31）：1-17.

[35] 施卓敏，郑婉怡 . 探秘不同认知风格的个体关注广告的差异：广告位置和认知风格对广告效果影响的眼动研究 [J]. 营销科学学报，2014（37）：128-145.

[36] 宋一淼，李卓，杨昊龙 . 文化距离、空间距离哪个更重要：文化差异对于中国对外贸易影响的研究 [J]. 宏观经济研究，2015（9）：88-97.

[37] 陶东风，胡疆锋 . 亚文化读本 [M]. 北京：北京大学出版社，2011. 3.

[38] 涂红伟，严鸣 . 国外消费者意见领袖研究述评与展望 [J]. 外国经济与管理，2014，36（5）：32-39.

[39] 王朝辉，沙振权，程瑜 . 到“实地”去：营销问题的人类学视角分析 [J]. 营销科学学报，2011（26）：72-86.

［40］吴迪，严三九．网络亚文化群体的互动仪式链模型探究［J］．现代传播-中国传媒大学学报，2016，38（3）：17-20.

［41］吴小丁，苏立勋，魏胜．基于情绪信任的店铺环境线索与再惠顾行为关系研究［J］．经济管理，2016（8）：98-108.

［42］夏磊．从消费心理视角分析生活方式营销的价值［J］．西安航空学院学报，2013（6）：63-65.

［43］易中天．读城记［M］．上海：上海文艺出版社，2006：6.

［44］易中天．闲话中国人［M］．上海：上海文艺出版社，2000：1.

［45］张建．高端水品牌的生活方式营销：以昆仑山雪山矿泉水为例［D］．北京：首都经济贸易大学，2015.

［46］章志敏．性别角色态度、夫妻情感对妇女家庭决策权的影响［D］．兰州：兰州大学，2015.

［47］赵向阳，李海，孙川．中国区域文化地图："大一统"抑或"多元化"？［J］．管理世界，2015（2）：101-119.

［48］BERGER J，KIM Y D，MEYER R. What makes content engaging? how emotional dynamics shape success［J］. Journal of Consumer Research，2021（2）：235-259.

［49］BEVERLAND M B，ECKHARDT G M，et al. How brands craft national identity［J］. Journal of Consumer Research，2021，48（4）：586-609.

［50］DUBOIS D，RUCKER D，GALINSKY D. Social class，power，and selfishness：when and why upper and lower class individuals behave unethically.［J］. Journal of Personality & Social Psychology，2015，108

(3): 436-449.

[51] GONZALEZ-ARCOS C, JOUBERT M, SCARABOTO D, et al. "How do I carry all this now?" understanding consumer resistance to sustainability interventions [J]. Journal of Marketing, 2021, 85 (3): 44-61.

[52] JIANG H, LIANG J, WANG H, et al. The interplay of emotions, elaboration, and ambivalence on attitude-behavior consistency [J]. Journal of Consumer Behaviour, 2015, 15 (2): 126-135.

[53] LI, KEH, CHEN. Assimilating and differentiating: the curvilinear effect of social class on green consumption [J]. Journal of Consumer Research, 2021, 47 (6): 914-936.

[54] LIN Y, YAO D, CHEN X. Happiness begets money: emotion and engagement in live streaming [J]. Journal of Marketing Research, 2021, 58 (3): 417-438.

[55] LIN, CHEN, CHIANG, et al. Do "little emperors" get more than "little empresses"? boy-girl gender discrimination as evidenced by consumption behavior of chinese households [J]. Marketing Science, 2021, 40 (6): 1123-1146.

[56] TOURÉ - TILLERY, KOUCHAKI. You will not remember this: how memory efficacy influences virtuous behavior [J]. Journal of Consumer Research, 2021, 47 (5): 737-754.

[57] MARICONDA S, LURATI F. Does familiarity breed stability? the role of familiarity in moderating the effects of new information on reputation judgments [J]. Journal of Business Research, 2015, 68 (5):

957–964.

[58] STREICHER, ESTES, BÜTTNER. Exploratory shopping: attention affects in-store exploration and unplanned purchasing [J]. Journal of Consumer Research, 2021, 48 (1): 51–76.

[59] PATRICK. How the eyes connect to the heart: the influence of eye gaze direction on advertising effectiveness [J]. Journal of Consumer Research, 2021, 48 (1): 123–146.

[60] SU L, MONGA A, JIANG Y. How life–role transitions shape consumer responses to brand extensions [J]. Journal of Marketing Research, 2021, 58 (3): 579–594.

[61] VOLPATO C, ANDRIGHETTO L, BALDISSARRI C. Perceptions of low–status workers and the maintenance of the social class status quo [J]. Journal of Social Issues, 2017, 73 (1): 192–210.

[62] WANG S, LU S, LI X, et al. Audio mining: the role of vocal tone in persuasion [J]. Journal of Consumer Research, 2021 (2): 189–211.

[63] WU Y, HAMILTON RW, KIM NYJ, et al. Navigating shared consumption experiences: clarity about a partner's interests increases enjoyment [J]. Journal of Marketing Research, 2021, 58 (3): 439–455.

[64] SONG, JUNG, ZHANG. Consumers' preference for user-designed versus designer–designed products: the moderating role of power distance belief [J]. Journal of Marketing Research, 2021, 58 (1): 163–181.

[65] ZHANG K, CAI F, SHI Z. Do promotions make consumers more generous? the impact of price promotions on consumers' donation behavior [J]. Journal of Marketing, 2021, 85 (3): 240–255.

附录：术语表

消费（consumption）：是经济社会活动的出发点和归宿，和生产、分配、交换一起构成社会经济活动的整体。

消费者（consumer）：是在消费三阶段中产生需要、实施购买并处置产品的人、家庭或组织。

消费者行为（consumer behavior）：是指研究个体或群体为满足需要与欲望而挑选、购买、使用或处置产品、服务、观念或经验所涉及的过程。消费者行为是动态的，涉及感知、认知、行为以及环境因素的互动作用，也涉及了交易的过程。

知觉（perception）：是一个过程，是将感觉器官接收到的刺激组织起来形成有意义的解释的过程。在这一过程中，重要的传感器就是我们的感觉系统——视觉、听觉、嗅觉、味觉和触觉。

暴露（exposure）：当刺激进入人的感觉器官的感受范围之内时，就产生了暴露。

感觉阈限（sensory threshold）：能够引起人类感觉的刺激范围被称为感觉阈限，从感觉范围和感知差异性能力来看的话，感觉阈限可以分为绝对阈限和差别阈限两类。

绝对阈限（absolute threshold）：能够被感觉系统识别的最低限度刺激被称为绝对阈限。

差别阈限（differential threshold）：感觉系统识别两种刺激之间的最小差别或者变化的能力被称为差别阈限。

阈下知觉（subliminal perception）：低于感觉阈限值之下产生的知觉就是阈下知觉。

注意（attention）：由于人的知觉具有选择性，当大量信息袭来的时候，人们只会选择其中的部分内容根据以往的经验进行信息加工。

知觉的选择：知觉的选择包括知觉警惕、知觉防御和适应三种形式。

知觉警惕（perceptual vigilance）：是指消费者更可能意识到与他们目前需求有关的刺激物的一种状态。

知觉防御（perceptual defense）：与知觉警惕相反，知觉防御是一种保护自己的倾向。这种倾向让人们更容易接收他们想要接收的信息，而对不想接收的或者觉得对自己有威胁的信息则选择视而不见、听而不闻。

适应（adaptation）：当知觉系统不断接收相同的刺激时，反应就没有最初时那么激烈了，甚至可能视若无睹，这时候就形成了适应。

感觉系统：感知外界刺激的感受器就是人类的感觉系统，主要包括视觉、听觉、嗅觉、味觉和触觉。

知觉的组织原则：主要有三个：封闭性原则、相似性原则和图形-背景原则。

符号学解释：通过符号进行象征意义的解读，有助于帮助消费者理解产品和品牌的意义。符号学解释包括三个要素：目标客体、标志和诠释。

感觉营销：利用刺激消费者的感觉系统而形成其对产品的认知。

感觉营销主要有色彩营销、气味营销和触觉营销几种模式，利用感觉系统进行营销能取得巨大的收益。

学习：是由经验引起的相对长久的行为改变。

经典性条件反射（classical conditioning）：将一种能够诱发某种反应的刺激与另一种原本不能单独诱发这种反应的刺激相配对，随着时间的推移，新的刺激与原有刺激产生联结，引起类似的反应。

刺激泛化（stimulus generalization）：产生条件反射之后，如果出现跟特定条件刺激类似的其他刺激也能引起相同的条件反射，这种现象叫作刺激泛化。

刺激甄别（stimulus discrimination）：对不同刺激产生不同反应的能力叫作刺激甄别。

工具性条件反射（instrumental conditioning）：指个体学会产生积极结果并避免负面结果的行为，也叫操作性条件反射。

记忆（memory）：存储和提取信息的能力，假设大脑是一台电脑，记忆就是将信息输入电脑（编码），存储在硬盘（存储），用的时候找到并打开它（提取）的过程。不过有时候可能会出现输入错误，存储失效，打开的时候就出现了乱码甚至无法打开的情况，这种现象就是记忆紊乱。

观察学习（observational learning）：当人们观察他人的行为并由此强化自己的行为时，观察学习就产生了。观察学习中，学习不是直接经验的获得，而是模仿别人的行为并得到强化。

记忆系统：记忆是一个复杂的系统，人们在加工信息的过程中会经过感觉记忆、短时记忆和永久记忆三个阶段。

怀旧（nostalgia）：人们怀念过去是对逝去日子的缅怀，或者说是对时光流逝的无奈，这种情感被称为怀旧，营销者会利用人们的怀旧情感来销售情怀。

动机（motivation）：是行为的动力。行为的产生是因为需要（need），而需要导致驱力（drive）增强。动机可以分为三类：生理动机、刺激动机和习得性动机。

生理动机（biological motives）：生理动机是基于维持生命并必须得到满足的各种需要而产生的动机。

刺激动机（stimulus motives）：刺激动机是基于对刺激和信息的需要而产生的动机。刺激动机反应的是人们对信息、探索、操作和感受的需要。

习得性动机（learned motives）：习得性动机是基于后天习得的需要、驱力和目标之上的动机。习得性动机能够解释人类活动的丰富性和多样性，与特定需求有关，如权力、亲密认可、地位、安全和成就等。

认知失调理论（theory of cognitive dissonance）：人们对秩序和一致性有一定的需要，当面临不一致或破坏秩序的时候就会产生紧张状态（失调）。

动机冲突：一般来说，人们经常遇到的动机冲突有三种：双趋冲突、趋避冲突和双避冲突。

双趋冲突（approach-approach conflict）：当人们面对两个都喜欢的选择但必须做出取舍时，他面对的就是双趋冲突。

趋避冲突（approach-avoidance conflict）：有时候人们在选择某种商品时会既希望拥有产品又想回避其带来的负面后果，这时消费者面临的就是趋避冲突。

双避冲突（avoidance-avoidance conflict）：有时候消费者面临着在两种不情愿的结果中做选择，这种情况就是双避冲突。

消费者介入（involvement）：一个人基于其内在需要、价值观和兴趣而感知到的与客体的关联性被称为介入。介入程度越高，消费者获得的信息就越多，并且会与自己的知识体系相融合形成独特的认知；介入程度越低，消费者则只需要考虑简单的信息。消费者的介入方式有三种：产品介入、信息—反应介入和购买情境介入。

产品介入（product involvement）：消费者对特定产品的介入。营销者想尽办法让消费者参与到产品设计、营销的过程，目的就是让消费者的介入度提升，从而形成用户粘性。

信息—反应介入（information-reaction involvement）：消费者对信息的介入。网络时代，消费者可以从互联网获得任何需要的信息，但是正因为信息爆炸，营销者更加需要采用有效的措施引起消费者的注意，才能提升消费者对信息处理的可能性。

购买情境介入（purchase situation involvement）：消费者选择不同购物情境时的介入。

自我概念（Self-concept）：是一个动态的心理结构，是个体所持有的关于自身特征的信念以及对于这些特征的评价。

自我美化偏差（self-enhancing bias）：绝大多数人认为自己在各个方面处于平均水平之上，并且会寻找有利的信息来支持对自己的正面评价，这种现象叫作自我美化偏差。

性别角色（gender role）：性别身份是自我概念的另一个重要组成部分，人们会遵从文化对于某一性别应当如何行为、着装或说话的期望，这被称为性别角色。性别角色随着时间而改变，而且在不同的社会存在在明显的差异。

特质（trait）：是人的持久品质或特征，利用特质可以将不同的人区分开来。

个性：具有长期的稳定性，并且能够通过相对稳定的行为模式表现出来，构成了个性或人格。

品牌个性（brand personality）：消费者在选择产品的时候会考虑产品品牌的形象是否与自己相匹配，因此，营销者在创建和发展品牌时会考虑赋予品牌一定的人格特质，这就是品牌个性。

价值观：一个群体的信念体系，称之为价值观。价值观是人们偏好事物的某种状态的普遍倾向，是一种带有正负评价的情感。

核心价值观：一个社会的主流价值观应该是被社会成员普遍认可的价值观，也称为核心价值观。

生活方式维度（AIOs）：生活方式清单主要由三部分组成：第一部分是有关消费者从事哪些活动，购买哪些产品和如何分配时间的问题，归类为活动（activities）；第二部分是关于消费者有哪些偏好，对哪些事务特别关心的问题，归类为兴趣（interests）；第三部分是关于人们对世界和地方事务、人生等方面的看法和感受的问题，归类为意见（opinions）。

VALS2™ 生活方式系统：VALS2™ 模型基于四个人口统计变量和 35 个心理学项目，将美国消费者划分为不同的群体，每个群体有各自的特质。

地理人口学（geodemography）：按照地理信息和其他社会经济变量，可以识别出具有同样消费模式的消费者，这种方法被称为地理人口学。

生活方式营销：用产品或品牌来象征某种生活方式，采取一定的营销手段推荐给消费者，建立稳定的消费群体，这样的营销模式就是生活方式营销。

态度（attitude）：你的看法就是你的态度。态度是人们对人、客体或观念的积极或消极评价。

态度的功能理论：心理学家丹尼尔·卡茨（Daniel Katz）提出，态度之所以存在是因为它对人们具有某种功能，也就是态度的功能理论。功能理论认为人们的动机决定了态度，不同的人对于同一态度对象形成的态度有可能存在明显差异。态度的功能区分为四种：效用功能、价值表现功能、自我防御功能和认识功能。

态度的 ABC 模型：态度包含着三种成分：认知、情感和行为。认知：个体对于态度对象的信念和知识。情感：个体对于态度对象的感受和情绪。行为：个体与态度对象之间的互动情况，包括行为意向。态度的这三种成分构成了 ABC 模型，该模型强调了三种成分之间的相互关系。

态度的多元属性模型：态度的多元属性模型可以用来说明影响人们对态度对象评价的不同因素，从而预测消费者可能出现的行为。多元属性模型认为消费者对态度对象的评价取决于他对该对象多重属性的评价，基本的多元属性模型包括三个要素：属性、信念、权重。最具影响力的多元属性模型是费舍宾模型。

群体（group）：两个或更多互动并相互影响的人。

群体极化（group polarization）：群体讨论通常可以强化群体成员的普遍倾向（Moscovici & Zavalloni，1969），这种现象被称为群体极化。

品牌社区（brand community）：基于某个品牌拥有者之间的有一定结构的社会关系构成了品牌社区。品牌社区的成员不一定生活在同一地理区域，但是在该品牌的特定平台上（车友会、论坛、交流群等），他们共同讨论产品特性、期待新产品的面世、并且愿意与同品牌使用者加强联系。

参照群体（reference group）：是与个人的评价、追求或行为有重大相关性的真实的或虚构的个人或群体。参照群体有以下几种类型：正式群体和非正式群体、成员型群体和渴望型群体、积极群体和回避群体。其社会影响力包括以下几种力量：偶像力量、信息力量、合法力量、专家力量、奖赏力量和强制力量。

意见领袖（opinion leaders）：那些经常影响别人的态度和行为的人被称为意见领袖，他们拥有丰富的知识，意见被群体中的其他人重视，影响力巨大。意见领袖有创新的传播者、意见征询者、市场专家和替身消费者。

从众：从众是指由于群体压力而改变个体的行为和信念与群体规范保持一致。个体在群体中的从众行为主要受三方面因素影响：规范性影响、信息影响和价值表达影响。在三种影响的指导下，消费者从众的具体诱因包括以下几种：文化压力、对越轨的恐惧、责任与义务、群体规模和凝聚力和情境。

社会阶层（social class）：被用来描述人的整体社会地位。人们所处的等级或者社会地位是他们拥有的被其他社会成员所希望拥有和看中的特征的总和，受教育程度、职业、财产、收入水平等都会影响他们的社会地位评价。

社会流动（social mobility）：个体从一个阶层到另一个阶层的

变化过程。

亚文化（subculture）：不同的群体构成了不同的亚文化。在同一亚文化群体中，成员具有与其他成员相区别的共同信仰和经历。每个人可能从属于多个亚文化，划分标准可以根据成员的年龄、种族、民族背景、居住区域，甚至可以细化到生活方式或者审美偏好。

民族亚文化（ethnic subculture）：按照消费者的民族所划分的群体，他们共享民族基因，具有独特性。

文化适应（acculturation）：在多民族国家中，各个民族之间在生活区域上会存在流动性，当一个民族、族裔、国家的人进入到另一个文化环境时，适应新环境的过程被称为文化适应。

年龄群体（age cohort）：由具有相似经历的年龄相仿的人构成的群体。

文化（culture）：是整个社会成员共有的意义、仪式、规范和传统的集合。文化可以分成三个层面：器物、制度和价值观。文化的三个层面由表及里，由浅入深，相互牵动、制约和渗透。

权力距离（power distance）：权力距离表明一个社会能够接受组织的权利在各成员之间不平等分配的程度，也就是成员形成人际关系时能够感知到的权力差距。

不确定性规避（uncertainty avoidance）：指组织或群体在面对不确定时所感受到的威胁以及试图通过制定安全规则和其他手段来避免不确定性的程度。

个人主义/集体主义（individualism/collectivism）：个人主义/集体主义衡量某一社会总体上是关注个人的利益还是关注集体的利益。个人主义倾向的社会中人与人之间的关系是松散的，而集体主义社会则关注族群内的关系，个人需要对群体保持忠诚和服从。

男性气质/女性气质（masculinity/femininity）：男性气质/女性气质的文化表明对一个社会以男性角色和女性角色描绘的清晰程度。男性气质文化指社会中两性的性别角色差别清楚，男性自信、坚强、注重物质成就，女性则谦逊、温柔、关注生活质量；而女性气质文化指社会中两性的性别角色互相重叠，男性与女性都可能表现得谦逊、恭顺并关注生活质量。

时间取向（time orientation）：时间取向表明一个社会的决策是受传统和过去发生事情的影响程度大还是受现在或将来的影响程度大。

符号（symbols）：是指带有一种只有本文化成员才认识的特定意义的言词、姿势、图片或物体。

神圣消费（sacred consumption）：包括从日常生活分离出来的客体和事件，人们以某种程度的尊重与敬畏态度对待这些客体和事件。

世俗消费（profane consumption）：包括日常的客体和事件，不具备特殊性。

经济人（economic man）：经济人假设的观点认为消费者的购买决策是完全的理性决策。

被动人（passive man）：被动人假设的观点认为消费者会受到营销者促销活动的支配，他们是冲动的、非理性的购买者。

认知人（cognitive man）：认知人假设的观点认为消费者是一个会思考的问题解决者，这是最符合现实的一种观点假设。

情绪人（emotional man）：情绪人假设的观点认为消费者往往

作出情绪性的购买。

理性观点（rational perspective）：理性观点认为消费决策是消费者深思熟虑的结果，消费者通过明确问题——收集信息——找出备选方案——选择最终方案这一过程进行决策。

行为影响观点（behavioral influence perspective）：行为影响观点是指消费者的决策是对环境信号的反应。

经验主义观点（experiential perspective）：经验主义观点强调的是产品或服务的形式或整体性。这种观点认为消费者的决策是一个整体性过程，有情感因素的卷入。

消费者个体决策过程（The Buyer Decision Process）：指消费者谨慎地评价某一产品、品牌或服务的属性并进行选择、购买能满足某一特定需要的产品的过程。它是一个系统的决策活动过程，包括问题识别、信息搜索、备选方案评估和产品选择等环节。

家庭类型：传统的家庭模式分为三类：核心家庭、主干家庭和扩大家庭。现代的家庭模式不止这三种，还包括几种非传统的家庭模式：联合家庭；单亲家庭；重组家庭；丁克家庭等。

家庭决策中的成员角色：不在一般家庭作出购买决策的过程中，通常家庭成员扮演着五种主要角色：提议者、影响者、决策者、购买者、使用者。

家庭生命周期（LFC）：是用来描绘多数家庭从结婚、子女出生到子女独立与终老凋谢的全过程，家庭人数的变化是划分家庭生命周期不同阶段最重要的标志，可以分为单身、新婚、满巢一、满巢二、空巢和丧偶独居6个阶段。

组织决策的类型：直接重购、修正性重购和新购。

直接重购（straight rebuy）：与个体决策中的惯性决策相似，组织自动订购已经成熟的商品，不需要大量搜索信息。

修正性重购（modified rebuy）：类似于个体决策中的有限型问题解决，组织需要对产品或服务进行一定的修正，经过少量信息搜索之后完成重购。

新购（new task）：属于扩展型问题解决，组织需要收集大量信息以避免出现严重风险，采购中心一般会用来评估整个过程。

社交网络：是一组社会相关的节点被各种关系关联在一起形成的网络化社区。

社交媒体（Social Media）：是一种在线媒体，具有广泛的参与性、公开性、交流性、对话性、社区性和连通性，人们可以在社交媒体平台上实时分享观点、经验和见解。

社交媒体营销（Social Media Marketing）：指企业或品牌利用社交媒体进行销售、公关、客户开拓和维护等活动的营销方式。

网络口碑（e-WOM）：在社交网络平台，消费者通过接收和传播信息形成了网络口碑（e-WOM）。口碑的作用往往比正式媒体获得的信息更具有真实性和可信度。